CONG GUOJI SHIYU LUNXI JIAOYU SUZHI YU PINGDENG

◉ 教育政策与学校领导系列丛书

卢乃桂 / 主编

ANALYSING THE QUALITY AND EQUALITY OF EDUCATIONAL SYSTEMS FROM AN INTERNATIONAL PERSPECTIVE | INSIGHTS FROM PISA

从国际视域论析教育素质与平等

PISA的启示

何瑞珠　卢乃桂　编著

教育科学出版社

·北 京·

作者简介

何瑞珠，广东宝安人。加拿大英属哥伦比亚大学教育学博士。现任香港中文大学教育行政与政策学教授、学生能力国际评估计划—香港中心总监、OECD/PISA分析及发布专责小组主席。研究范畴为学生能力评估、学校效能、家校合作、教育政策、教育统计分析。

卢乃桂，广东新会人。美国哥伦比亚大学教育学博士。现任香港中文大学教育行政与政策学讲座教授、香港教育研究所所长和多个国际及国内主要学术期刊编委。主要研究范畴为教育政策研究和教师发展研究。

总　序

当今时代，变迁已成为恒常。

人类社会无疑再次进入了大变革时代，其变化的速度亦远远超过以往任何时期，知识的更新令人匪夷所思。有论者认为，信息科技的急速发展让一些崭新的经济和社会形态出现，如“知识经济”和“网络社会”，而它们又彻底地改变了人们对生活、工作、学习和沟通的观感和习惯。至于那些要肩负国家发展重任的人才，人们也抱着前所未有的期望。时代对教育的要求，是培养既通且专、处变不惊的人才。因为这些社会蜕变，教育也同时改革，以配合时代的需要。经济全球化让国际竞争加剧，国力与人才素质便成为息息相关、互为因果的发展关键。

国际形势和社会环境的巨变也对本国的教育体系提出了繁多而迫切的要求。教育变革的节奏于是加快，变革的程序也相应加深。教育必须不断调适，才能适应外在环境的需求。教育改革策略的实施和有关政策法规的颁布，不断地标志着一浪接一浪的教改大潮。美国自《不让一个孩子掉队》法案颁布以来的系列改革、英国的“国家语文与数学策略”、荷兰的高中课程改革、中国大陆的“新课程改革”、中国台湾的“九年一贯制课程改革”、中国香港特别行政区的课程改革等，无不突显了一种“科教兴国”的改革意向，在提升国际竞争力的口号声中祭起教育改革的大旗。

综观全球教育的变革路向，各国的策略焦点经常是先在教育系统内和学校内设置素质保证机制和流程来改进其效能，继而是关注教育的外显功能（如学校的增值功能和毕业生的素质），然后便是通过全球性的视角检视本国教育的成就、位置和潜力。有关的教育改革政策，多为由上设计、交下执行，以行政力量推动和延续的策略模式。然而，当这些政策试图在学校层面落实时，其实施形态便变得多样和众彩纷呈了。在这里，无论是教育领域内部的当局人，还是关心教育的社会各界人士，都会问：教育改革为什么会是这样的？我们的教育改革之路究竟在何方？

其实，教育改革政策在实施期间被不同的人赋予不同的意义，或因执行的误差而使其异化甚至变质，这些都是系统化大型改革经常发生的事。人们看到当今改革的“纷乱”状态，甚有可能是反映了有关学科和研究方法的成熟和多元化。在过去的数十年里，有关教育政策的探究，已由政策评论逐渐改变为政策分析；有关教育管理的探究，也由对学校内容行政动作的关注改变为教育领导的培养和发展。此中最大的转变，是政策分析和教育领导两个学术范畴皆有意识地、积极地摄取社会及行为科学的研究范式和采用其研究工具与方法。在社会和学校的层面，政策的得失利弊和管理的优劣敏拙，已不再只靠常理的推测，而是靠较严谨的计算和观察而得以呈现。

学术取向的转移使教育政策和教育管理得到一种新的出路，即，探究对象的“人本化”，由过去主要以系统、组织和机制作为研究对象，渐改为同时以其中的人物和事情为研究对象的一种取向。政策分析落实至个人和小组层面，能让分析更加深入和细致。教育系统和学校的动作如何受教育改革影响，得到了什么结果，也因为探究中注入“人”的元素而更具真确性。教育行政学渐朝教育领导学发展便是佐证。无论是通过大型的调查研究，或是小型的个案研究，教育改革的得失和影响皆能在此新的探究取向中得到更清晰的呈现，让人们能达致较全面的理解。

基于对上述教育改革问题和学术发展取向转移的关注，编者盛邀相关领域学者参与撰写“教育政策与学校领导系列丛书”，以期探讨教育在变革时代的议题。整个系列主要从以下三个层面展开。

第一个层面是国际性比较研究。如前所述，当今社会处于全球化浪潮的冲击之下，教育信息的传播无远弗届，教育政策的相互借鉴也日益普遍。因此，从国际或区域比较的角度对教育现状展开分析和探讨，寻找具有普遍性的教育改革议题，是适切和必要的。

第二个层面是个别国家具体教育政策的研究。一定意义上，教育政策的制定与实施反映出全球化与本土化既复杂又微妙的关系。只有深入检讨个别国家的社会发展脉络，才能发现其教育改革政策背后的特殊性所在，才能理解其具体措施的成效和合理性。

第三个层面是学校领导与教师发展的研究。如果缺乏对学校层面的关注，教育政策的实施将是不可思议的。只有将教师视为教育变革的能动力量，强调教师的专业发展和赋权增能，改革才能持续下去。在此过程中，学校领导作为教师与政策的缓冲器，其本身的角色和发展亦同样举足轻重。

“教育政策与学校领导系列丛书”的选题力求多样化，所采用的探究形式亦不拘一格。出版丛书的目的，是让大家能循多元的角度，理解教育改革的意义和明白参与改革的人所面对的挑战。

变革是这个时代的主旋律。如何通过有关政策的制定和实施，为广大教师创设有利于其潜能释放的教学环境，最终为我们的下一代提供优质的教育机会，丰富其人生，是我们这些矢志教育事业的人必须承担的使命。在此，也希望本系列丛书能在这方面贡献绵薄之力。

是为序。

卢乃桂
2007年4月识于香港

目　录

前　言

从国际比较的角度了解世界各地的整体教育素质及教育改革的成效，具有非常重要的意义。首先，教学改革者需要从国际视域，监察教育现况及教育改革的成效，例如：未来10年，学生的基础能力将有何变化？学生是否已掌握所需的知识及技能，以面对21世纪的转变？此外，家长及教育工作者都有兴趣了解，学生在完成基础教育后是否已具备基础的能力，以在人生中不断学习，是否能理性地分析问题并有效地表达意见。

“学生能力国际评估计划”（Programme for International Student Assessment，PISA），是由经济合作与发展组织（Organisation for Economic Co-operation and Development，OECD）同各国合作发展的国际性研究。OECD于2000年开始策划此计划，旨在评估及比较各参与国家或地区的教育成效。这些国际评估超出学生能否掌握学科知识这一层面，重视评估学生是否能够把所学的知识应用于解决日常生活问题。而且OECD及个别国家或地区，一方面各自就其本地关注的课题作深入探讨（例如：学校因素怎样影响学生表现？家庭的经济、社会及文化资本与学生表现有何关系?），另一方面又对学生生活的各个方面（如学习态度、学校生活及家庭环境等）加以比较。

本书利用PISA 2000、PISA 2003及PISA 2006三个周期的数据，采用因素分析（factor analysis）、集群分析（cluster analysis）及多层次模型（multi-level modeling）等方法，剖析中国香港地区、东亚社会以至世界各地的教育素质的变化，再深入剖析家庭、学校及教育政策的结构和过程对学生表现的影响。而学生表现不单包括了认知性（cognitive）的阅读、数学和科学的表现，也包括了非认知性（non-cognitive）的自我观、学习兴趣及学习策略等。

本书分为两大部分。第一部分分析香港学生在“学生能力国际评估计划”中的成就与挑战。第二部分则分析与香港学生成就有关的各种个人、家庭、学校及社会因素。第一部分共有6章：第1章由何瑞珠讨论近年重要的国际评估研究及由OECD开展的PISA；第2章由何瑞珠及卢乃桂尝试从PISA剖析香港及东亚社会的教育素质与均等；第3、4、5、6章分别由刘洁玲、黄家乐及黄家明、叶殿恩、何瑞珠分析香港学生在阅读、数学、科学和解难方面的素养。第二部分也由6章组成：第7章由何瑞珠分析香港中学生的阅读素养与阅读习惯及阅读态度的关系；第8章由何瑞珠探讨香港中学生的学习策略与学习成效的关系；第9章由张善培检视香港中学生的科学态度与性别及年级的关系；第10章由汤才伟尝试从PISA看香港中文科的阅读教学；第11章由何瑞珠从校本管理改革的角度，剖析学校权力下放、教师参与决策与学习成效的关系；第12章由何瑞珠根据PISA的数据剖析香港及东亚社会的"影子教育"。

本书是根据实证数据整理而成的专题研究报告，我们相信这本书对教育政策制定者、教育研究者、学校行政人员、教师及家长均具参考价值。教育政策制定者及教育研究者能够从国际视域，监察教育现况及改革的成效，教育决策者亦可因应全球发展而制定当地政策，以适应新世纪的变化。学校行政人员、教师及家长可从一个更广阔的视野，了解香港、华人社会、亚太地区以至世界各地的教育情况。本书的出版，将使教育领域内不同的成员，更能根据"理据"和"数据"作出理性的决策及行动，为学生的未来共同努力。

最后，本书得以付梓，有赖很多人不厌烦琐，默默耕耘，进行前期整理、校正和翻译的工作，在此，笔者谨向同事邝伟良、杨蔚岚以及学生张佳伟和曾国良致谢。

由于部分文章翻译自英文原文，在多番修订后仍可能有不善之处，请读者见谅。

何瑞珠
香港中文大学
学生能力国际评估计划
（香港中心）
总监

第1章

从国际视域剖析教育的素质与均等

何瑞珠
香港中文大学教育学院
教育行政与政策学系

1.1 国际评估研究对了解整体教育素质的重要性

国际评估研究对了解整体教育素质及教育改革的成效，具有非常重要的意义。首先，教学改革者需要从国际视域，监察教育现况及教育改革的成效，例如：未来10年，学生的基础能力将有何变化？学生是否已掌握所需的知识及技能，以面对21世纪的转变？此外，家长及教育工作者都有兴趣了解，学生在完成基础教育后是否已具备基础的能力，以在人生中不断学习，是否能理性地分析问题并有效地表达意见。

在以往的国际学生评估架构中，评估内容偏重参与国家或地区的“共同课程内容”，因此评估多集中于研究学生是否掌握学校所教授的知识，而有关学生在学校课程以外的“基础能力”方面的数据则尤其缺乏。近年，经济合作与发展组织（Organisation for Economic Co-operation and Development，OECD）通过与各个国家或地区合作发展多项国际性研究，来探讨哪些是现今社会所需要的能力（Rychen & Salganik，2003）。这些国际评估的范围超出学科知识的层面，着重评估学生能否把所学的知识应用于解决日常生活问题。在评估学生的“基础能力”之外，OECD更进一步作出一系列的教育分析，从而了解学生表现与学习策略的关系、学生归属感与学校参与的关系，以及学生阅读能力与阅读投入程度的关系。此外，个别国家或地区一方面各自就其本地关注的课题作深入探讨（例如：学校因素怎样影响学生的表现？家庭的经济、社会及文化资源与学生表现有何关系?），另一方面又对学生生活的各个方面（如学习态度、学校生活及家庭环境等）加以比较。

国际评估研究，对于比较不同国家或地区的学校教育效能尤为重要。在20世纪60年代，最为人熟识的学校教育效能研究，应是 Coleman（1968）对美国3 000多所中小学进行的大型研究，研究的主要问题是"学校对学生的学习有没有影响"，旨在探讨各种家庭及学校因素与学生学习成效的关系。研究结果发现，教师因素或学校因素对学生学习的影响十分微弱。其原因主要有二：首先，这类调查多在同一个国家或地区内进行，由于同一个国家或地区内学校教育的结构及资源差异不大，因此学校因素与学习成效的关系大都不显著。其次，在分析单位（unit of analysis）上存在局限。以往的统计分析必须选取一个分析单位，但这种做法的问题在于，若以学生为分析单位，便要将学校背景因素分解（disaggregate）到学生层次，反之则须将学生因素聚合（aggregate）到学校层次，这种安排忽视了学生数据是包含（nested）在课堂或学校数据之内的。有些因素在学生层次及学校层次有不同的效应，但以往的统计分析，却不能以一个层次的因素（例如学校或课堂层次），来预测另一层次的成效（例如学生的个别成绩）。

直至20世纪90年代，由于统计技术不断改进，多层次模型（multilevel model）成为了新生的学校效能研究工具，能解答更多以前未能解答的学校效能问题。例如，学校之间的平均学业成就有没有显著分别？学校之间学业成就的均等程度有没有显著分别？哪些因素有助于促进整体学习成效及缩小不同背景学生的成效差距？Willms 和 Jacobsen（1990）以这种新的分析工具再次剖析 Coleman（1968）的数据，发现学校之间的确有显著的差异，这种差异分别可以从学生、课堂及学校三个层次的因素来加以解释。

在香港，卢乃桂领导的研究小组（Lo et al.，1997），采用这种先进的分析工具来全面剖析香港中学的学校效能。该研究以香港50所中学为研究对象，分别就社区人士对教育目标的要求和学校输入、过程及输出之关系作全面探讨。研究发现，学校之间的学术成绩差异十分大，校间的变异数（variance between schools）达总变异数的40%—50%。这一结果与新加坡相若，但远高于英国、美国、瑞典等西方国家。这说明了香港中学学校之间的学能分隔（academic segregation）情况十分严重。

这种先进的分析工具有助于我们在界定学校效能时，除了着重于学生的学习成效外，更着重于剖析不同社会经济背景的学生学习成效是否均等，亦即从以往只重视平均水平的“优质”指标（quality indicator），发展至同样重视“均等”指标（equality indicator）。

1.2　国际评估研究回顾

以往，中国香港地区及一些东亚国家或地区，均曾参与过多个国际评估计划。其中，历史较悠久的一项评估是由国际教育成效评核联会（IEA）策划的。这些评估包括：（1）1991 年的阅读能力研究，参与学生的年龄分别为 9 岁及 13 岁；（2）1991 年与 1995 年的国际数学及科学研究，即 SIMSS、TIMSS 以及 1999 年的 TIMSS-R，然后是 TIMSS 2003 及 TIMSS 2007，参与学生分别来自 9 岁及 13 岁年龄组最多学生就读的两个年级，以香港而言是小三至小四以及中一至中二；（3）2006 年的国际阅读能力研究计划（PIRLS），参与的学生是年龄介乎 9 岁至 10 岁之间的小四学生。

TIMSS 的理念架构有三个层面：目标的课程（intended curriculum）、实施的课程（implemented curriculum）及达致的课程（achieved curriculum）。这三个层面分别代表：（1）社会希望学生学习什么数学和科学知识？如何组织教育系统以辅助这个学习过程？（2）课堂里实质上教授了什么？是谁教的？怎样教？（3）学生学了什么？他们对这些科目又有什么看法？（Mullis et al.，2001）

“学生能力国际评估计划”（Programme for International Student Assessment，PISA）是由 OECD 策划的。PISA 评估分为三个范畴：阅读素养、数学素养及科学素养。阅读素养的评估，要求学生在阅读不同种类的文章后，完成一系列不同类型的题目。题目的设计要求学生对文章有深入的了解和诠释。评估所采用的文章除包括一般范文外，还包括名单、图表、表格及说明书等。数学素养的评估，包括普通算术运算和数学思考与分析。此外，评估也会测试学生能否应用以下的数学概念：概率的改变及增长、空间及形状、量化推论等。评估亦会涵盖其他比较深入的范畴，如代数及几何等。科学素养的评估，要求学生应用科学概念，以了解及判断自然世界的现象。评估还会测试学生对科学问题的辨别能力，是否懂得运用证据作科学化的推论，并就结论与人沟通。评估所测试的科学概念，与学生身处的世界有密切的关系，包括科学在日常生活、健康、环境和科技等各方面的应用。

前面所介绍的这些国际研究，大都是评估年龄相近的学生在某些科目上的素养。其中，TIMSS 评估 9 岁及 13 岁学生在数理课程上的水平，而 PISA 则评估 15 岁学生在阅读、数学及科学方面的能力。此外，TIMSS 与 PISA 仍有许多不同之处。

TIMSS 的架构，着重于“涵盖一定数目参与国家或地区的课程内容”。根据这个模式，TIMSS 以问卷收集有关课程的数据，包括目标课程的结构和内容、教师的经验和态度、他们所采用的教学方式等。TIMSS 架构中与课程内容有关的层面都非常详细，而这些层面更是设计试题时的重要考虑(Nohara，2001)。

PISA 与 TIMSS 不同，PISA 所着重的是学生在不同领域的技巧和能力，不一定与课程内容有关。PISA 最关注的不是课程的主题，而是强制教育能否有效地帮助学生为成年后的生活作好准备。故此，PISA 的测试内容涉及较多不同的情境，并且需要学生进行多步骤的理性思考，而这种思考模式在日常生活中是很常用的（Noraha，2001）。此外，“学习成果”对 PISA 来说定义较广，包括情意成果（affective outcomes）和学习技巧（learning skills)，例如学习兴趣和学习策略。而且，PISA 问卷收集的不只是课程实践的情况，也有学生学习过程和学校及家庭背景的资料。

至于 IEA 近年开展的另一项国际研究 PIRLS，主要评估小四学生的阅读成效，着重于阅读能力的三个层面：理解的过程、阅读的目的、阅读行为与态度。理解的过程和阅读的目的组成了 PIRLS 的写作测试。理解的过程有四个组成部分，每部分有两种阅读目的：阅读经验以及获取与运用资料。阅读经验是 PIRLS 所独有的，旨在评估小四学生的早期阅读经验。由于阅读有助于学生探索自己的感受和经历一些幻想出来的情境，因此有关他们早期阅读经验的数据，可以显示他们有多大潜质成为惯性阅读者。最后，学生问卷收集有关学生阅读行为及态度的资料。家长、教师和校长在发展学生的阅读能力时，会根据问卷，对学生在家中及校内的经验作出响应。这些背景资料，有助于理解各参与国家或地区的学生在阅读习惯上的差异。

比较 PIRLS 与 PISA 评估中理解文本的各个层面，发现两者的文本理解模型相当类似。然而，它们在两方面有所不同。首先，PISA 着重于知识及技能的运用，所以 PISA 采用的文本都涉及各种适合评估 15 岁学生的情境。相比起来，PIRLS 主要采用叙述式故事。PIRLS 以早期阅读者（小四学生）

为对象，要求他们推断故事的气氛，描述作者如何设计一个出人意料的结局，阐述两个角色之间的关系，以及考虑角色可采取的其他行动。

近些年来，国际评估在素质和范畴两方面都有很大进步。IEA 所进行的阅读、科学及数学评估和问卷调查，在过去 30 年也有所改变。然而，这些评估在反映学生的学习所得时，只能提供部分而零星的数据，而且所涉及的科目也很有限。更重要的是，这些调查所着重的结果，只跟各参与国家或地区课程中的共通部分有关；而只在一个或小部分国家或地区课程中出现的独特部分，则往往被忽略，即使这些独特部分对那些国家或地区有重要的意义，它们也不会得到评估。

跟以往的国际评估相比较，PISA 评估方式的特点体现在以下四个方面。

- 起源——依据政府所关注的政策事宜（例如教育的成本效益）而设计。
- 规律性——涵盖多个评估领域，每三年更新一次，让参与国家或地区能够定期监察学生的学习进展。
- 涵盖的年龄组别——评估对象是 15 岁学生，他们大部分都完成了基础教育，这有助于评估教育系统的效能。
- 评估的目标知识与技能——所评估的是学生未来生活所需的知识和技能，而非学校课程中的共通部分。在测试以课程为基础的知识上，则通过一般概念、技能及其应用来评估。

1.3　国际研究结果回顾

就 IEA 的国际阅读能力研究计划（PIRLS）而言，1991 年有 32 个国家或地区参与，面向 21 万名学生和 1 万名教师收集了资料。像大部分国际研究一样，当中的阅读得分经过调节，平均数为 500，标准差则为 100。IEA 测试了两组学生，组别甲主要是 9—10 岁的学生，组别乙主要是 14—15 岁的学生。在亚洲，只有中国香港和新加坡参与了 IEA 的此次调查。在两个组别里，香港学生的表现都比新加坡学生稍佳。组别甲方面，香港学生和新加坡学生的得分分别是 517 分和 515 分，排行分别为第 9 位和第 10 位。组别乙方面，香港学生与新加坡学生的得分分别是 535 分和 534 分，排行分别为第 8 位和第 9 位。就中学生来看，2001 年香港学生和新加坡学生（组别乙）在 PIRLS 中的得分均为 528 分，而 2006 年香港学生和新加坡学生（组别乙）的得分则分别跃升至 564 分及 558 分，中国台湾地区在 2006 年开始参与 PIRLS，组别乙学生得到了 535 分。这些结果显示，香港与国际平均表现相近，但成绩并不算突出。第一和第二届 PISA 中，芬兰在两个组别均有最佳表现，新西兰则在组别甲排行第 6，并在组别乙排行第 4。实际上，芬兰和新西兰在多次评估中均有出众表现，这意味着仔细研究这两个阅读成绩优异的国家，会给我们带来宝贵的启示。

在数学方面，TIMSS 1995 的结果显示，东亚地区（包括新加坡、韩国、日本、中国香港和中国台湾）的学生表现最佳。这当中新加坡的表现明显比其他国家优秀。1999 年，这几个国家或地区仍然是表现最佳的，但名次却有所变动。中国台湾、中国香港及日本分别排行第 3、第 4 和第 5。2003 年及 2007 年，这几个国家或地区仍然是表现最佳的，名次变动不大。表 1.1 总结了这些国家或地区数学成绩的趋势。

表 1.1　TIMSS 数学成绩的趋势

国家/地区	平均标准得分			
	1995 年	1999 年	2003 年	2007 年
新加坡	609	604	605	593
韩国	581	587	589	597
中国台湾	（没有参与）	585	585	598
中国香港	569	582	586	572
日本	581	579	570	570

来源：摘自 Mullis et al（2000，2001 & 2008）。

在科学方面，TIMSS 测试中，三个东亚国家也取得了最佳成绩。像数学方面一样，科学方面表现最佳的是新加坡、韩国和日本。然而，中国香港在 1995 年的科学测试当中只排行第 16。在 1999 年，新加入的中国台湾排行第 1，香港则排行第 15。在 2003 年，香港迎头赶上（556 分），分数与韩国（558 分）相近。在 2007 年，香港再次落后（530 分），返回到 1999 年的水平。表 1.2 总结了东亚几个国家或地区在 TIMSS 中的科学成绩的趋势。

表 1.2　TIMSS 科学成绩的趋势

国家/地区	平均标准得分			
	1995 年	1999 年	2003 年	2007 年
新加坡	580	568	578	567
韩国	546	549	558	553
中国台湾	（没有参与）	569	571	561
中国香港	510	530	556	530
日本	554	550	552	554

来源：摘自 Mullis et al（2000，2001 & 2008）。

简言之，东亚地区的学生在数学方面有优秀表现。有些研究者将其归因于这些地区的文化共通点，例如儒家文化（Lam，Ho & Wong，2002）强调“努力”及父母的关注等，其他学者则认为这是教师因素使然（Singapore Ministry of Education，2003）。然而，现今尚未有一致的解释（回顾检讨见 Leung，2002）。另一方面，在 TIMSS 科学评估中，从排名来说，香港的表现是发达国家或地区当中较逊色的，这反映为其在小学及初中阶段的科学表现，远远不及参与研究的其他“亚洲小龙”。但从具体得分趋势而言，1995—1999 年香港已有所改善。

总括来说，这些以往在阅读、数学和科学方面的国际评估结果，提供了一个基础数据（例如：Ho，2000；Johnson & Cheung，1995；Law，1996，1997，2002；Leung，2002）。数学方面表现最佳的四个国家或地区，都在东亚，包括：新加坡、韩国、日本和中国香港（Ho，2000；Law，1996，1997）。在阅读方面，以第一语言（中文）作答，香港 9 岁及 13 岁学生的表现与国际平均水平相近。香港这两个年龄组别的学生都在“记录式文本”（documentary）方面表现出色，但在“记叙式文本”（narrative）方面则表现较差①。科学方面，香港在 1995 年的表现与国际平均值相近，在 1999 年的成绩稍高于国际平均值，可说是成绩上已有进步。香港学生在科学评估中，9 岁及 13 岁的学生尤其擅答多选题及应付考核简单数据的题目，但在复合推理、知识应用以及要求解说的题目这几方面，他们却较弱。

① 若在阅读评估当中以第二语言（英文）作答，学生表现均不达国际平均水平（Johnson & Cheung，1995）。

1.4　PISA 评估什么

PISA 由 OECD 发展及统筹，自 2000 年起每三年进行一次评估，此计划旨在评估及比较各参与国家或地区的教育成效。PISA 2000+及 PISA 2003 均有 40 多个国家或地区参与，而 PISA 2006 参与的国家或地区则增至 57 个（见附表 1.1、附表 1.2 及附表 1.3）。PISA 2006 评估报告于 2006 年 12 月 4 日在巴黎作全球公布，为我们提供了跨国性的研究结果，使我们了解到中国香港及其他国家或地区的 15 岁学生，在日常生活中应用知识的能力，以及他们所达到的水平。

PISA 评估分为三个范畴：阅读素养、数学素养及科学素养。PISA 2000 的重点范畴是阅读素养，PISA 2003 的重点范畴是数学素养，PISA 2006 的重点范畴是科学素养。重点范畴于该期评估中会占项目总数的一半。表 1.3 概括说明了这三个评估范畴。

表 1.3　PISA 评估范畴概要

项目	科学	阅读	数学
定义和特点	个人在以下各方面的程度： ● 具备科学知识，并以此去识别问题、获取新知识、解释科学现象以及给有关议题作出以证据为本的结论。 ● 把科学独有的特点视为人类的一种知识和探索。 ● 对科学与科技如何影响我们的物质、知识和文化环境的体认。 ● 作为会反思的公民，有科学的理念，接触与科学有关的议题。	个人理解、运用及思考文本的能力，借以达到个人目标、增长知识、发展潜能并参与社会。 阅读素养的内容除了认字和字面上的理解，还涉及理解和反思，以及通过阅读去实现个人生活目标的能力。 主要聚焦于从阅读中学习，而非学习怎样阅读。所以，不会评估学生一些最基本的阅读技巧。	个人明确和理解数学在世界上的作用，认识和运用数学的能力，从而作出有理据的判断，以配合个人发展，做一个建设社会、关心社会、善于思考的公民。 数学素养关乎更广义的、功能性的数学应用；所谓认识，则包括在各种情境中识别和以方程演绎数学问题的能力。

续表

项　目	科　学	阅　读	数　学
定义和特点	科学素养要求个人理解科学概念，并能从科学的观点和合乎科学原则地去看证据。		
知识范畴	科学知识，例如： ● 物理系统 ● 生命系统 ● 地球和太空系统 ● 科技系统 关于科学的知识，例如： ● 科学探究 ● 科学解说	阅读材料的形式： ● 连续文本，包括不同类型的文章，如描写文、说明文、议论文 ● 非连续文本，包括图表、表格、列表	相关的数学范围和概念群： ● 数量 ● 空间和形状 ● 变化和关系 ● 不确定性
牵涉过程	科学过程的类型： ● 识别科学问题 ● 科学地解释现象 ● 运用科学证据	阅读过程的类型： ● 检索信息 ● 解释文本 ● 反思和评价文本	界定数学所需技能的能力群： ● 再现（简单的数学运算） ● 联系（运用多个观念解决直接的问题） ● 反思（较广泛的数学思维）
脉络和情境	科学应用的范围，针对科学应用与个人、社会和全球环境的关系，例如： ● 健康 ● 天然资源 ● 环境 ● 灾害 ● 科学与科技的新领域	文本的用途： ● 个人的（例如个人书信） ● 公共的（例如政府公文） ● 职业的（例如报告） ● 教育的（例如由学校而来的阅读材料）	数学应用的范围，针对应用与个人、社会和全球环境的关系，例如： ● 个人的 ● 教育上的和职业上的 ● 公共的 ● 科学的

参与 PISA 的学生，需要完成 2 小时的纸笔测试。PISA 于 2006 年初步尝试引入电子版的科学测试，于 2009 年引入为时 1 小时的电子版阅读测试。同时，PISA 也要求每位学生完成需时约 30 分钟的学生问卷，以提供学生的背景资料；校长亦需完成约 30 分钟的学校问卷；部分国家或地区也选择邀请家长填写需时约 30 分钟的家长问卷。这些问卷所收集的背景资料，有助于了解家长对子女教育的参与，以及学生在认知上及认知以外的表现。

1.5　PISA 抽样方式

PISA 的第一次评核周期（名为 PISA 2000）于 2000 年进行，当时有 32 个 OECD 国家参与。2002 年，10 个非 OECD 国家或地区加入称为“PISA 2000+”的计划。PISA 2000 与 PISA 2000+以阅读素养为主要评估范畴。香港参与了 PISA 2000+，并于 2002 年收集数据。随后香港也有参与以新数学素养为主要评估范畴的 PISA 2003，以及以科学素养为主要评估范畴的 PISA 2006。

下面以香港为例，说明 PISA 的抽样方式，但不同的国家或地区均会与 OECD 辖下的专责小组共同商议，为各自设定最具代表性且可行的方案。在香港进行的三届 PISA 正式测试，分别于 2002 年 1 月至 2 月（PISA 2000+）、2003 年 5 月至 7 月（PISA 2003）及 2006 年 5 月至 7 月（PISA 2006）进行，每一届均采用二段分层随机抽样设计。

第一阶段，将香港中学按学校类型分为三类：政府学校、资助学校及私立学校，每一类均尽量涵盖不同收生成绩（高、中、低能力）的学校。OECD 以随机抽样方式从中抽取 150 所学校，各类学校的抽取率与该类型学校的数量成比例。最后合乎 OECD 参与标准的学校数目分别为：PISA 2000+，140 所；PISA 2003，145 所；PISA 2006，146 所。学校分布见表 1.4。

表 1.4　香港参与 PISA 2000+、PISA 2003、PISA 2006 的学校分布

学校类型	收生成绩	参与学校数目（所）		
		PISA 2000+	PISA 2003	PISA 2006
政府学校	高能力	7	8	6
	中等能力	2	3	2
	低能力	4	4	3

续表

学校类型	收生成绩	参与学校数目（所）		
		PISA 2000+	PISA 2003	PISA 2006
资助学校	高能力	46	50	46
	中等能力	44	41	46
	低能力	29	33	35
私立学校	本地学校（直资）	6	5	7
	国际学校	2	1	1
总计		140	145	146

注：私立学校没有收生成绩分类，暂划为“本地学校”与“国际学校”两类。其中“直资”意即“直接资助”。直资学校可自行制定课程、收费及入学要求，而由政府提供资助。

第二阶段，在同意参与的学校里，经随机抽样抽出 35 位 15 岁学生。在各届评估中，参与国际比较分析的香港学生人数如下。（1）PISA 2000+：共 4 405 人，来自 140 所学校；（2）PISA 2003：共 4 478 人，来自 145 所学校；（3）PISA 2006：共 4 645 人，来自 146 所学校。表 1.5 显示了三届PISA评估中的香港学生样本分布。

表 1.5　香港参与 PISA 2000+、PISA 2003 和 PISA 2006 学生的年级分布

年　级	PISA 2000+		PISA 2003		PISA 2006	
	学生人数	百分比	学生人数	百分比	学生人数	百分比
中一	135	3.1	211	4.7	107	2.3
中二	280	6.4	439	9.8	421	9.1
中三	524	11.9	1 132	25.3	1 134	24.4
中四	2 695	61.2	2 692	60.1	2 978	64.1
中五	767	17.4	4	0.1	5	0.1
中六	4	0.1	0	0.0	0	0.0
总计	4 405	100	4 478	100	4 645	100

附表 1.1　PISA 2000 及 PISA 2000+的 43 个参与国家或地区

PISA 2000 参与国家/地区		PISA 2000+参与国家/地区	
澳大利亚	匈牙利	挪威	阿尔巴尼亚
奥地利	冰岛	波兰	阿根廷
比利时	爱尔兰	葡萄牙	保加利亚
巴西	意大利	俄罗斯联邦	智利
加拿大	日本	西班牙	中国香港
捷克共和国	匈牙利	瑞典	印度尼西亚
丹麦	韩国	瑞士	以色列
芬兰	拉脱维亚	英国	马其顿
法国	列支敦士登	美国	秘鲁
德国	卢森堡	挪威	罗马尼亚
希腊	墨西哥		泰国

注：罗马尼亚的学校参与率（participate rate）不符合 OECD 所定的国际标准，因此不能用于国际比较。

附表 1.2　PISA 2003 的 41 个参与国家或地区

OECD 成员国家			伙伴国家/地区（非 OECD 成员国家/地区）
澳大利亚	匈牙利	挪威	巴西
奥地利	冰岛	波兰	中国香港
比利时	爱尔兰	葡萄牙	印度尼西亚
加拿大	意大利	斯洛伐克	拉脱维亚
捷克共和国	日本	西班牙	列支敦士登
丹麦	韩国	瑞典	中国澳门
芬兰	卢森堡	瑞士	俄罗斯联邦
法国	墨西哥	土耳其	塞尔维亚和黑山
德国	荷兰	英国	泰国
希腊	新西兰	美国	突尼斯
			乌拉圭

附表 1.3　PISA 2006 的 57 个参与国家或地区

OECD 成员国家			伙伴国家/地区（非 OECD 成员国家/地区）		
澳大利亚	匈牙利	挪威	阿根廷	印度尼西亚	罗马尼亚
奥地利	冰岛	波兰	阿塞拜疆	以色列	俄罗斯联邦
比利时	爱尔兰	葡萄牙	巴西	约旦	塞尔维亚共和国
加拿大	意大利	斯洛伐克	保加利亚	吉尔吉斯共和国	斯洛文尼亚
捷克共和国	日本	西班牙	智利	拉脱维亚	泰国
丹麦	韩国	瑞典	中国台湾	列支敦士登	突尼斯
芬兰	卢森堡	瑞士	哥伦比亚	立陶宛	乌拉圭
法国	墨西哥	土耳其	克罗地亚	中国澳门	
德国	荷兰	英国	爱沙尼亚	黑山共和国	
希腊	新西兰	美国	中国香港	卡塔尔	

参考文献

Coleman J S. 1968. The concept of equality of educational opportunity. Harvard Educational Review, 38 (1): 7-22.

Ho S C. 2000. The nature and impact of social capital in three Asian education systems: Singapore, Korea, and Hong Kong. International Journal of Educational Policy, Research, and Practices, 1 (2): 171-189.

Johnson R K, Cheung Y S. 1995. Reading literacy in Hong Kong: An IEA world literacy project on the reading proficiency of Hong Kong students in Chinese and English. Hong Kong: Department of Chinese and Bilingual Studies, Hong Kong Polytechnic University.

Lam C C, Ho S C, Wong N Y. 2002. Parents' beliefs and practices on education in Confucian heritage cultures: The Hong Kong case. Journal of Southeast Asian Education, 3 (1): 99-114.

Law N W Y. 1996. Science and mathematics achievements at the junior secondary level in Hong Kong: a summary report for Hong Kong in the Third International Mathematics and Science Study (TIMSS). Hong Kong: Faculty of Education, the University of Hong Kong.

Law N W Y. 1997. Science and mathematics achievements at the mid-primary level in Hong Kong: a summary report for Hong Kong in the Third International Mathematics and Science Study (TIMSS). Hong Kong: Faculty of Education, the University of Hong Kong.

Law N W Y. 2002. TIMSS science results for Hong Kong：an ailing dragon with a British legacy. //Robitaille D F, Beaton A E. Secondary analysis of the TIMSS data. Dordrecht, the Netherlands; Boston: Kluwer: 157-176.

Leung F K S. 2002. Behind the high achievement of East Asian students. Educational Research and Evaluation, 8 (1): 87-108.

Lo N K, Tsang W K, Chung C M, Chung Y P, Sze M M, Ho S C, Ho M K. 1997. A survey of the effectiveness of Hong Kong secondary school system: final report of earmarked grant research projects. Hong Kong: Faculty of Education, The Chinese University of Hong Kong.

Mullis I V S, Martin M O, Gonzalez E J, Gregory K D, Garden R A, O'Connor K M, Chrostowski S J, Smith T A. 2000. TIMSS 1999 international mathematics report: findings from IEA's repeat of the Third International Mathematics and Science Study at the eighth grade. Chestnut Hill, MA: Boston College.

Mullis I V S, Martin M O, Smith T A, Garden R A, Gregory K D, Gonzalez E J, Chrostowski, S J, O'Connor K M. 2001. TIMSS assessment frameworks and specifications 2003. Chestnut Hill, MA: Boston College.

Mullis I V S, Martin M O, Foy P. 2008. TIMMS 2007 international mathematics report: findings from IEA's trends in International Mathematics and Science Study at the fourth and eighth grades. Boston: Boston College TIMMS & PIRLS International Study Center.

Nohara D. 2001. A comparison of the National Assessment of Educational Progress (NEAP), the Third International Mathematics and Science Study Repeat (TIMSS-R), and the Programme for International Student Assessment (PISA). Washington, DC: National Center for Education Statistics.

Rychen D S, Salganik L H. 2003. Key competencies for a successful life and a well-functioning society. Cambridge, MA; Toronto: Hogrefe & Huber.

Singapore Ministry of Education. 2003. Singapore tops in maths and science: teachers a key factor. [EB/OL]. [2004-07-08]. http://www.moe.edu.sg/abtmoe/pa/contact/vol23/pg5_main.html.

Willms J D, Jacobsen S. 1990. Growth in mathematics skills during the intermediate years: sex differences and school effects. International Journal of Educational Research, 14: 157-174.

第2章

从学生能力国际评估计划(PISA)剖析香港及东亚社会的教育素质与均等

何瑞珠　卢乃桂
香港中文大学教育学院
教育行政及政策学系

2.1　香港教育的整体素质与发展趋势

根据 PISA 2000+的研究结果，表 2.1 显示：与大部分国家或地区相比较，中国香港学生的整体表现相当出色。在 41 个国家或地区当中，香港学生的数学素养排名首位，科学素养排名第 3，阅读素养则排名第 6。在数学方面，香港得分 560 分，除了日本（557 分）和韩国（547 分）的成绩跟香港并无统计学上的显著差别之外，香港 15 岁学生的表现远比其他 38 个国家或地区出色。在科学方面，香港得分 541 分，在 41 个参与国家或地区当中只有韩国（552 分）和日本（550 分）的成绩比香港优异，但在统计学上并没有显著差异。在阅读素养方面，香港得分 525 分，只有芬兰的表现（546 分）显著优于香港，加拿大、新西兰、澳大利亚及爱尔兰的成绩虽比香港高，但在统计学上并没有重大差异。

表 2.1 15 岁学生在 PISA 2000+中的阅读、数学和科学成绩

阅读			数学			科学		
国家/地区	平均值	标准差	国家/地区	平均值	标准差	国家/地区	平均值	标准差
芬兰	546	(2.6)	中国香港	560	(3.3)	韩国	552	(2.7)
加拿大	534	(1.6)	日本	557	(5.5)	日本	550	(5.5)
新西兰	529	(2.8)	韩国	547	(2.8)	中国香港	541	(3.0)
澳大利亚	528	(3.5)	新西兰	537	(3.1)	芬兰	538	(2.5)
爱尔兰	527	(3.2)	芬兰	536	(2.2)	英国	532	(2.7)
中国香港	525	(2.9)	澳大利亚	533	(3.5)	加拿大	529	(1.6)
韩国	525	(2.4)	加拿大	533	(1.4)	新西兰	528	(2.4)
英国	523	(2.6)	瑞士	529	(4.4)	澳大利亚	528	(3.5)
日本	522	(5.2)	英国	529	(2.5)	奥地利	519	(2.6)
瑞典	516	(2.2)	比利时	520	(3.9)	爱尔兰	513	(3.2)
奥地利	507	(2.4)	法国	517	(2.7)	瑞典	512	(2.5)
比利时	507	(3.6)	奥地利	515	(2.5)	捷克共和国	511	(2.4)
冰岛	507	(1.5)	丹麦	514	(2.4)	法国	500	(3.2)
挪威	505	(2.8)	冰岛	514	(2.3)	挪威	500	(2.8)
法国	505	(2.7)	列支敦士登	514	(7.0)	***OECD 平均值***	***500***	***(0.7)***
美国	504	(7.1)	瑞典	510	(2.5)	美国	499	(7.3)
OECD 平均值	***500***	***(0.6)***	爱尔兰	503	(2.7)	匈牙利	496	(4.2)
丹麦	497	(2.4)	***OECD 平均值***	***500***	***(0.7)***	冰岛	496	(2.2)
瑞士	494	(4.3)	挪威	499	(2.8)	比利时	496	(4.3)
西班牙	493	(2.7)	捷克共和国	498	(2.8)	瑞士	496	(4.4)
捷克共和国	492	(2.4)	美国	493	(7.6)	西班牙	491	(3.0)
意大利	487	(2.9)	德国	490	(2.5)	德国	487	(2.4)
德国	484	(2.5)	匈牙利	488	(4.0)	波兰	483	(5.1)
列支敦士登	483	(4.1)	俄罗斯联邦	478	(5.5)	丹麦	481	(2.8)
匈牙利	480	(4.0)	西班牙	476	(3.1)	意大利	478	(3.1)
波兰	479	(4.5)	波兰	470	(5.5)	列支敦士登	476	(7.1)
希腊	474	(5.0)	拉脱维亚	463	(4.5)	希腊	461	(4.9)
葡萄牙	470	(4.5)	意大利	457	(2.9)	俄罗斯联邦	460	(4.7)

续表

阅读			数学			科学		
国家/地区	平均值	标准差	国家/地区	平均值	标准差	国家/地区	平均值	标准差
俄罗斯联邦	462	(4.2)	葡萄牙	454	(4.1)	拉脱维亚	460	(5.6)
拉脱维亚	458	(5.3)	希腊	447	(5.6)	葡萄牙	459	(4.0)
以色列	452	(8.5)	卢森堡	446	(2.0)	保加利亚	448	(4.6)
卢森堡	441	(1.6)	以色列	433	(9.3)	卢森堡	443	(2.3)
泰国	431	(3.2)	泰国	432	(3.6)	泰国	436	(3.1)
保加利亚	430	(4.9)	保加利亚	430	(5.7)	以色列	434	(9.0)
墨西哥	422	(3.3)	阿根廷	388	(9.4)	墨西哥	422	(3.2)
阿根廷	418	(9.9)	墨西哥	387	(3.4)	智利	415	(3.4)
智利	410	(3.6)	智利	384	(3.7)	马其顿	401	(2.1)
巴西	396	(3.1)	阿尔巴尼亚	381	(3.1)	阿根廷	396	(8.6)
马其顿	373	(1.9)	马其顿	381	(2.7)	印度尼西亚	393	(3.9)
印度尼西亚	371	(4.0)	印度尼西亚	367	(4.5)	阿尔巴尼亚	376	(2.9)
阿尔巴尼亚	349	(3.3)	巴西	334	(3.7)	巴西	375	(3.3)
秘鲁	327	(4.4)	秘鲁	292	(4.4)	秘鲁	333	(4.0)

注：灰底部分表示该国家或地区与香港有显著差别。

根据 PISA 2003 的研究结果，表 2.2 显示：香港学生在四个评估范畴中均表现理想，每个范畴皆名列前 10 名以内（数学第 1、解难第 2①、科学第 3、阅读第 10），而平均表现亦显著地高于 OECD 的平均值②，这个情况与第一次评核周期（PISA 2000+）的结果一致。若以统计学上的显著性而言，在数学方面，除了芬兰、韩国、荷兰、列支敦士登和日本外，香港的表现远胜于其他参与国家或地区；在科学方面，除了芬兰、日本、韩国、列支敦士登、澳大利亚、中国澳门、荷兰和捷克 8 个国家或地区外，香港的表现亦优于其他参与国家或地区；在新增的解难能力方面，香港与韩国、芬兰、日本、新西兰、中国澳门和列支敦士登并无显著的差距；在阅读方面，只有芬兰、韩国、加拿大和澳大利亚的表现显著地比香港出色。

① 为了审视学生在日常生活中解决难题的能力，PISA 2003 新增了“解难能力”的评估范畴。

② OECD 所设定的平均值是 500，而标准差是 100。

表 2.2 15 岁学生在 PISA 2003 中的数学、科学、阅读和解难成绩

数学			科学			阅读			解难		
国家/地区	平均值	标准差	国家/地区	平均值	标准差	国家/地区	平均值	标准差	国家/地区	平均值	标准差
中国香港	550	(4.5)	芬兰	548	(1.9)	芬兰	543	(1.6)	韩国	550	(3.1)
芬兰	544	(1.9)	日本	548	(4.1)	韩国	534	(3.1)	中国香港	548	(4.2)
韩国	542	(3.2)	中国香港	539	(4.3)	加拿大	528	(1.7)	芬兰	548	(1.9)
荷兰	538	(3.1)	韩国	538	(3.5)	澳大利亚	525	(2.1)	日本	547	(4.1)
列支敦士登	536	(4.1)	列支敦士登	525	(4.3)	列支敦士登	525	(3.6)	新西兰	533	(2.2)
日本	534	(4.0)	澳大利亚	525	(2.1)	新西兰	522	(2.5)	中国澳门	532	(2.5)
加拿大	532	(1.8)	中国澳门	525	(3.0)	爱尔兰	515	(2.6)	澳大利亚	530	(2.0)
比利时	529	(2.3)	荷兰	524	(3.1)	瑞典	514	(2.4)	列支敦士登	529	(3.9)
中国澳门	527	(2.9)	捷克共和国	523	(3.4)	荷兰	513	(2.9)	加拿大	529	(1.7)
瑞士	527	(3.4)	新西兰	521	(2.4)	中国香港	510	(3.7)	比利时	525	(2.2)
澳大利亚	524	(2.1)	加拿大	519	(2.0)	比利时	507	(2.6)	瑞士	521	(3.0)
新西兰	523	(2.3)	瑞士	513	(3.7)	挪威	500	(2.8)	荷兰	520	(3.0)
捷克共和国	516	(3.5)	法国	511	(3.0)	瑞士	499	(3.3)	法国	519	(2.7)
冰岛	515	(1.4)	比利时	509	(2.5)	日本	498	(3.9)	丹麦	517	(2.5)
丹麦	514	(2.7)	瑞典	506	(2.7)	中国澳门	498	(2.2)	捷克共和国	516	(3.4)

续表

数学			科学			阅读			解难		
国家/地区	平均值	标准差	国家/地区	平均值	标准差	国家/地区	平均值	标准差	国家/地区	平均值	标准差
法国	511	(2.5)	爱尔兰	505	(2.7)	波兰	497	(2.9)	德国	513	(3.2)
瑞典	509	(2.6)	匈牙利	503	(2.8)	法国	496	(2.7)	瑞典	509	(2.4)
奥地利	506	(3.3)	德国	502	(3.6)	美国	495	(3.2)	奥地利	506	(3.2)
德国	503	(3.3)	***OECD 平均值***	***500***	***(0.6)***	***OECD 平均值***	***494***	***(0.6)***	冰岛	505	(1.4)
爱尔兰	503	(2.4)	波兰	498	(2.9)	丹麦	492	(2.8)	匈牙利	501	(2.9)
OECD 平均值	***500***	***(0.6)***	斯洛伐克	495	(3.7)	冰岛	492	(1.6)	***OECD 平均值***	***500***	***(0.6)***
斯洛伐克	498	(3.3)	冰岛	495	(1.5)	德国	491	(3.4)	爱尔兰	498	(2.3)
挪威	495	(2.4)	美国	491	(3.1)	奥地利	491	(3.8)	卢森堡	494	(1.4)
卢森堡	493	(1.0)	奥地利	491	(3.4)	拉脱维亚	491	(3.7)	斯洛伐克	492	(3.4)
波兰	490	(2.5)	俄罗斯联邦	489	(4.1)	捷克共和国	489	(3.5)	挪威	490	(2.6)
匈牙利	490	(2.8)	拉脱维亚	489	(3.9)	匈牙利	482	(2.5)	波兰	487	(2.8)
西班牙	485	(2.4)	西班牙	487	(2.6)	西班牙	481	(2.6)	拉脱维亚	483	(3.9)
拉脱维亚	483	(3.7)	意大利	486	(3.1)	卢森堡	479	(1.5)	西班牙	482	(2.7)
美国	483	(2.9)	挪威	484	(2.9)	葡萄牙	478	(3.7)	俄罗斯联邦	479	(4.6)
俄罗斯联邦	468	(4.2)	卢森堡	483	(1.5)	意大利	476	(3.0)	美国	477	(3.1)

续表

数学			科学			阅读			解难		
国家/地区	平均值	标准差	国家/地区	平均值	标准差	国家/地区	平均值	标准差	国家/地区	平均值	标准差
葡萄牙	466	(3.4)	希腊	481	(3.8)	希腊	472	(4.1)	葡萄牙	470	(3.9)
意大利	466	(3.1)	丹麦	475	(3.0)	斯洛伐克	469	(3.1)	意大利	469	(3.1)
希腊	445	(3.9)	葡萄牙	468	(3.5)	俄罗斯联邦	442	(3.9)	希腊	448	(4.0)
塞尔维亚和黑山	437	(3.8)	乌拉圭	438	(2.9)	土耳其	441	(5.8)	泰国	425	(2.7)
土耳其	423	(6.7)	塞尔维亚和黑山	436	(3.5)	乌拉圭	434	(3.4)	塞尔维亚和黑山	420	(3.3)
乌拉圭	422	(3.3)	土耳其	434	(5.9)	泰国	420	(2.8)	乌拉圭	411	(3.7)
泰国	417	(3.0)	泰国	429	(2.7)	塞尔维亚和黑山	412	(3.6)	土耳其	408	(6.0)
墨西哥	385	(3.6)	墨西哥	405	(3.5)	巴西	403	(4.6)	墨西哥	384	(4.3)
印度尼西亚	360	(3.9)	印度尼西亚	395	(3.2)	墨西哥	400	(4.1)	巴西	371	(4.8)
突尼斯	359	(2.5)	巴西	390	(4.3)	印度尼西亚	382	(3.4)	印度尼西亚	361	(3.3)
巴西	356	(4.8)	突尼斯	385	(2.6)	突尼斯	375	(2.8)	突尼斯	345	(2.1)

注：灰底部分表示该国家或地区与香港有显著差别。

根据PISA 2006的研究结果，表2.3显示：在57个国家或地区中，香港15岁学生的科学素养排名第2，数学素养则再居前列，而阅读素养（中文）则进至第3位。研究发现香港学生的科学素养获得542分，仅次于芬兰（563分）。数学方面，中国台湾（549分）、芬兰（548分）、中国香港（547分）与韩国（547分）同居榜首，四者得分在统计学上并无显著差距。在阅读方面，香港的排名由PISA 2003的第10位升至第3位，得分536分，仅低于韩国和芬兰。

表2.3　15岁学生在PISA 2006中的科学、数学和阅读成绩

科学			数学			阅读		
国家/地区	平均值	标准差	国家/地区	平均值	标准差	国家/地区	平均值	标准差
芬兰	563	(2.0)	中国台湾	549	(4.1)	韩国	556	(3.8)
中国香港	542	(2.5)	芬兰	548	(2.3)	芬兰	547	(2.1)
加拿大	534	(2.0)	中国香港	547	(2.7)	中国香港	536	(2.4)
中国台湾	532	(3.6)	韩国	547	(3.8)	加拿大	527	(2.4)
爱沙利亚	531	(2.5)	荷兰	531	(2.6)	新西兰	521	(3.0)
日本	531	(3.4)	瑞士	530	(3.2)	爱尔兰	517	(3.5)
新西兰	530	(2.7)	加拿大	527	(2.0)	澳大利亚	513	(2.1)
澳大利亚	527	(2.3)	中国澳门	525	(1.3)	列支敦士登	510	(3.9)
荷兰	525	(2.7)	列支敦士登	525	(4.2)	波兰	508	(2.8)
列支敦士登	522	(4.1)	日本	523	(3.3)	瑞典	507	(3.4)
韩国	522	(3.4)	新西兰	522	(2.4)	荷兰	507	(2.9)
斯洛文尼亚	519	(1.1)	比利时	520	(3.0)	比利时	501	(3.0)
德国	516	(3.8)	澳大利亚	520	(2.2)	爱沙利亚	501	(2.9)
英国	515	(2.3)	爱沙利亚	515	(2.7)	瑞士	499	(3.1)
捷克共和国	513	(3.5)	丹麦	513	(2.6)	日本	498	(3.6)
瑞士	512	(3.2)	捷克共和国	510	(3.6)	中国台湾	496	(3.4)
中国澳门	511	(1.1)	冰岛	506	(1.8)	英国	495	(2.3)
奥地利	511	(3.9)	奥地利	505	(3.7)	德国	495	(4.4)
比利时	510	(2.5)	斯洛文尼亚	504	(1.0)	丹麦	494	(3.2)

续表

科学			数学			阅读		
国家/地区	平均值	标准差	国家/地区	平均值	标准差	国家/地区	平均值	标准差
爱尔兰	508	(3.2)	德国	504	(3.9)	斯洛文尼亚	494	(1.0)
匈牙利	504	(2.7)	瑞典	502	(2.4)	中国澳门	492	(1.1)
瑞典	503	(2.4)	爱尔兰	501	(2.8)	***OECD 平均值***	***492***	***(0.6)***
OECD 平均值	***500***	***(0.5)***	***OECD 平均值***	***498***	***(0.5)***	奥地利	490	(4.1)
波兰	498	(2.3)	法国	496	(3.2)	法国	488	(4.1)
丹麦	496	(3.1)	英国	495	(2.1)	冰岛	484	(1.9)
法国	495	(3.4)	波兰	495	(2.4)	挪威	484	(3.2)
克罗地亚	493	(2.4)	斯洛伐克	492	(2.8)	捷克共和国	483	(4.2)
冰岛	491	(1.6)	匈牙利	491	(2.9)	匈牙利	482	(3.3)
拉脱维亚	490	(3.0)	卢森堡	490	(1.1)	拉脱维亚	479	(3.7)
美国	489	(4.2)	挪威	490	(2.6)	卢森堡	479	(1.3)
斯洛伐克	488	(2.6)	立陶宛	486	(2.9)	克罗地亚	477	(2.8)
西班牙	488	(2.6)	拉脱维亚	486	(3.0)	葡萄牙	472	(3.6)
立陶宛	488	(2.8)	西班牙	480	(2.3)	立陶宛	470	(3.0)
挪威	487	(3.1)	阿塞拜疆	476	(2.3)	意大利	469	(2.4)
卢森堡	486	(1.1)	俄罗斯联邦	476	(3.9)	斯洛伐克	466	(3.1)
俄罗斯联邦	479	(3.7)	美国	474	(4.0)	西班牙	461	(2.2)
意大利	475	(2.0)	克罗地亚	467	(2.4)	希腊	460	(4.0)
葡萄牙	474	(3.0)	葡萄牙	466	(3.1)	土耳其	447	(4.2)
希腊	473	(3.2)	意大利	462	(2.3)	智利	442	(5.0)
以色列	454	(3.7)	希腊	459	(3.0)	俄罗斯联邦	440	(4.3)
智利	438	(4.3)	以色列	442	(4.3)	以色列	439	(4.6)
塞尔维亚共和国	436	(3.0)	塞尔维亚共和国	435	(3.5)	泰国	417	(2.6)
保加利亚	434	(6.1)	乌拉圭	427	(2.6)	乌拉圭	413	(3.4)
乌拉圭	428	(2.7)	土耳其	424	(4.9)	墨西哥	410	(3.1)

续表

科学			数学			阅读		
国家/地区	平均值	标准差	国家/地区	平均值	标准差	国家/地区	平均值	标准差
土耳其	424	(3.8)	泰国	417	(2.3)	保加利亚	402	(6.9)
约旦	422	(2.8)	罗马尼亚	415	(4.2)	塞尔维亚共和国	401	(3.5)
泰国	421	(2.1)	保加利亚	413	(6.1)	约旦	401	(3.3)
罗马尼亚	418	(4.2)	智利	411	(4.6)	罗马尼亚	396	(4.7)
黑山共和国	412	(1.1)	墨西哥	406	(2.9)	印度尼西亚	393	(5.9)
墨西哥	410	(2.7)	黑山共和国	399	(1.4)	巴西	393	(3.7)
印度尼西亚	393	(5.7)	印度尼西亚	391	(5.6)	黑山共和国	392	(1.2)
阿根廷	391	(6.1)	约旦	384	(3.3)	哥伦比亚	385	(5.1)
巴西	390	(2.8)	阿根廷	381	(6.2)	突尼斯	380	(4.0)
哥伦比亚	388	(3.4)	哥伦比亚	370	(3.8)	阿根廷	374	(7.2)
突尼斯	386	(3.0)	巴西	370	(2.9)	阿塞拜疆	353	(3.1)
阿塞拜疆	382	(2.8)	突尼斯	365	(4.0)	卡塔尔	312	(1.2)
卡塔尔	349	(0.9)	卡塔尔	318	(1.0)	吉尔吉斯共和国	285	(3.5)
吉尔吉斯共和国	322	(2.9)	吉尔吉斯共和国	311	(3.4)	美国	m	m

注：“m”表示缺乏资料。灰底部分表示该国家或地区与香港有显著差别。

表2.4尝试综合这三届PISA的研究结果。科学素养方面，香港的中学生在三个评核周期的表现并无大的差别；PISA 2006的平均分为542分，较PISA 2003的539分及PISA 2000+的541分略高，但其差别并不显著。数学素养方面，香港学生于PISA的三个周期中皆名列前茅，所得分数分别为547分（PISA 2006）、550分（PISA 2003）及560分（PISA 2000+）。虽然PISA 2006及PISA 2003的结果同样无显著差别，但PISA 2006的平均分显著低于PISA 2000+第一轮评估的分数。至于阅读素养方面，香港学生于PISA 2006中平均得分为536分，显著高于PISA 2003的510分及PISA 2000+的525分。我们发现，PISA 2006中香港学生在阅读素养方面的卓越表现，是由于各种能力/各百分位数的学生表现均有所提升。其中第5百分位数的低分者由第一届PISA的369分升至第三届的390分，第95百分位数的高分者

由第一届 PISA 的 646 分升至第三届的 660 分，由此可见最高分组别及最低分组别的改进幅度甚为显著。

表 2.4　香港学生在 PISA 2000+、PISA 2003 和 PISA 2006 中科学、数学及阅读成绩的比较

评估	科学		数学		阅读	
	平均值	标准差	平均值	标准差	平均值	标准差
PISA 2000+	541	(3.0)	560	(3.3)	525	(2.9)
PISA 2003	539	(4.3)	550	(4.5)	510	(3.7)
PISA 2006	542	(2.5)	547*	(2.7)	536**	(2.4)

*显著性检验水平小于 0.05。**显著性检验水平小于 0.01。

根据 OECD 的技术报告（OECD，2007），某个评估范畴只有在成为重点范畴之后，有关的题目及分数才能作趋势分析（trend analysis）。由于 PISA 2000+的重点范畴是阅读素养，因此阅读素养从 PISA 2000+到 PISA 2003 再到 PISA 2006 的改进趋势是有效而显著的。数学素养在 PISA 2003 中是重点范畴，因此可对 PISA 2003 与 PISA 2006 中数学素养方面的数据作趋势分析（550 分与 547 分的差别并不显著）。科学素养在 PISA 2006 中才成为重点范畴，因此暂未能作有效的趋势分析。

PISA 2006 的分析显示，有三大因素与香港学生阅读素养的改进有关：（1）学校阅读气氛改善了；（2）"从阅读中学习"成为课改的四个关键项目之一；（3）从 2002 年开始，中一推行中文科新课程改革。首先，在 PISA 首期评估结果中已指出：香港学生的阅读成绩不及数理成绩优秀，而 PISA 2000+更深入分析了香港中学生的阅读习惯和阅读态度与阅读、数学及科学素养都具有密切的关系。为此，教育当局特别设立资助金额以推广阅读，增加学校的图书。不少学校更每天设早读堂，增进学校的阅读气氛。此外，教师阅读教学和评估的模式有所转变，包括：删除必读的文学性的"范文"，改为引入 300 多篇实用性较强的"参考文章"；在阅读教学上强调读、写、听、说等技能；在阅读评估中引入不同素养分层的概念；加入评价题，学生有较大的发挥空间；加入校本评核以及阅读记录和阅读报告等评估项目。2002 年实施的新课程，可以说更切合国际上对阅读素养的新看法，也可以说是中文教育的社会功能性标准与国际标准的接轨。因此，香港学生在PISA 2006 中的阅读素养表现比上两届有明显进步。

2.2 香港教育素质的校间差异与发展趋势

所有国家或地区的教育都需要面对的困难包括：教育不同背景和学习能力的学生，以及减少学生之间的成绩差异。表2.5显示了PISA 2000+、PISA 2003和PISA 2006中，学校之间科学素养表现的差异。就一个国家或地区而言，校间差异占总成绩差异的百分比，能显示该国家或地区的学校均等程度。在PISA 2006中，各个国家或地区校间差异的幅度由5.8%（芬兰）至70.4%（匈牙利）不等。

表2.5 PISA 2006、PISA 2003和PISA 2000+科学成绩的校间差异

国家/地区	PISA 2006		PISA 2003		PISA 2000+	
	总成绩差异	校间差异占总成绩差异的比例（%）	总成绩差异	校间差异占总成绩差异的比例（%）	总成绩差异	校间差异占总成绩差异的比例（%）
芬兰	7 301	5.8	8 209	4.3	7 351	4.9
冰岛	9 263	9.0	9 077	3.9	7 660	7.2
挪威	8 894	9.9	10 717	7.6	8 969	8.9
瑞典	8 635	12.0	11 291	8.9	8 650	7.8
波兰	8 047	13.6	10 472	14.1	9 059	49.1
西班牙	8 150	13.9	9 982	16.6	9 042	17.0
丹麦	8 580	15.4	10 263	12.4	10 391	14.5
新西兰	11 230	15.9	10 658	17.6	9 868	17.1
爱尔兰	8 871	17.0	8 592	15.5	8 365	14.3
澳大利亚	9 926	17.9	10 283	19.9	8 866	16.8
拉脱维亚	7 056	18.4	8 554	20.3	9 461	29.4
加拿大	8 743	18.4	9 845	15.5	7 830	16.1
英国	11 156	18.9	m	m	m	m
爱沙尼亚	6 986	20.5	m	m	m	m
约旦	7 989	22.1	m	m	m	m
美国	11 186	23.3	10 271	22.1	9 226	32.8
俄罗斯联邦	8 023	27.0	9 945	20.9	9 782	30.8
中国澳门	6 095	28.3	7 724	17.6	m	m
立陶宛	8 082	28.3	m	m	m	m
黑山共和国	6 390	28.3	m	m	m	m

续表

国家/地区	PISA 2006		PISA 2003		PISA 2000+	
	总成绩差异	校间差异占总成绩差异的比例（%）	总成绩差异	校间差异占总成绩差异的比例（%）	总成绩差异	校间差异占总成绩差异的比例（%）
卢森堡	9 356	29.2	10 538	28.8	m	m
哥伦比亚	7 200	31.3	m	m	m	m
葡萄牙	7 824	31.9	8 687	31.2	7 837	30.4
以色列	12 299	32.4	m	m	m	m
列支敦士登	9 330	33.6	10 694	32.6	8 806	35.5
瑞士	9 830	34.2	11 439	28.7	10 018	40.1
墨西哥	6 490	35.3	7 524	25.7	5 947	40.5
韩国	8 093	35.3	10 089	38.3	6 508	39.6
印度尼西亚	4 909	35.5	4 633	34.6	5 520	30.8
中国香港	8 381	36.5	8 764	44.4	7 135	44.1
泰国	5 958	38.5	6 622	33.0	5 870	30.2
吉尔吉斯共和国	6 991	39.4	m	m	m	m
乌拉圭	8 887	39.9	11 872	34.3	m	m
克罗地亚	7 356	41.3	m	m	m	m
斯洛伐克	8 648	42.4	9 496	36.4	m	m
塞尔维亚共和国	7 224	42.6	m	m	m	m
突尼斯	6 768	42.8	7 622	33.5	m	m
中国台湾	8 889	46.2	m	m	m	m
巴西	7 970	46.6	9 702	33.3	8 153	29.9
阿根廷	10 197	46.8	m	m	m	m
罗马尼亚	6 585	48.3	m	m	m	m
日本	9 812	48.5	11 892	46.3	8 185	44.4
希腊	8 420	51.7	10 069	26.9	9 382	40.3
阿塞拜疆	3 106	51.8	m	m	m	m
意大利	9 045	52.1	11 611	48.9	9 569	44.5
比利时	9 791	52.3	10 308	42.1	10 897	52.3
土耳其	6 928	52.8	9 174	51.6	m	m
保加利亚	11 352	55.0	m	m	m	m
智利	8 446	56.3	m	m	m	m
奥地利	9 551	57.0	9 146	56.1	8 548	57.8
捷克共和国	9 687	57.8	9 746	40.8	7 968	36.0

续表

国家/地区	PISA 2006		PISA 2003		PISA 2000+	
	总成绩差异	校间差异占总成绩差异的比例（%）	总成绩差异	校间差异占总成绩差异的比例（%）	总成绩差异	校间差异占总成绩差异的比例（%）
荷兰	9 081	58.9	9 366	55.8	m	m
德国	9 908	59.9	11 004	50.9	9 791	48.5
斯洛文尼亚	9 628	60.4	m	m	m	m
匈牙利	7 720	70.4	8 795	41.2	9 871	46.6
卡塔尔	c	c	m	m	m	m
OECD 平均值	***9 009***	***33.1***	***10 021***	***29.5***	***8 830***	***30.5***

注：“总成绩差异”（variance of student performance）为总成绩的变异数。“m”表示缺乏资料。“c”表示观察数据太少，未能提供可靠评估。日本在 PISA 2000+中因为抽样方式的关系，其校间差异包含校内班级之间的差异。

来源：OECD PISA 2006 database（Tables 4.1a，4.1b and 4.1c）。

就香港而言，在 PISA 2000+、PISA 2003 和 PISA 2006 中，校间差异分别能解释 44.1%、44.4% 和 36.5% 的学生成绩差异，这些比例都高于同届的 OECD 平均值（30.5%、29.5% 和 33.1%）。芬兰的学生在三届评估中都有卓越的成绩，其校间差异也持续偏低，分别为 4.9%、4.3% 和 5.8%。换言之，芬兰提供高素质的教育给所有学生，并达到教育均等。由于学校之间差异十分小，各校的水平相近，均十分优秀，家长选校并不需要伤神。芬兰的教育系统可说是香港的目标。

就五个东亚社会（中国香港、中国澳门、中国台湾和日本、韩国）而言，日本的校间差异最大，在三届评估中分别为 44.4%、46.3% 和 48.5%。其次是中国台湾，在 PISA 2006 中的校间差异为 46.2%。中国香港与韩国相近，韩国在三届评估中的校间差异分别为 39.6%、38.3% 和 35.3%，中国香港分别为 44.1%、44.4% 和 36.5%。中国澳门的校间差异最小，在 PISA 2003 和PISA 2006 中分别为 17.6% 和 28.3%。在五个东亚社会中，只有中国澳门的校间差异小于同届 OECD 的 33.1%。

2.3 香港教育素质的性别差异与发展趋势

就阅读素养而言，表 2.6、表 2.7 和表 2.8 显示，所有国家或地区的女生表现都显著优于男生，男女生的成绩差异由 17 分至 66 分不等。五个东亚社会的男女生成绩差异，都小于 OECD 平均值。

表 2.6 PISA 2006 科学成绩的性别差异

国家/地区	男生		女生		差异（男生-女生）	
	平均值	标准差	平均值	标准差	差异	标准差
卡塔尔	334	(1.2)	365	(1.3)	-31	(1.9)
约旦	408	(4.5)	436	(3.3)	-28	(5.3)
保加利亚	426	(6.6)	443	(6.9)	-17	(5.8)
泰国	411	(3.4)	428	(2.5)	-17	(3.9)
阿根廷	384	(6.5)	397	(6.8)	-13	(5.6)
土耳其	418	(4.6)	430	(4.1)	-12	(4.1)
希腊	468	(4.5)	479	(3.4)	-11	(4.7)
列支敦士登	516	(7.6)	527	(6.3)	-11	(11.1)
立陶宛	483	(3.1)	493	(3.1)	-10	(2.8)
斯洛文尼亚	515	(2.0)	523	(1.9)	-8	(3.2)
阿塞拜疆	379	(3.1)	386	(2.7)	-7	(2.0)
拉脱维亚	486	(3.5)	493	(3.2)	-7	(3.1)
冰岛	488	(2.6)	494	(2.1)	-6	(3.4)
吉尔吉斯共和国	319	(3.6)	325	(3.0)	-6	(3.0)
塞尔维亚共和国	433	(3.3)	438	(3.8)	-5	(3.8)
突尼斯	383	(3.2)	388	(3.5)	-5	(3.4)
挪威	484	(3.8)	489	(3.2)	-5	(3.4)
新西兰	528	(3.9)	532	(3.6)	-4	(5.2)
爱沙尼亚	530	(3.1)	533	(2.9)	-3	(3.1)
芬兰	562	(2.6)	565	(2.4)	-3	(2.9)
乌拉圭	427	(4.0)	430	(2.7)	-3	(4.0)
克罗地亚	492	(3.3)	494	(3.1)	-2	(4.1)
罗马尼亚	417	(4.1)	419	(4.8)	-2	(3.3)
黑山共和国	411	(1.7)	413	(1.7)	-2	(2.6)
韩国	521	(4.8)	523	(3.9)	-2	(5.5)
爱尔兰	508	(4.3)	509	(3.3)	-1	(4.3)
澳大利亚	527	(3.2)	527	(2.7)	0	(3.8)
美国	489	(5.1)	489	(4.0)	0	(3.5)
比利时	511	(3.3)	510	(3.2)	1	(4.1)

续表

国家/地区	男生		女生		差异（男生-女生）	
	平均值	标准差	平均值	标准差	差异	标准差
瑞典	504	(2.7)	503	(2.9)	1	(3.0)
OECD 平均值	***501***	***(0.7)***	***499***	***(0.6)***	***2***	***(0.7)***
法国	497	(4.3)	494	(3.6)	3	(4.0)
俄罗斯联邦	481	(4.1)	478	(3.7)	3	(2.7)
意大利	477	(2.8)	474	(2.5)	3	(3.5)
日本	533	(4.9)	530	(5.1)	3	(7.4)
波兰	500	(2.7)	496	(2.6)	3	(2.5)
以色列	456	(5.6)	452	(4.2)	4	(6.5)
中国澳门	513	(1.8)	509	(1.6)	4	(2.7)
加拿大	536	(2.5)	532	(2.1)	4	(2.2)
西班牙	491	(2.9)	486	(2.7)	5	(2.4)
捷克共和国	515	(4.2)	510	(4.8)	5	(5.6)
葡萄牙	477	(3.7)	472	(3.2)	5	(3.3)
瑞士	514	(3.3)	509	(3.6)	5	(2.7)
斯洛伐克	491	(3.9)	485	(3.0)	6	(4.7)
匈牙利	507	(3.3)	501	(3.5)	6	(4.2)
墨西哥	413	(3.2)	406	(2.6)	7	(2.2)
中国香港	546	(3.5)	539	(3.5)	7	(4.9)
中国台湾	536	(4.3)	529	(5.1)	7	(6.0)
德国	519	(4.6)	512	(3.8)	7	(3.7)
荷兰	528	(3.2)	521	(3.1)	7	(3.0)
奥地利	515	(4.2)	507	(4.9)	8	(4.9)
丹麦	500	(3.6)	491	(3.4)	9	(3.2)
巴西	395	(3.2)	386	(2.9)	9	(2.3)
哥伦比亚	393	(4.1)	384	(4.1)	9	(4.6)
卢森堡	491	(1.8)	482	(1.8)	9	(2.9)
英国	520	(3.0)	510	(2.8)	10	(3.4)
印度尼西亚	399	(8.2)	387	(3.7)	12	(6.3)
智利	448	(5.4)	426	(4.4)	22	(4.8)

表 2.7 PISA 2006 数学成绩的性别差异

国家/地区	男生		女生		差异（男生-女生）	
	平均值	标准差	平均值	标准差	差异	标准差
卡塔尔	311	(1.6)	325	(1.3)	-14	(2.1)
约旦	381	(5.3)	388	(3.9)	-7	(6.5)
泰国	413	(3.8)	420	(2.6)	-7	(4.2)
冰岛	503	(2.6)	508	(2.2)	-5	(3.2)
保加利亚	412	(6.7)	415	(6.5)	-3	(4.9)
阿塞拜疆	475	(2.4)	477	(2.6)	-2	(2.0)
列支敦士登	525	(7.4)	525	(7.0)	0	(11.7)
吉尔吉斯共和国	311	(4.0)	310	(3.4)	1	(2.9)
爱沙尼亚	515	(3.3)	514	(3.0)	1	(3.2)
立陶宛	487	(3.3)	485	(3.3)	2	(3.0)
希腊	462	(4.3)	457	(3.0)	5	(4.5)
斯洛文尼亚	507	(1.8)	502	(1.8)	5	(2.9)
瑞典	505	(2.7)	500	(3.0)	5	(2.9)
拉脱维亚	489	(3.5)	484	(3.2)	5	(3.0)
塞尔维亚共和国	438	(4.0)	433	(4.4)	5	(4.5)
俄罗斯联邦	479	(4.6)	473	(3.9)	6	(3.3)
土耳其	427	(5.6)	421	(5.1)	6	(4.6)
挪威	493	(3.3)	487	(2.8)	6	(3.1)
罗马尼亚	418	(4.2)	412	(4.9)	6	(3.3)
法国	499	(4.0)	492	(3.3)	7	(3.7)
比利时	524	(4.1)	517	(3.4)	7	(4.8)
西班牙	484	(2.6)	476	(2.6)	8	(2.2)
美国	479	(4.6)	470	(3.9)	9	(2.9)
墨西哥	410	(3.4)	401	(3.1)	9	(2.6)
波兰	500	(2.8)	491	(2.7)	9	(2.6)
韩国	552	(5.3)	543	(4.5)	9	(6.3)
匈牙利	496	(3.5)	486	(3.7)	10	(4.3)
丹麦	518	(2.9)	508	(3.0)	10	(2.8)
捷克共和国	514	(4.2)	504	(4.8)	10	(5.6)

续表

国家/地区	男　生		女　生		差　异（男生-女生）	
	平均值	标准差	平均值	标准差	差异	标准差
新西兰	527	(3.1)	517	(3.6)	10	(4.7)
中国澳门	530	(2.1)	520	(1.7)	10	(2.9)
OECD 平均值	***503***	***(0.7)***	***492***	***(0.6)***	***11***	***(0.7)***
爱尔兰	507	(3.7)	496	(3.2)	11	(4.1)
芬兰	554	(2.7)	543	(2.6)	11	(2.6)
黑山共和国	405	(2.3)	393	(1.9)	12	(3.3)
以色列	448	(6.6)	436	(4.3)	12	(6.9)
荷兰	537	(3.1)	524	(2.8)	13	(2.8)
阿根廷	388	(6.5)	375	(7.2)	13	(5.6)
乌拉圭	433	(3.6)	420	(3.1)	13	(4.2)
中国台湾	556	(4.7)	543	(5.9)	13	(6.7)
克罗地亚	474	(3.2)	461	(2.8)	13	(3.8)
瑞士	536	(3.3)	523	(3.6)	13	(2.7)
加拿大	534	(2.4)	520	(2.0)	14	(1.9)
斯洛伐克	499	(3.7)	485	(3.5)	14	(4.6)
澳大利亚	527	(3.2)	513	(2.4)	14	(3.4)
葡萄牙	474	(3.7)	459	(3.2)	15	(3.3)
突尼斯	373	(4.4)	358	(4.4)	15	(3.6)
中国香港	555	(3.9)	540	(3.7)	15	(5.5)
卢森堡	498	(1.7)	482	(1.8)	17	(2.8)
意大利	470	(2.9)	453	(2.7)	16	(3.4)
英国	504	(2.6)	487	(2.6)	17	(2.9)
印度尼西亚	399	(8.3)	382	(4.0)	17	(7.3)
巴西	380	(3.4)	361	(3.0)	19	(2.8)
德国	513	(4.6)	494	(3.9)	19	(3.7)
日本	533	(4.8)	513	(4.9)	20	(7.2)
哥伦比亚	382	(4.1)	360	(5.0)	22	(4.6)
奥地利	517	(4.4)	494	(4.1)	23	(4.7)
智利	424	(5.5)	396	(4.7)	28	(4.8)

表 2.8 PISA 2006 阅读成绩的性别差异

国家/地区	男 生		女 生		差 异（男生-女生）	
	平均值	标准差	平均值	标准差	差异	标准差
卡塔尔	280	(1.9)	346	(1.6)	-66	(2.6)
保加利亚	374	(7.7)	432	(6.9)	-58	(6.3)
希腊	432	(5.7)	488	(3.5)	-56	(5.6)
约旦	373	(5.6)	428	(3.4)	-55	(6.5)
泰国	386	(4.0)	440	(3.0)	-54	(4.7)
阿根廷	345	(8.3)	399	(7.4)	-54	(7.3)
斯洛文尼亚	467	(1.9)	521	(1.4)	-54	(2.7)
立陶宛	445	(3.5)	496	(3.2)	-51	(3.0)
吉尔吉斯共和国	257	(4.4)	308	(3.3)	-51	(3.4)
芬兰	521	(2.7)	572	(2.3)	-51	(2.8)
拉脱维亚	454	(4.3)	504	(3.5)	-50	(3.2)
克罗地亚	452	(3.8)	502	(3.3)	-50	(4.7)
冰岛	460	(2.8)	509	(2.3)	-49	(3.3)
挪威	462	(3.8)	508	(3.3)	-46	(3.3)
爱沙尼亚	478	(3.2)	524	(3.1)	-46	(2.7)
捷克共和国	463	(5.0)	509	(5.4)	-46	(6.2)
乌拉圭	389	(4.4)	435	(3.8)	-46	(4.9)
黑山共和国	370	(2.0)	415	(1.8)	-45	(2.9)
列支敦士登	486	(7.7)	531	(6.3)	-45	(11.7)
奥地利	468	(4.9)	513	(5.5)	-45	(6.0)
罗马尼亚	374	(4.5)	418	(5.2)	-44	(3.4)
土耳其	427	(5.1)	471	(4.3)	-44	(4.3)
以色列	417	(6.5)	460	(4.6)	-43	(6.8)
德国	475	(5.3)	517	(4.4)	-42	(3.9)
斯洛伐克	446	(4.2)	488	(3.8)	-42	(5.4)
塞尔维亚共和国	381	(3.4)	422	(4.2)	-41	(4.0)
意大利	448	(3.4)	489	(2.8)	-41	(4.0)
波兰	487	(3.4)	528	(2.8)	-41	(2.9)
瑞典	488	(4.0)	528	(3.5)	-40	(3.2)

续表

国家/地区	男生		女生		差异（男生-女生）	
	平均值	标准差	平均值	标准差	差异	标准差
比利时	482	(4.1)	522	(3.5)	-40	(4.8)
匈牙利	463	(3.7)	503	(3.9)	-40	(4.1)
OECD 平均值	***473***	***(0.7)***	***511***	***(0.7)***	***-38***	***(0.8)***
俄罗斯联邦	420	(4.8)	458	(4.3)	-38	(3.2)
突尼斯	361	(4.6)	398	(3.9)	-37	(3.6)
新西兰	502	(3.6)	539	(3.6)	-37	(4.6)
澳大利亚	495	(3.0)	532	(2.2)	-37	(3.6)
西班牙	443	(2.6)	479	(2.3)	-36	(2.1)
韩国	539	(4.6)	574	(4.5)	-35	(5.9)
法国	470	(5.2)	505	(3.9)	-35	(4.4)
爱尔兰	500	(4.5)	534	(3.8)	-34	(4.9)
墨西哥	393	(3.5)	427	(3.0)	-34	(2.5)
葡萄牙	455	(4.4)	488	(3.5)	-33	(3.7)
加拿大	511	(2.8)	543	(2.5)	-32	(2.3)
巴西	376	(4.3)	408	(3.7)	-32	(3.0)
卢森堡	464	(2.0)	495	(2.1)	-31	(3.2)
中国香港	520	(3.5)	551	(3.0)	-31	(4.5)
瑞士	484	(3.2)	515	(3.3)	-31	(2.6)
日本	483	(5.4)	513	(5.2)	-30	(7.7)
英国	480	(3.0)	510	(2.6)	-30	(3.5)
丹麦	480	(3.6)	509	(3.5)	-29	(3.2)
中国澳门	479	(1.8)	505	(1.5)	-26	(2.4)
荷兰	495	(3.7)	519	(3.0)	-24	(3.4)
中国台湾	486	(4.4)	507	(4.2)	-21	(5.4)
阿塞拜疆	343	(3.5)	363	(3.3)	-20	(2.6)
哥伦比亚	375	(5.6)	394	(5.6)	-19	(5.3)
印度尼西亚	384	(8.7)	402	(4.2)	-18	(6.3)
智利	434	(6.0)	451	(5.4)	-17	(5.7)
美国	m	m	m	m	m	m

注：“m”表示缺乏资料。

而数学素养方面，在 57 个国家或地区当中，有 36 个国家或地区的男生表现好于女生。在 OECD 国家里，男生的成绩平均比女生高 11 分。五个东亚社会中，除韩国外，其余四个都是男生的表现显著比女生好。

就科学素养而言，在参与 PISA 2006 的 57 个国家或地区当中，有 21 个国家或地区存在显著的性别差异。在 OECD 国家里，男生的成绩平均比女生高 2 分。虽然如此，亦有越来越多的国家或地区是女生的表现较好，这类国家或地区在 PISA 2003 中只有 3 个，但在 PISA 2006 中则有 12 个。至于男生表现比女生好的国家或地区，在 PISA 2006 中只有 9 个，在 PISA 2003 中则有 13 个（OECD，2004）。PISA 2006 的结果显示，五个东亚社会中，日本、中国澳门、中国香港及中国台湾都是男生的表现较好，只有韩国是女生的表现较好，但这些差异在统计学上都并不显著。

表 2.9 显示了以往三届评估中，五个东亚社会中男女生的成绩差异。就阅读素养而言，全球整体是女生显著优于男生，男生的表现一直稍逊一筹。香港女生相较于男生的优势，更由 PISA 2000+的 16 分升至 PISA 2003 的 32 分和 PISA 2006 的 31 分。日本女生相较于男生的优势，由 PISA 2000+的 30 分削减至 PISA 2003 的 22 分，但在 PISA 2006 中又回升到 31 分。韩国女生相较于男生的优势，则由 PISA 2000+的 14 分升至 PISA 2003 的 21 分，在 PISA 2006 中更升至 35 分。中国澳门与韩国相似，PISA 2003 中女生相较于男生的优势为 13 分，至 PISA 2006 升至 26 分。中国台湾在 PISA 2006 中，女生相较于男生的优势也达到 21 分。

而数学素养方面，一般均是男生稍优于女生，香港的男女生成绩差异由 PISA 2000+的 18 分（显著），减少至 PISA 2003 的 4 分（不显著），又反弹至 PISA 2006 的 16 分（显著）。日本的男生成绩则在 PISA 2000+和 PISA 2003 中稍高于女生 8 分（不显著）。但在 PISA 2006 中，男生成绩则高于女生 20 分（显著）。韩国的情况与日本刚好相反：在 PISA 2000+和 PISA 2003 中，男生成绩高于女生 20 多分（显著）；但在 PISA 2006 中，男生成绩只稍高于女生 9 分（不显著）。中国澳门男生在 PISA 2003 中的数学成绩高于女生 21 分（显著），但在 PISA 2006 中男生的优势减至 11 分（显著）。

至于科学素养方面，男女生成绩差异在过去三届评估中均并不显著，只是韩国在PISA 2000+和 PISA 2003 中的男女生成绩差异比较大，男生分别高于女生 19 分和 18 分（显著）。

表 2.9 东亚社会 PISA 成绩的性别差异（男生-女生）

国家/地区	阅读			数学			科学		
	PISA 2006	PISA 2003	PISA 2000+	PISA 2006	PISA 2003	PISA 2000+	PISA 2006	PISA 2003	PISA 2000+
中国香港	-31	-32	-16	16	4	18	7	-3	9
日本	-31	-22	-30	20	8	8	3	4	-7
韩国	-35	-21	-14	9	23	27	-2	18	19
中国澳门	-26	-13	m	11	21	m	4	8	m
中国台湾	-21	m	m	13	m	m	7	m	m
OECD 平均值	*-38*	*-34*	*-32*	*11*	*11*	*11*	*2*	*6*	*0*

注："m" 表示缺乏资料。显著差异以灰底表示。

2.4 香港教育素质的社会经济及文化背景差异与发展趋势

从社会经济及文化阶层差距来考量教育均等，图 2.1、图 2.2 及图 2.3 显示，中国香港、韩国及日本除了成绩优良外，学校教育成效也相当均等。中国澳门在 2003 年才参与 PISA，图 2.2 显示其教育成效的表现亦相当均等。而中国台湾在 2006 年才参与 PISA，图 2.3 显示其来自不同社会经济阶层学生的教育成果的差异却非常大。社会经济文化背景（Economic, social, and cultural status, ESCS）对学业成绩的影响，常以"社会经济坡度"（socio-economic gradient）① 表示（OECD, 2000）。"社会经济坡度"显示了学习成果的差异在多大程度上可归因于社会经济文化背景。

图 2.1、图 2.2 及图 2.3 中，社会经济文化背景以 0（零）为中间数，代表一般阶层；+1 及+2 代表高阶层；-1 及-2 代表草根阶层。图 2.1 的纵轴为阅读成绩，图 2.2 的纵轴为数学成绩，图 2.3 的纵轴为科学成绩，这三幅图说明了：（1）香港的"社会经济坡度"小，意味着不同的社会经济文化背景对香港学生阅读、数学和科学三方面成绩的影响很小；（2）与许多其他国家或地区里社会经济及文化背景相似的学生相比，香港的 15 岁学生

---

① 坡度越大，表示 SES 与学生成绩的关系越大。坡度越小，则表示 SES 与学生成绩的关系越小，亦即不平等情况较少。

得分较高；（3）从草根阶层（即 ESCS 趋向 -1、-2）来看，学生的阅读水平远高于其他国家或地区，显示了香港的教育系统能有效地协助弱势学生。

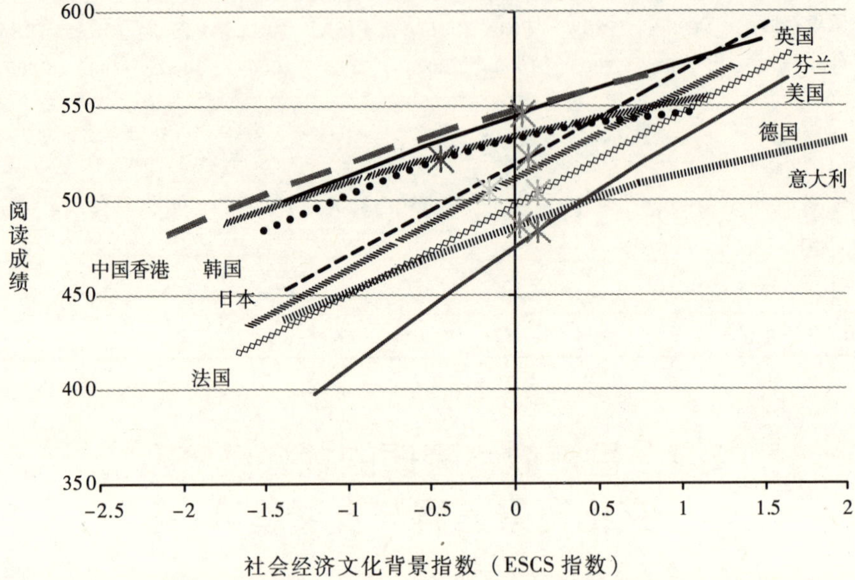

图 2.1　学生社会经济文化背景与阅读成绩的关系

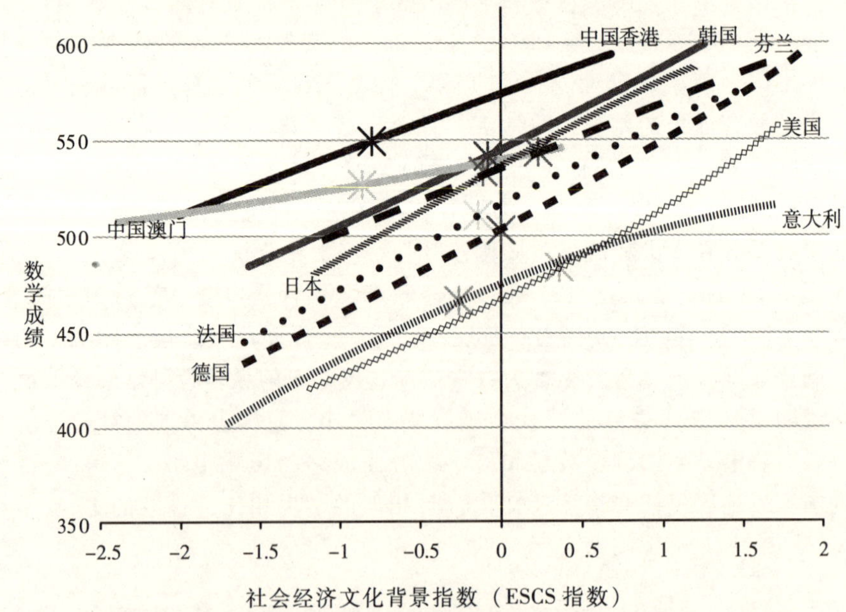

图 2.2　学生社会经济文化背景与数学成绩的关系

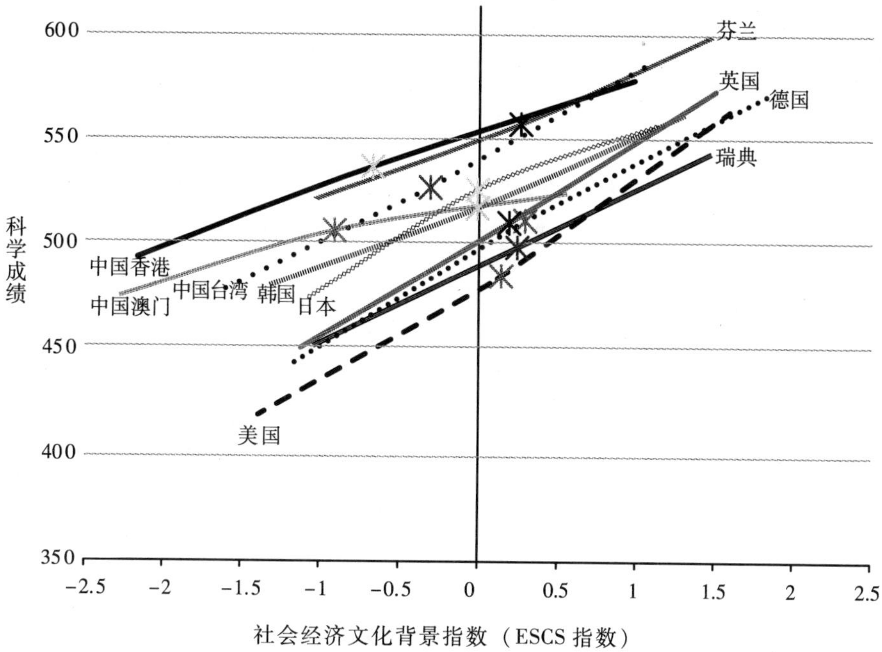

图 2.3　学生社会经济文化背景与科学成绩的关系

2.5　总　结

PISA 自 2000 年起，每三年举行一次，而每届均包括数学、科学及阅读素养的评估，并设立一个重点评估范畴。如 2000 年以阅读素养为重点，2003 年以数学素养为重点，而 2006 年的重点为科学素养。

综合三届 PISA 研究的结果发现：中国香港、韩国及日本等东亚国家或地区的 15 岁学生，在阅读、数学及科学素养评估中的表现均相当出色，而且来自不同社会经济阶层的学生的教育成果也相当均等；澳门学生的数学表现相当出色，阅读及科学的表现稍逊，但教育成果十分均等；中国台湾学生的数学及科学表现亦相当出色，阅读的表现则稍逊，而来自不同社会经济阶层学生的教育成果的差异却十分大。就性别的均等而言，女生明显比男生善于阅读，男生则明显善于数学。可是女生在阅读上的优势有日益增大的趋势；而男生在数学上的优势，在日本有渐人的倾向，在韩国和中国澳门均渐小。科学上的性别差异则不太显著。

PISA 的研究有助于我们了解整体教育素质及均等。就这三届的 PISA 数据来看，香港 15 岁学生的素质及均等情况都相当优异。至于有什么家庭、学校和政策因素与素质及均等有关，还有待本书其他章节探讨。学生和家长、学校和教师以及教育政策制定者所关心的其他重要议题包括：优异的成绩是否意味着学生已经准备好迎接未来的挑战？他们能否分析、理解和与别人互相交流自己的观点？学生是否有继续进修和终身学习的能力？我们相信每三年举行一次的 PISA，再加上进一步的分析，可以带给大家更多的启发。

参考文献

OECD. 2000. Knowledge and skills for life: first results from PISA 2000. Paris: Organisation for Economic Co-operation Development.

OECD. 2004. Learning for tomorrow's world: first results from PISA 2003. Paris: Organisation for Economic Co-operation Development.

OECD. 2007. PISA 2006 science competencies for tomorrow's world: Vol. 1: Analysis. Paris: Organisation for Economic Co-operation and Development.

第3章

PISA 2000+至 PISA 2006 香港15岁学生的阅读成绩

刘洁玲

香港中文大学教育学院

课程与教学学系

3.1 前 言

科学素养是 PISA 2006 的重点评估范畴。阅读素养则是 PISA 2000+的重点评估范畴，并在 PISA 2003 和 PISA 2006 中得到了简略的更新。阅读素养在 PISA 2003 和 PISA 2006 中所占的评估时间，远远少于在 PISA 2000+中的时间。

本章首先描述 PISA 中阅读素养的评估概念和框架，之后报告 PISA 2006 中中国香港学生在阅读素养评估范畴中的成绩，并且比较 PISA 2000+、PISA 2003 以及 PISA 2006 三轮评估中的阅读素养评估，以探讨香港学生在这 6 年来阅读成绩的变化。

3.2 PISA 2006 中阅读素养的评估架构

在 PISA 中，阅读素养被界定为“对文本内容的理解、运用和反思，以实现个人目标、增进知识、发展潜能，并投身社会”（OECD，2006）[46]。这一界定包含了更高层次的阅读技能，比如解释、反思以及为达至各种目的而使用文本信息的能力。该界定强调了阅读素养可使个人目标得以实现，以及提供一套语言工具以满足现代社会的需求。同时，该界定考虑了阅读者在理解过程中扮演的主动和互动角色。由于 PISA 的关注点是“从阅读中学习”，而非“学会阅读”，因此并不评估学生最基本的字词技能。

阅读者在阅读指定文本的过程中，对文本的理解和使用可不尽相同。这个动态过程涉及许多因素，是构成 PISA 评估架构的基础。设计评估题目的过程主要考虑以下三个维度的因素，包括：（1）阅读过程或角度；（2）阅读材料的类型；（3）阅读材料适用的情境。

- 阅读过程——阅读的角度
- 阅读内容——文本的类型
- 阅读语境——阅读的情境

3.2.1 阅读过程——阅读的角度

PISA 的评估架构评估学生执行一系列阅读任务的能力，这些任务模拟学生在真实阅读情境中会遇到的各种任务。PISA 从五个角度测量读者对文本的理解，包括：检索信息，形成概要的理解，阐释文本，反思和评价文本内容，以及反思和评价文本形式。这五个角度代表了阅读理解的不同层次。必须注意的是，这五个角度之间尽管有相互的联系，但是成功地完成了其中某一角度，并不能保证可以成功完成其他角度的任务。图 3.1 描绘了这五个角度及其相互关系。

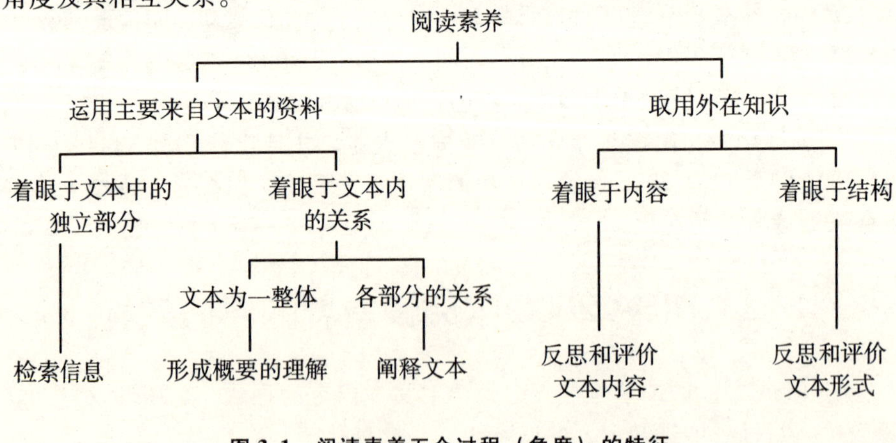

图 3.1 阅读素养五个过程（角度）的特征

来源：OECD（2006）[50]。

为了报告的清晰性，可将上述五个角度分成三个分量表：(1) 检索信息；(2) 解释文本；(3) 反思和评价文本。

- "检索信息量表"：报告阅读者在文本中找出一项或多项信息的能力。
- "解释文本量表"：结合了"形成概要的理解"以及"阐释文本"两个过程。这个量表报告阅读者建构意义的能力，以及根据文本的一个或多个部分进行推论的能力。
- "反思和评价文本量表"：结合了"反思和评价文本内容"以及"反思和评价文本形式"这两个过程。这个量表报告阅读者把文本与自己的知识、理念以及经验联系起来的能力。

图 3.2 展示了 PISA 阅读素养题目在上述三个分量表上的分布情况。有关解释文本的题目最多，占了大约 50%。另外 29% 的题目是评估学生检索信息的能力，还有 21% 的题目则集中于反思和评价文本。

■ 阅读素养为重点评估范畴 (PISA 2000+)
□ 阅读素养为次要评估范畴 (PISA 2003 和 PISA 2006)

阅读过程 (角度)	题目所占比例	
检索信息	29	29
解释文本	49	50
反思和评价文本	22	21
总计	100	100

图 3.2　阅读题目在三个分量表上的分布 (%)

注：因四舍五入，各分项数字相加或与总计数字略有出入。

来源：OECD (2006)[53]。

3.2.2　阅读内容——文本的类型

除了评估阅读者在各阅读角度的熟练程度，PISA 的评估架构也评估学生对不同类型的书面材料的理解。评估架构采用了广泛的阅读材料，这些材料都是在真实的生活中常常会碰到的。根据文本的格式，书面材料主要分为两类：连续文本和非连续文本。连续文本的特点是由句子构成，这些句子又组织成段落，而段落又可组织成更大的结构，如节、章、书等。非连续文本在文本组织上与连续文本不同，故此阅读的方法亦截然不同。PISA 2006 共使用了 8 个试题文本。其中包括三种连续文本，即描写、记叙和说明，以及四种非连续文本，即图表或图形、列表、地图和表格（见图 3.3）。

■ 阅读素养为重点评估范畴（PISA 2000+）

□ 阅读素养为次要评估范畴（PISA 2003 和 PISA 2006）

文本格式和类型	题目在本类文本格式中类型分布的比例		整个测试中，题目在各类文本格式和类型中分布的比例	
	■ PISA 2000+	□ PISA 2003 和 PISA 2006	■ PISA 2000+	□ PISA 2003 和 PISA 2006
连续文本				
记叙	21	17	14	11
说明	36	67	24	43
描写	14	17	9	11
议论	20	–	13	–
指示	10	–	7	–
总计	100	100	68	64
非连续文本				
图表/图形	37	20	12	7
列表	29	40	9	14
图解	12	–	4	–
地图	10	10	3	4
表格	10	30	3	11
广告	2	–	1	–
总计	100	100	34	37

图 3.3　阅读题目在文本格式和类型上的分布（%）

注：因四舍五入，各分项数字相加或与总计数字略有出入。

来源：OECD（2006）[49]。

3.2.3　阅读语境——阅读情境

在 PISA 的评估架构中，语境或情境依据作者的写作目的、一些人物与文本的明确或内含的关系，以及一般的内容来分类。在评估中选用了四种情境，以求尽量涵括不同的内容，并力求反映年轻人在真实生活中涉及阅读素养的各种各样的情境。这四种情境包括：为个人用途而阅读（个人的）、为公共用途而阅读（公共的）、为工作而阅读（职业的）、为教育而阅读（教育的）。上述四种情境均包含在评估所使用的 8 个试题文本内。

3.2.4　题目类型

PISA 的题目有五种题目类型，用以测量学生在阅读题目上的回应。题目类型包括简单多选题、复杂多选题（要求回答一系列的对/错、是/否的问题）、封闭题（要求给出清晰简短的答案）、简答题（要求给出简短的答案，但答案并不像封闭题的答案那般清晰），以及开放题（要求从文本中构建答案，答案通常比较长）。如前文所述，PISA 2006 使用了 8 个试题文本。学生需要阅读文本，并回答有关的阅读题目。评估中共有 28 项阅读题目，全是围绕上述 8 个试题文本而设的。表 3.1 总结了阅读题目在各种阅读角度、文本格式、文本类型和阅读情境上的分布情况。

表 3.1　阅读题目在各种阅读角度、文本格式、文本类型和阅读情境上的分布

	题目分布（项）					
	简单多选题	复杂多选题	封闭题	简答题	开放题	总计
阅读题目在阅读角度上的分布						
检索信息	1	1	3	3	0	8
解释文本	8	0	1	1	3	13
反思和评价文本内容	0	0	0	0	7	7
总计	9	1	4	4	10	28
阅读题目在文本格式上的分布						
连续文本	8	1	0	0	9	18
非连续文本	1	0	4	4	1	10
总计	9	1	4	4	10	28
阅读题目在文本类型上的分布						
描写	1	1	0	0	1	3

续表

	题目分布（项）					
	简单多选题	复杂多选题	封闭题	简答题	开放题	总计
说明	6	0	0	0	6	12
记叙	1	0	0	0	2	3
图表/图形	1	0	0	1	0	2
表格	0	0	1	1	1	3
地图	0	0	0	1	0	1
列表	0	0	3	1	0	4
总计	9	1	4	4	10	28
阅读题目在阅读情境上的分布						
教育的	5	0	0	1	2	8
职业的	1	1	1	2	2	7
个人的	2	0	1	0	3	6
公共的	1	0	2	1	3	7
总计	9	1	4	4	10	28

3.3　阅读素养能力等级

学生在阅读素养上的表现，是以阅读素养得分来记录的。因为阅读素养是 PISA 2000+的重点评估范畴，因此在该阶段建立了比较完善的评估架构和工具，当时 OECD 的平均值为 500，亦设定为以后历届阅读素养评估的基准。为了配合不同难度的题目，阅读素养区分为五个能力等级，并以第 5 等级为最高。在 PISA 2000+中，学生阅读素养的成绩通过三个分量表（“检索信息量表”、“解释文本量表”以及“反思和评价文本量表”）来呈现。但由于阅读素养评估在 PISA 2003 和 PISA 2006 中所占时间较少，因此在这两次评估中只报告了整体量表的得分，而没有报告各个分量表的情况。

表 3.2　阅读素养能力等级的分数范围

能力等级	分　数
5	625 以上
4	553—625
3	481—552
2	408—480
1	335—407
第 1 等级以下	335 以下

根据阅读素养能力等级的划分，不仅可以排列学生的成绩，而且可以描述学生能够做什么。阅读素养能力等级与题目难度相联系，即等级越高，与之相伴的题目越难。阅读素养的每个能力等级，都由专家组来确定相应的特征和要求，并且对相应的阅读题目的难度水平作了区分。各项题目假定的难易程度，还要根据参与国家或地区学生的成绩来校验。题目的难度范围，也反映了一组有序的知识建构的技能和策略。例如，最简单的检索信息题目，要求学生根据文本中的单一标准来寻找明确列出的信息，题目本身不会很难懂，结构也不会很复杂。相反，较高难度的检索信息题目，要求学生寻找多项隐含的信息并对其排序，有时需要依照多重标准进行。同样，在解释文本以及反思和评价文本中，高、低等级题目亦截然不同，得出正确答案所需的过程可反映出能力的高低，而题目或指导语、文本的复杂和熟悉程度，以及文本中出现的竞争或干扰信息的数量，则可显示得出正确答案所需的阅读策略。

在报告中，综合阅读素养量表结合了三个分量表的结果。表 3.3 描述了在每个能力等级之中每个分量表对学生知识和技能的要求。处于某个等级的学生不仅掌握了相应等级的知识和技能，亦同时具备以下其他等级的知识和技能。没有达到第 1 等级的学生（得分低于 335 分），未能展示出PISA所尝试评估的阅读技能。但是，这并不意味着这些学生根本不具有阅读素养的技能，成绩低于第 1 等级，只是标明学生未必能够在校外的社会其他领域中运用阅读素养的技能，或是运用阅读素养的技能进行终身学习。

表 3.3　三个分量表中阅读素养的五个能力等级

<table>
<tr><th>能力等级</th><th>检索信息</th><th>解释文本</th><th>反思和评价文本</th></tr>
<tr><td>第 5 等级</td><td>找到、排序或整合多项深层隐含的信息，有些信息甚至是在文本主体之外的。能推断文本中哪些信息是和任务相关的。能处理似是而非或者大量竞争性的信息。</td><td>能解释有细微差别的语言中的含义，或者体现出对文本的理解全面而又细致。</td><td>能利用专业知识作出批判性的评价或假设。能处理与预期相悖的概念，能深入理解篇幅很长或者很复杂的文本</td></tr>
<tr><td colspan="4">连续文本：能对话语结构并不明晰的文本作出判断，以辨别文本特定部分与其隐含的主题或意图之间的关系。
非连续文本：能从罗列的诸多信息中识别出信息的模式，信息的呈现方式可能是冗长并且详尽的，在进行识别时有时还要涉及文本正文之外的信息。阅读者需要能自主意识到，对文本的全面理解需要参考同一文章的某个分离部分，例如脚注。</td></tr>
<tr><td>第 4 等级</td><td>能从内容或体裁熟悉的文本中找到信息，根据多重准则找出多项隐含的信息，以及排序或整合这些信息。能推断文本中哪些信息是和题目相关的。</td><td>能通过基于文本材料的高水平的推论，对内容不熟悉的文本进行理解和分类，并能通过对文本的整体考虑来分析其中各部分的含义。能处理模棱两可的含义，包括与预期相悖的观念，以及用否定言词表达的观念。</td><td>能利用常规知识或大众知识对文本进行假设，或进行批判性评价。能精确地理解篇幅很长或者很复杂的文本。</td></tr>
<tr><td colspan="4">连续文本：在缺乏清晰的段落标记的情况下，能用语义或主题线索把若干段落联系起来，以寻找、解释和评价隐含的信息，或者推断文本的心理或抽象意义。
非连续文本：在缺乏甚至根本没有任何标志或特定格式等帮助的情况下，能够浏览一篇冗长而详细的文本来寻找相关信息，从而对这些信息进行比较或整合。</td></tr>
</table>

续表

<table>
<tr><th>能力等级</th><th>检索信息</th><th>解释文本</th><th>反思和评价文本</th></tr>
<tr><td>第3等级</td><td>能在文本中根据多重准则找出多项信息，并能识别信息之间的关系。能处理具有明显竞争性的信息。</td><td>能结合文本的不同部分，来识别文本的主要观念，理解文本的相互关系，以及解释一个单词或短语的含义。能考虑不同的标准对文本进行比较、对比或分类。能处理竞争性的信息。</td><td>能对文本进行联系或比较，作出解释，或者对文本的特点作出评价。能详细了解文本与日常知识的联系，或者利用较不普遍的知识对文本进行理解。</td></tr>
<tr><td colspan="4">连续文本：能利用惯常的文本结构，以及利用隐含或明确的逻辑关联，诸如句子、段落之间的因果关系等，来寻找、解释或者评价信息。
非连续文本：在思考一个部分的内容时，能参考其他格式不一的部分，或者能整合图与地图中的空间、语言和数字的信息，为上述信息作出结论。</td></tr>
<tr><td>第2等级</td><td>能根据多重准则找出一项或多项信息。能处理竞争性的信息。</td><td>在信息并不明确并且需要进行低层次推论的情况下，能辨别文本的主要观念，理解相互关系，建立或应用简单的分类，或推断文本中指定部分的意思。</td><td>能对文本知识和外界知识作比较或建立联系，或者依据个人的经验和态度解释文本的特点。</td></tr>
<tr><td colspan="4">连续文本：能根据段落中的逻辑和语言上的联系来找出或解释信息，或者综合不同文本或同一文本中的不同部分的信息来推断作者的目的。
非连续文本：能够掌握图像显示（如简单的树形图或表）的基本结构，或者整合图形或列表的两项信息。</td></tr>
<tr><td>第1等级</td><td>能在具备极少或根本没有竞争性信息的文本中，根据单一标准寻找一项或多项明确列出的独立信息。</td><td>在信息并不明确的情况下，从有关熟悉主题的文本中辨认出文本主题或者作者的目的。</td><td>能在文本信息和常识之间建立简单的联系。</td></tr>
<tr><td colspan="4">连续文本：能利用冗余信息、段落标题或普通的刊印惯例，建立对文本主要思想的总体印象，或者在一小节文本中找出明确列出的信息。
非连续文本：能注意到零散的信息，如一幅简单的地图、线形图或者柱形图，这些图通常只包含少量信息并以直接的方式呈现，而且其中大部分的文字通常由简短的字词组成。</td></tr>
</table>

阅读素养量表提供了一个客观的观点，来检视各个国家或地区学生阅读素养的表现。此外，它还解释了阅读能力的标准，并描述了达到每个等级的学生所能够做到的事情。因此，只要知道学生所在的某个等级，他们在阅读上的优劣表现也就相应可以识别出来。

3.4 阅读素养题目样题

PISA 2006 的阅读素养题目与 PISA 2003 是相同的，共包括 8 个试题文本和 28 个阅读题目，分布于 7 本试题本中，每个学生只需完成 1 本试题本。文本和题目都翻译成中文，并经过了 PISA 组织的校验。

为了说明阅读素养评估中所使用的文本种类以及评估范围，在这里展示两个试题文本①，以及与之相应的题目和评分机制。

3.4.1 样题 1-涂鸦

在该样题中，试题文本包含了两封互联网上的信件。这两封信是关于对涂鸦的不同观点。阅读题目是模仿典型的阅读活动——整合、比较和对比两个或多个不同的观点。

根据 PISA 评估架构，样题 1 在各维度上的特征如下。

- 文本格式——连续文本
- 文本类型——议论
- 文本情境——公共

与该试题文本相关的阅读题目有四个。这四个阅读题目测量阅读的不同角度，答题形式亦各不相同。

涂 鸦

这两封有关涂鸦的信是在互联网上发表的。涂鸦就是在墙上或其他地方不合法的画画或写字。现在请参考信件，然后回答下列问题。

① 本书中所引用的 PISA 样题均为原文照录，仅进行了中文简繁体的转换。其中有些字词的用法可能与内地有差异，必要时会以脚注的方式予以说明，请读者见谅。

为了去掉墙上的涂鸦，这次已经是第四次清洗学校墙壁，这真的使我气极了。创作本来是值得欣赏的，但创作的方式不应该为社会带来额外的开支。

为什么要在禁止涂鸦的地方乱画东西，损坏年青人①的声誉？专业的艺术家不会把自己的作品挂在大街上，对吗？相反，他们会透过合法的展览来赚取收入和名声。

我认为楼房、篱笆和公园的长椅本身就是艺术品了，在它们上面涂鸦，只会破坏其风格，而且，这样做更会破坏臭氧层。我真不明白这些可耻艺术家为什么在其“艺术品”被一次又一次的清理后，还要不断地乱涂乱画。

嘉嘉

品味是无法言喻的。社会上充满了各种各样的沟通方式和广告宣传，如公司的标志、店名，还有矗立在大街两旁的各种扰人的大型广告牌。它们是否获得大众接受？没错，大多数是。而涂鸦是否获得大众接受？有些人会接受，但有些人则不接受。

谁负责涂鸦所引起的费用？谁最终负担广告的费用？对，就是消费者。

那些树立起广告牌的人事先有没有向你请示？当然没有。那么，涂鸦者应该要事先请示吗？你的名字、组织的名字，和街上的大型艺术品，这些不都只是沟通的方式吗？

试想想数年前在商店里出现的条纹和格子花服装，还有滑雪服饰。这些服饰的图案和颜色就是直接从多姿多采②的墙上偷来的。可笑的是，这些图案和颜色竟然被欣然接受，但是那些有同样特色的涂鸦却被认为是讨人厌的。

现在要做艺术真的不容易。

小雅

① “年青人”在内地的用语为“年轻人”。

② “多姿多采”在内地的用语为“多姿多彩”。

涂鸦-问题1

这两封信的写作目的都是：

A 解释什么是涂鸦

B 发表对涂鸦的意见

C 证实涂鸦的流行程度

D 告诉读者清除涂鸦的成本

阅读角度——解释文本

答题形式——简单多选题

评分

满分

B 发表对涂鸦的意见

意见

这道题目要求学生比较两篇短文的中心思想，以识别文本目的相似的地方。

涂鸦-问题2

为什么小雅会提及广告宣传一事？

阅读角度——解释文本

答题形式——开放题

评分

满分

意识到文章中把涂鸦与广告进行比较。答案需指出“广告是一种合法性的涂鸦”。或提及广告是维护涂鸦的一种策略。

意见

这道题目要求学生推断出文本中两个现象的类比关系。

涂鸦-问题3

你同意哪一封信的论点？请参照两封信件内容，并用自己的文字解释作答。

阅读角度——反思和评价文本

答题形式——开放题

评分

满分

参照其中一封，或全部两封信件的内容，以解释观点。指出作者的大致立场（即同意或不同意），或详细指出其论点。对作者论点的诠释必须合理。可以以原文的有关内容为基础加以改写，但不能全部或大量抄录原文，而没有任何修改或增减。

意见

这道题目要求学生运用自己的观点和看法，去比较两篇短文中的见解。学生也需要显示出对其中至少一封信的概要理解。

涂鸦-问题 4

我们可以讨论一封信件叙述的事情（它的内容）。

我们可以讨论一封信件写作的手法（它的风格）。

不论你同意哪个作者的论点，你认为哪一封信写得比较好？请根据其中一封信或者两封信的写作手法来解释作答。

阅读角度——反思和评价文本
答题形式——开放题

评分

满分

以两封或其中一封信的风格或形式来解释其观点。可以指出下列特点：写作风格、论证的结构、论证是否中肯、语气、语域（正式或非正式）及说服读者的策略。用词，例如"较好的论点"等必须有证据支持。

意见

这道题目要求学生透过比较两封有关涂鸦的短信，对作者的技巧作出评价。学生需要运用自己的理解去辨别什么是好的写作风格。

3.4.2　样题 2-劳动人口

该样题利用一个树形图，展示了 1995 年某个国家劳动力的结构和分布情况。这个图表出现在高中的经济科课本中。

根据 PISA 评估架构，样题 2 在各维度上的特征如下：

- 文本格式——非连续文本
- 文本类型——图表
- 文本情境——教育

与该树形图相关的阅读题目共有五个。

劳动人口

以下一幅树型图①，显示出某个国家的劳动人口或"工作年龄人口"的结构。在 1995 年，该国的总人口是大约有 340 万。

① "树型图"在内地的用语为"树形图"。

截至1995年3月31日的劳动人口结构（000s）[1]

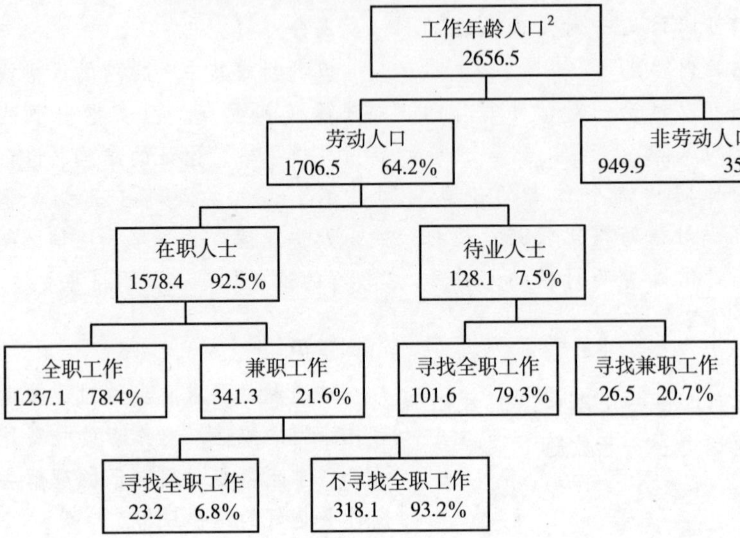

注释：

1. 人口数字以千计。
2. 工作年龄人口介乎15至65岁之间。
3. “非劳动人口”指那些不积极寻找工作及/或不能工作之人士。

资料来源：D. Miller, Form 6 Economics, ESA Publications, Box 9453, Newmarket, Auckland, NZ, p. 64.

运用前页有关某国劳动人口的资料回答以下问题。

劳动人口–问题1

根据上表，工作年龄人口有哪两个主要类别？

A　就业和待业

B　就业年龄和非就业年龄

C　全职工作和兼职工作

D　劳动人口和非劳动人口

阅读角度——解释文本

答题形式——简单多选题

评分

满分

D　劳动人口和非劳动人口

意见

这道题目要求学生理解树形图中信息之间的关系。

劳动人口–问题 2

工作年龄人口中有多少人属于非劳动人口？（请写出实际人数，并非百分率）

阅读角度——检索信息

答题形式——简答题

评分

满分

把树形图所显示的数字和标题/脚注的“000s”（1. 人口数字以千计）合起来，即等于949 900；约数（在 949 000 至 950 000 之间）也可接受。900 000 或 1 000 000（以阿拉伯数字或文字表述均可）也可以接受，但须附有显示大约数字的修饰语。

意见

这道题目要求学生在树形图中找出正确的数据信息，并且把该信息与脚注的条件结合起来。

劳动人口–问题 3

下表所列的人物，是属于以上树型图的哪一类？

在下表的正确方格内，划上“×”号。

你可参考第一题作答。

意见

这道题目要求学生就劳动人口类别，对多个事例作分析及配对，有关的信息出现于脚注中，所以并非明确列出。

	属于在职劳动人口	属于待业劳动人口	不属于劳动人口	不属于任何一类
兼职侍应生，35 岁	☒	☐	☐	☐
商界女性，每星期工作 60 小时，43 岁	☒	☐	☐	☐
全职学生，21 岁	☐	☐	☒	☐
一名刚刚卖掉店铺，并正寻找工作的男子，28 岁	☐	☒	☐	☐
一名从来未做过工，亦未想过要寻找工作的女子，55 岁	☐	☐	☒	☐
一名 80 岁的祖母，每天仍会在家庭经营的摊档工作数小时	☐	☐	☐	☒

阅读角度——反思和评价文本

答题形式——复杂多选题

劳动人口-问题 4

假设上述有关劳动人口的资料每年都会以这样的树型图公布。

下面列出树型图的四个特色。你认为这些特色是否会逐年改变？请圈出“是”或“否”。你可参考第一题作答。

评分

满分

答对 3 个答案（是、是、否）

意见

这道题目要求学生运用树形图中关于劳动人口的格式和内容，以辨别变量和结构的特征。

树型图的特色	答案
每个方格内的说明性短语（如，“劳动人口”）	是/否
百分率（如，“64.2%”）	是/否
数字（如，“2 656.5”）	是/否
树型图下方的注释	是/否

阅读角度——反思和评价文本

答题形式——复杂多选题

劳动人口-问题 5

劳动人口结构的数据是用树型图显示，但它也能用其他方法显示出来，如文字描述、圆型图、曲线图或表格。

选择树型图大概是因为它适合用来显示什么数据？

评分

满分

C 各组别内的种类

意见

这道题目要求学生对树形图的正规特征作评价，以辨别在组别中显示类别的适合程度。

A　随着时间而变化的事项

B　全国总人口大小

C　各组别内的种类

D　各组别的大小

阅读角度——反思和评价文本

答题形式——简单多选题

3.5　香港学生阅读素养概况

香港共有 4 645 名 15 岁的学生参加 PISA 2006，这些学生是从 146 所学校中抽取的。参加评估的学生大多处于中四和中五（10 年级和 11 年级）。表 3.4 展示了样本学生的年级分布以及阅读素养得分情况，并列出 PISA 2003 和 PISA 2000+的相应数据以作参考。

表 3.4　PISA 2006、PISA 2003 和 PISA 2000+中香港学生的年级分布及阅读素养成绩

年　级	PISA 2006		PISA 2003		PISA 2000+	
	学生人数（百分比）	平均分（能力等级）	学生人数（百分比）	平均分（能力等级）	学生人数（百分比）	平均分（能力等级）
7/中一	61(2.5)	444(2)	120(5.0)	439(2)	135(3.1)	441(2)
8/中二	213(8.6)	478(2)	228(9.5)	471(2)	280(6.4)	480(2)
9/中三	601(24.4)	522(3)	614(25.5)	499(3)	524(11.9)	481(3)
10/中四	15 88(64.4)	554(4)	1 444(59.9)	527(4)	2 695(61.2)	533(3)
11/中五	5(0.1)	551(4)	3(0.1)	574(4)	767(17.4)	559(4)
12/中六	—	—	—	—	4(0.1)	618(4)

3.5.1 整体表现

表 3.5 列出了 PISA 2006 各参与国家或地区在阅读范畴中的平均分数，而 OECD 平均值是 492 分，这个分数稍低于 PISA 2000+的平均值 500 分。在 PISA 2006 中，香港学生的成绩非常好，平均得分 536 分，在所有参与国家或地区中排名第 3。香港学生的成绩明显优于大多数国家或地区，只略低于韩国（556 分）和芬兰（547 分）。

表 3.5　PISA 2006 参与国家或地区阅读素养的平均成绩

国家/地区	平均值	标准差	显著差异
韩国	556	(3.8)	▲
芬兰	547	(2.1)	▲
中国香港	536	(2.4)	—
加拿大	527	(2.4)	▼
新西兰	521	(3.0)	▼
爱尔兰	517	(3.5)	▼
澳大利亚	513	(2.1)	▼
列支敦士登	510	(3.9)	▼
波兰	508	(2.8)	▼
瑞典	507	(3.4)	▼
荷兰	507	(2.9)	▼
比利时	501	(3.0)	▼
爱沙尼亚	501	(2.9)	▼
瑞士	499	(3.1)	▼
日本	498	(3.6)	▼
中国台湾	496	(3.4)	▼
英国	495	(2.3)	▼
德国	495	(4.4)	▼
丹麦	494	(3.2)	▼
斯洛文尼亚	494	(1.0)	▼

续表

国家/地区	平均值	标准差	显著差异
中国澳门	492	(1.1)	▼
奥地利	490	(4.1)	▼
法国	488	(4.1)	▼
冰岛	484	(1.9)	▼
挪威	484	(3.2)	▼
捷克共和国	483	(4.2)	▼
匈牙利	482	(3.3)	▼
拉脱维亚	479	(3.7)	▼
卢森堡	479	(1.3)	▼
克罗地亚	477	(2.8)	▼
葡萄牙	472	(3.6)	▼
立陶宛	470	(3.0)	▼
意大利	469	(2.4)	▼
斯洛伐克	466	(3.1)	▼
西班牙	461	(2.2)	▼
希腊	460	(4.0)	▼
土耳其	447	(4.2)	▼
智利	442	(5.0)	▼
俄罗斯联邦	440	(4.3)	▼
以色列	439	(4.6)	▼
泰国	417	(2.6)	▼
乌拉圭	413	(3.4)	▼
墨西哥	410	(3.1)	▼
保加利亚	402	(6.9)	▼
塞尔维亚共和国	401	(3.5)	▼
约旦	401	(3.3)	▼
罗马尼亚	396	(4.7)	▼

续表

国家/地区	平均值	标准差	显著差异
印度尼西亚	393	(5.9)	▼
巴西	393	(3.7)	▼
黑山共和国	392	(1.2)	▼
哥伦比亚	385	(5.1)	▼
突尼斯	380	(4.0)	▼
阿根廷	374	(7.2)	▼
阿塞拜疆	353	(3.1)	▼
卡塔尔	312	(1.2)	▼
吉尔吉斯共和国	285	(3.5)	▼

注："▲"表示分数显著高于香港的得分；"▼"表示分数显著低于香港的得分。

香港在三轮 PISA 中阅读成绩相当优异，从 PISA 2000+至 PISA 2006 的变化来看，只有 7 个国家或地区的成绩有明显进步，香港是其中之一。如表 3.6 所示，香港学生在 PISA 2006 中的平均成绩达 536 分，比在 PISA 2000+中的平均成绩多 11 分，也比在 PISA 2003 中的平均成绩多 27 分。

表 3.6 PISA 2006、PISA 2003 和 PISA 2000+中香港的阅读素养成绩与 OECD 平均值的比较

	PISA 2006		PISA 2003		PISA 2000+		差异	
	平均值	标准差	平均值	标准差	平均值	标准差	2006-2003	2006-2000+
香港	536	(2.4)	510	(3.7)	525	(2.9)	27**	11**
OECD 平均值	*492*	*(0.6)*	*494*	*(0.6)*	*500*	*(0.6)*	*-2***	*-8***

**显著检验水平小于 0.01。

3.5.2 不同成就水平学生的表现

下文会进一步分析香港学生在阅读方面的明显进步，比较三轮 PISA 中处于不同百分位数学生的成绩。表 3.7 显示，PISA 2006 与 PISA 2003 相比，处于不同百分位数学生的平均成绩都显著提高了，而最大的差异是在第 5 百分位数和第 95 百分位数上，学生的表现分别提高了 35 分和 30 分。相对来说，

PISA 2006与 PISA 2000+的平均分差别较小，然而处于第 5 百分位数学生的成绩仍提高了 21 分，进步十分明显。研究结果显示香港学生整体上的阅读成绩进步了，而进步最大的是在两端——高分组和低分组——的学生。

表 3.7　PISA 2006、PISA 2003 和 PISA 2000+香港不同百分位数学生的阅读成绩比较

百分位数	PISA 2006		PISA 2003		PISA 2000+		差　异	
	得分	标准差	得分	标准差	得分	标准差	2006-2003	2006-2000+
第 5	390	(6.0)	355	(9.8)	369	(8.9)	35*	21*
第 10	426	(5.7)	396	(7.0)	413	(7.2)	30*	13
第 25	484	(3.8)	461	(5.2)	477	(3.6)	23*	7
第 50	543	(2.6)	519	(3.4)	534	(2.7)	24*	9
第 75	594	(2.4)	569	(2.7)	584	(2.8)	25*	10
第 90	636	(2.7)	608	(2.8)	624	(3.1)	28*	12*
第 95	660	(2.5)	630	(3.0)	646	(4.1)	30*	14*

* 显著性检验水平小于 0.05。

表 3.8 比较了三轮 PISA 中香港学生成绩和 OECD 平均值的变化。表中显示了处于第 5 百分位数和第 95 百分位数学生的成绩，以及两者的差异。总体上讲，与 OECD 平均值相比，香港高分组和低分组的学生成绩差异相对不大，这表明香港学生的个体差异相对较小。在 PISA 2000+和 PISA 2003 中，香港第 5 百分位数学生的平均成绩，要高于 OECD 相应能力水平学生的平均值，而第 95 百分位数学生的平均成绩则低于 OECD 平均值。这说明在过去，香港阅读能力最高的学生成绩并不如 OECD 国家中能力最高的学生。但值得注意的是，在 PISA 2006 中，香港所有能力水平学生的成绩表现，都优于 OECD 国家中相应能力水平的学生。

图 3.4 展示了 PISA 2006 中，香港各百分位数学生的阅读成绩与 OECD 平均值的比较，香港高分组学生的成绩首次超越 OECD 国家相应能力水平的学生。并且，从图中也可以看出，各能力水平的香港学生的表现，也要优于 OECD 国家中相应能力水平的学生。

表 3.8 PISA 2006、PISA 2003 和 PISA 2000+中香港学生的阅读成绩与 OECD 平均值的比较

	PISA 2006			PISA 2003			PISA 2000+		
	学生百分位数			学生百分位数			学生百分位数		
	第 5	第 95	差异(第 95 –第 5)	第 5	第 95	差异(第 95 –第 5)	第 5	第 95	差异(第 95 –第 5)
香港	390	660	270	355	630	275	369	646	277
OECD 平均值	*317*	*642*	*324*	*318*	*646*	*329*	*324*	*652*	*328*

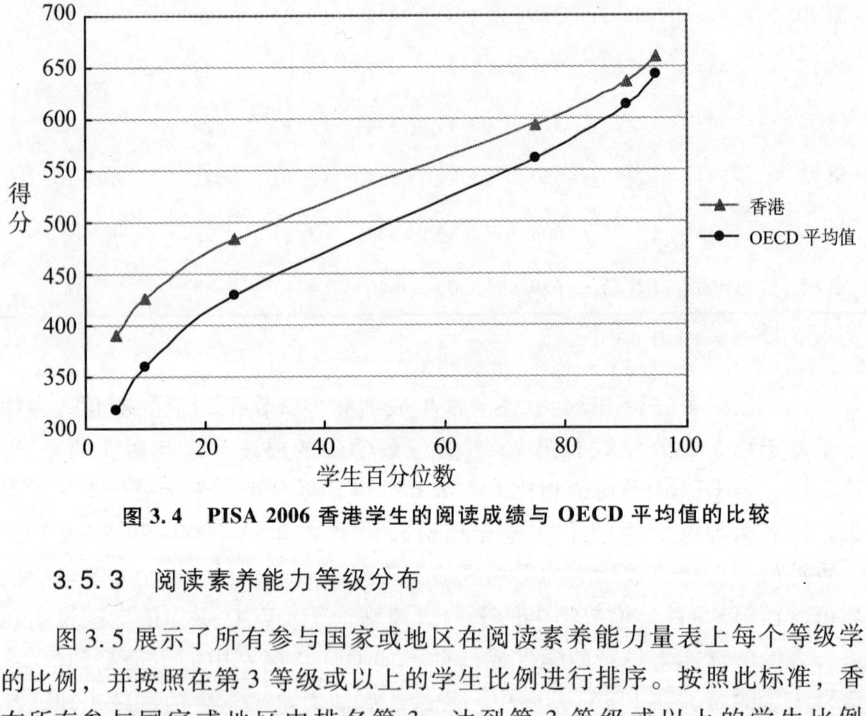

图 3.4 PISA 2006 香港学生的阅读成绩与 OECD 平均值的比较

3.5.3 阅读素养能力等级分布

图 3.5 展示了所有参与国家或地区在阅读素养能力量表上每个等级学生的比例，并按照在第 3 等级或以上的学生比例进行排序。按照此标准，香港在所有参与国家或地区中排名第 3，达到第 3 等级或以上的学生比例为 76.3%，略低于韩国和芬兰。在前两轮 PISA 中，香港学生达到第 3 等级的比例最高。而 PISA 2006 中香港学生的表现则与过去不同，达到第 4 等级的学生比例最高（占 32%）。第 4 等级是阅读素养中第二高的等级（最高等级为第 5 等级），处于第 4 等级的阅读者被描述为“能够完成复杂的阅读任务，比如找出隐含信息，处理模棱两可的含义，以及进行批判性的评价”（OECD，2007）。

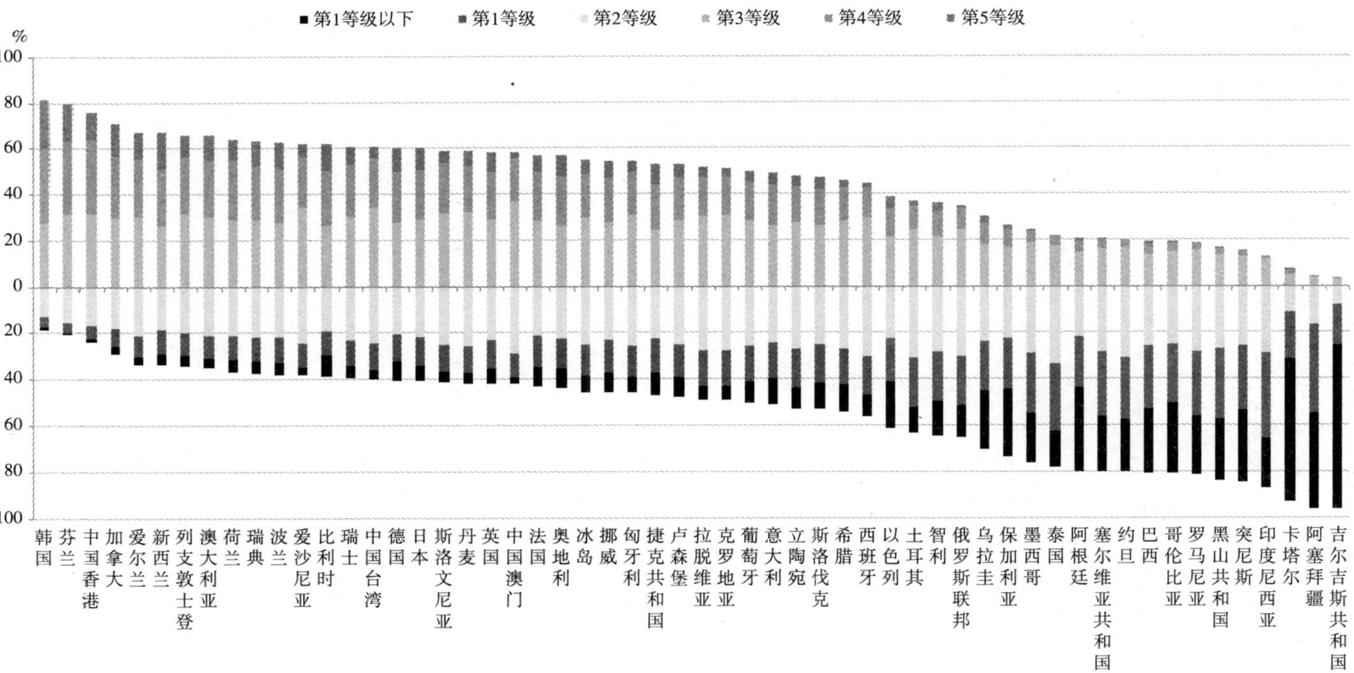

图 3.5　PISA 2006 阅读素养能力量表中每个等级的学生比例

注：按 15 岁学生在第 3、第 4 和第 5 等级的比例以降序排列国家或地区。

来源：OECD PISA database 2006（Table 6. 1a）。

表 3.9 列出了 PISA 2000+、PISA 2003 和 PISA 2006 中，香港学生在各阅读素养能力等级中所占的比例。与 PISA 2003 相比，PISA 2006 中达到最高两个等级的学生比例较多，而第 3 等级或以下的学生比例则较少。与PISA 2000+相比，亦出现类似的情况，在 PISA 2006 中达到第 5 等级的学生比例显著较多，而第 1 等级及以下的学生比例较少。这些发现又一次展示了香港学生在 PISA 2006 中阅读成绩有显著进步。

表 3.9 PISA 2006、PISA 2003 和 PISA 2000+中
香港学生在各阅读素养能力等级上的比例（%）

能力等级	PISA 2006	PISA 2003	PISA 2000+	差异	
				2006-2003	2006-2000+
5	12.8	5.7	9.5	7.1*	3.3*
4	32.0	27.1	31.3	4.9*	0.7
3	31.5	35.1	33.1	-3.6*	-1.6
2	16.5	20.0	17.1	-3.5*	-0.6
1	5.9	8.6	6.5	-2.7*	-0.6
第 1 等级以下	1.3	3.4	2.6	-2.2*	-1.3*

* 显著性检验水平小于 0.05。

表 3.10 展示了 PISA 2006 中，在各阅读素养能力等级上香港学生的比例和 OECD 平均值的比较。总体上看，香港学生的表现要优于 OECD 平均水平。尤其需要说明的是，香港达到较高等级（第 4 等级和第 5 等级）的学生比例要显著高于 OECD 平均值，而处于较低等级的学生比例又显著低于 OECD 平均值。香港学生达到第 5 等级，即最高等级的学生比例，从 PISA 2003 的 5.7%一直增长到 PISA 2006 的 12.8%。如果以达到第 5 等级的学生比例作为排名标准，香港在 57 个参与国家或地区中名列第 5。香港在前两轮评估中，达到高等级的学生比例并不高，而这一情况已经在 PISA 2006 中大大改善了。

表 3.10　PISA 2006 中香港学生在各阅读素养能力等级上的比例与 OECD 平均值的比较（%）

能力等级	香港	OECD 平均值	差异（香港-OECD）
5	12.8	8.6	4.3*
4	32.0	20.7	11.2*
3	31.5	27.8	3.7*
2	16.5	22.7	-6.2*
1	5.9	12.7	-6.9*
第 1 等级以下	1.3	7.4	-6.1*

* 显著性检验水平小于 0.05。

3.5.4　阅读角度上的表现

如前文所述，三个分量表包含五个不同的阅读过程/角度，PISA 阅读题目可根据这三个分量表分类。从不同阅读角度检测学生的成绩，有助于了解学生在不同阅读理解水平上的强项和弱项。由于阅读素养并不是 PISA 2006 的主要评估范畴，因此 OECD 并没有分别报告学生在每个阅读角度的得分。但是通过比较三轮 PISA 中各个分量表的答对率，我们仍然可以从中探究香港学生成绩的变化。

从表 3.11 中可以看出，香港学生在三个阅读角度上的表现一直都优于 OECD 平均值。在三个阅读角度中，香港学生在解释文本题目上的答对率是最高的，而在检索信息以及反思和评价文本题目上的答对率相当。值得注意的是，在三轮 PISA 中，香港学生在反思和评价文本题目上的答对率有进步。尽管在三轮 PISA 中香港学生的成绩在统计学上并无显著差异，但是 PISA 2006 的结果反映，香港学生在需要复杂思维能力的题目上的表现有一些进步。

表 3.11　PISA 2006、PISA 2003 和 PISA 2000+中香港学生在不同阅读角度上的答对率与 OECD 平均值的比较（%）

阅读角度	答对率					
	PISA 2006		PISA 2003		PISA 2000+	
	香港	OECD 平均值	香港	OECD 平均值	香港	OECD 平均值
检索信息	65	53	61	55	68	64
解释文本	71	65	69	65	67	63
反思和评价文本	64	54	58	54	58	52

3.5.5 文本格式和文本类型上的表现

PISA 评估架构，测量学生处理在现代社会中常用的文本格式和文本类型的能力。评估中包括两类文本格式：连续文本和非连续文本。PISA 2006 采用了七种文本类型，可分为两种文本格式。表 3.12 列出了 PISA 2006、PISA 2003 和 PISA 2000+中，香港学生在不同文本格式和文本类型的阅读题目上的答对率。香港学生在连续文本和非连续文本上的表现一直优于 OECD 平均值，并且香港学生在三轮评估中的成绩也一直相当稳定。

表 3.12 PISA 2006、PISA 2003 和 PISA 2000+中香港学生在不同文本格式及类型上的答对率与 OECD 平均值的比较（%）

文本格式和类型	答对率					
	PISA 2006		PISA 2003		PISA 2000+	
	香港	OECD 平均值	香港	OECD 平均值	香港	OECD 平均值
连续文本						
记叙	74	70	68	71	64	62
说明	66	59	62	60	68	63
描写	72	53	68	55	63	60
总计	68	60	64	61	66	61
非连续文本						
表格	80	68	80	68	69	62
地图	47	42	42	43	75	75
图表/图形	72	65	69	67	69	68
列表	57	45	56	46	57	51
总计	66	56	64	57	64	61

从表 3.12 可以看出，香港学生在连续文本格式的三种文本类型上的答对率并没有太大差异，具体比率从 66% 到 74% 不等。数据结果显示，在 PISA 2006 中，香港学生处理记叙文和描写文的能力高于处理说明文的能力。这些结果与 PISA 2003 的情况类似，但与 PISA 2000+的结果有所不同。在

PISA 2000+中，香港学生处理说明文的能力要高于记叙文和描写文，但需要说明的是，阅读素养是 PISA 2000+的重点评估领域，因此 PISA 2000+的阅读题目数量要远远多于 PISA 2003 和 PISA 2006。不同的结果可能是因为 PISA 2000+中阅读题目的组合有别于 PISA 2003 和 PISA 2006。

就非连续文本格式而言，在 PISA 2006 中，香港学生的答对率差异很大，从 47% 到 80% 不等。PISA 2006 的发现和 PISA 2003 的相类似，香港学生处理表格的能力明显优于处理图表/图形、列表和地图的能力。香港学生处理地图的能力最差。再者，这些研究发现与 PISA 2000+的发现也有所不同。香港学生在PISA 2000+中处理地图的表现是最好的，而处理列表的表现相对是最差的。

3.5.6　情境上的表现

评估架构中使用了 8 个试题文本，这些试题文本可以分成 4 种阅读情境，分别是教育的、职业的、个人的和公众的。表 3.13 显示了 PISA 2000+、PISA 2003 和 PISA 2006 中香港学生在 4 种阅读情境上的答对率。从表中可以看出，香港学生的表现依然优于 OECD 平均值。并且，香港学生在不同阅读情境上的得分差异比较小，幅度只是从 63% 到 76%。香港学生在处理职业的文本上表现最好，在处理公共的文本上表现相对最弱，但是差异并不显著。此外，在三轮 PISA 中，香港学生在每种情境上的答对率都没有显著差异。

表 3.13　PISA 2006、PISA 2003 和 PISA 2000+中香港学生在不同阅读情境上的答对率与 OECD 平均值的比较（%）

阅读情境	答对率					
	PISA 2006		PISA 2003		PISA 2000+	
	香港	OECD 平均值	香港	OECD 平均值	香港	OECD 平均值
教育的	65	56	59	57	68	64
职业的	76	62	74	63	69	58
个人的	67	61	63	62	65	60
公共的	63	56	61	57	63	61

3.5.7　性别差异

三轮 PISA 中，几乎所有参与国家或地区的女生在阅读素养上的表现都优于男生。香港女生的平均阅读分数从 PISA 2003 的 525 分提升到 PISA 2006 的 551 分，而香港男生的平均阅读分数则从 PISA 2003 的 494 分提升到 PISA 2006 的 520 分。PISA 2006 中，香港的性别差距是 31 分，这与 PISA 2003 的 32 分相类似，并且低于 OECD 平均值（38 分）。如表 3.14 所示，香港女生达到第 4 和第 5 等级的比例要多于男生，而男生在第 3 等级及以下的比例则要多于女生。由此看来，在香港，阅读能力水平较高的阅读者中女生占多数，而阅读能力水平较低的阅读者中则是男生占多数。

表 3.14　PISA 2006、PISA 2003 和 PISA 2000+中香港男女生在不同阅读素养能力等级上的比例（%）

能力等级	PISA 2006		PISA 2003		PISA 2000+	
	男生	女生	男生	女生	男生	女生
5	8.8	16.8	4.0	7.4	9.0	33.1
4	28.6	35.2	23.7	30.6	29.4	34.5
3	32.8	30.2	33.6	36.6	31.6	15.9
2	19.7	13.5	21.6	18.4	18.2	4.8
1	8.0	3.8	11.4	5.8	8.1	1.5
第 1 等级以下	2.1	0.5	5.7	1.2	3.7	1.9

为了更详细地了解香港学生在阅读素养成绩上的性别差异，以下一系列分析探讨了男女生在不同阅读角度、文本格式、文本类型以及阅读情境上的得分。从表 3.15 中可以看出，在解释文本及反思和评价文本题目上存在显著的性别差异，这一结果更连续出现在三轮 PISA 中。换言之，与女生相比，香港男生的弱项是运用较高难度的阅读技巧。而在较为简单的检索信息题目上，男生与女生的表现则相类似。就文本类型而言，女生仅在处理连续文本方面要显著优于男生（见表 3.16 和表 3.17），而性别差异最大的是在处理记叙文方面。男生和女生在处理非连续文本方面的表现相类似，男生在阅读地图方面的表现甚至超过了女生。这一结果也连续出现在三轮 PISA 中。就阅读情境而言，女生总体上在不同情境中的表现都优于男生，但是优于男生的程度在三轮 PISA 中都不尽相同（见表 3.18）。

表 3.15 PISA 2006、PISA 2003 和 PISA 2000+中香港男女生在阅读素养中不同阅读角度上答对率的比较（%）

阅读角度	PISA 2006			PISA 2003			PISA 2000+		
	男生	女生	差异 女生-男生（标准差）	男生	女生	差异 女生-男生（标准差）	男生	女生	差异 女生-男生（标准差）
检索信息	65	65	0（2.6）	60	61	1（1.8）	68	69	1（0.8）
解释文本	69	73	4*（0.8）	67	70	3*（1.3）	66	68	2*（0.5）
反思和评价文本	59	69	10*（1.6）	53	63	10*（1.5）	56	62	6*（1.0）

注：答对率的差异通过四舍五入转为整数。

* 显著性检验水平小于 0.05。

表 3.16 PISA 2006、PISA 2003 和 PISA 2000+中香港男女生在阅读素养中不同文本类型上答对率的比较（%）

文本类型	PISA 2006		PISA 2003		PISA 2000+	
	男生	女生	男生	女生	男生	女生
连续文本						
议论	—	—	—	—	66	72
指示	—	—	—	—	61	64
记叙	68	79	62	74	62	67
说明	64	69	60	65	67	69
描写	69	75	66	71	62	64
总计	65	72	61	67	64	68
非连续文本						
广告	—	—	—	—	15	24
图解	—	—	—	—	63	62
表格	78	81	78	83	67	71
地图	53	41	46	37	76	75
图表/图形	71	73	69	68	70	69
列表	56	58	55	56	57	57
总计	65	66	64	65	64	64

表3.17 PISA 2006、PISA 2003和PISA 2000+中香港男女生在阅读素养中不同文本格式上答对率的比较（%）

文本格式	答对率								
	PISA 2006			PISA 2003			PISA 2000+		
	男生	女生	差异 女生-男生（标准差）	男生	女生	差异 女生-男生（标准差）	男生	女生	差异 女生-男生（标准差）
连续文本	65	72	6*（1.1）	61	67	6*（1.2）	64	68	4*（0.5）
非连续文本	65	66	1（1.9）	64	65	1（1.7）	64	64	0（0.8）

注：答对率的差异通过四舍五入转为整数。

*显著性检验水平小于0.05。

表3.18 PISA 2006、PISA 2003和PISA 2000+中香港男女生在阅读素养中不同阅读情境上答对率的比较（%）

阅读情境	答对率								
	PISA 2006			PISA 2003			PISA 2000+		
	男生	女生	差异 女生-男生（标准差）	男生	女生	差异 女生-男生（标准差）	男生	女生	差异 女生-男生（标准差）
教育的	63	66	4（2.8）	58	61	3（2.8）	67	69	3*（0.9）
职业的	73	78	5*（1.9）	72	77	5*（1.0）	66	71	5*（0.9）
个人的	63	71	8*（1.6）	60	66	6（2.9）	63	67	4*（0.9）
公共的	63	63	1（1.5）	60	63	4*（1.5）	63	63	1（0.7）

注：答对率的差异通过四舍五入转为整数。

*显著性检验水平小于0.05。

3.6 总结

PISA 2006是香港参与的第三次该项国际评估。由于PISA 2000+中阅读是重点评估范畴，因此阅读素养的评估架构和工具在当时就已经发展得较为完善了，使我们可以对学生阅读素养的成就有全面的理解，并且也可以对学生6年来的转变有清晰的认识。PISA的结果不但有助于我们评价香港教育系统在培养学生应对社会挑战方面的成果，也有助于社会不同部门构思和发展政策与策略，以提升学生的阅读素养。

总体而言，三轮 PISA 的结果反映出，在香港的教育系统中，绝大多数学生的母语都能达到足够的阅读素养水平。根据三轮 PISA 的成绩，香港在各参与国家或地区中一直位居前列。尤其需要说明的是，香港学生的阅读素养表现在 PISA 2006 中有显著的进步。与前两轮评估相比，香港学生达到高能力等级的阅读素养水平的比例显著增加，而处于低等级的比例则有所下降，而且高分组和低分组有最明显的进步。此外，人们普遍认为香港学生只是擅长记忆任务和简单的检索任务，但 PISA 2006 的结果显示，香港学生在解释文本题目上的答对率是最高的。并且与前两轮评估相比，香港学生在反思和评价文本题目上的表现也有明显的进步。尽管 PISA 2006 中男生在阅读素养上的表现仍然低于女生，但是整体上男生和女生都取得了显著进步，香港的平均得分也提高了 26 分。

PISA 2006 中香港学生所取得的进步是有目共睹的。对其中的原因作进一步探索，将对未来的教育改革有重要的启示。由于 PISA 2003 和 PISA 2006 的阅读题目是一样的，因此我们可以通过追踪香港教育系统在这三年间的变化，来识别对学生成绩产生影响的因素。

在最近课程改革的各种措施中，有两项新的政策对于 15 岁学生阅读素养的发展尤其重要。第一项政策是将“从阅读中学习”视为课程改革“四个关键任务”之一（香港课程发展议会，2000）。“从阅读中学习”的概念，与 PISA 中对阅读素养的界定是一致的，即不仅仅将阅读看作语言能力的一个重要元素，也将其视为满足学生日常生活多种目的的工具。在这一新政策指引下，有更多的资源投入到了学校中，而且在整个学校层面都加强了对阅读的重视，比如：重新安排课程表，以保证学生在校有定时的日常阅读时间；提供额外的资源，用于购买阅读材料、电脑以及吸引学生阅读的软件；鼓励不同科目的教师和图书馆管理员组织大量的阅读计划与活动；利用家长的支持和社区的资源来推广学生的阅读文化。这些策略对形成良好的阅读氛围以及发展学生的阅读能力产生了积极的影响。

另外一个重要的变化，是 2002 年起实施的语文新课程。新课程的教学和评估方式都不同于传统的语文教学（香港课程发展议会，2002；香港考试及评核局，2005），但与 PISA 阅读素养的评估架构有很多共通之处。比如，PISA 的评估架构强调高层次的阅读技能，并且强调在真实情境中的阅读；而新的语文课程改革改变了传统的“范文为本”的取向，代之以“能力为本”。在课程大纲以及公开考试，如香港中学会考中，并没有指定的范文。与旧课程强调记忆和基本阅读技能不同的是，新公开考试的阅读题目主要评估不同水平的阅读能力。因此，在新的语文课程下，教师需要花更多的时间和精力来发展学生的独立阅读能力，而并非只是给学生传授知识。新课程允许教师在选择阅读材料上有更大的灵活性，而且教科书亦载有更多近世和生活化的文本。此外，公开考试也引入新的考试卷——综合卷（卷 5）。这一试卷要求学生运用阅读、听力和写作技能来完成每一项题目。综合卷包含连续和非连续文本，用以评估学生功能性阅读的能力。这些新的做法与PISA阅读素养的评估架构架是一致的，这说明香港语文课程改革正在向国际发展趋势靠拢。香港学生在 PISA 2006 中取得显著进步，这一进步肯定了新课程改革在提升学生阅读素养上的成果。

PISA 2006 中香港学生的整体表现相当优异，但也要注意到，男生在阅读素养上的表现还是相对较弱。尽管性别差异在世界各地都很普遍，但是教育系统各方仍需要关注如何帮助男生发展足够的阅读能力，以满足现代社会的需要。通过对性别差异的深度分析发现，男生的弱项主要集中在处理解释和反思型的任务，以及连续文本上。男生相对较弱的表现可以归为智力和动机双重原因。解释和反思需要更高水平的认知能力，而且解释和反思的题目通常是开放题。与之相类似，连续文本比非连续文本更长也更复杂。在面对这些题目时，如果学生的阅读能力较差，阅读动机会较弱，亦会更容易放弃答题。基于这些研究发现，教师应该思考如何调整教学设计和阅读材料，来提高男生的阅读动机与技能。

最后，我们也需要注意到此次研究结果的限制。尽管 PISA 是最为全面和严格的国际评估项目之一，但是它主要侧重于使用文本信息以作实际用途的能力。如前文所述，这一侧重点与香港的新语文课程是非常相似的。虽然大多数语文教师同意新课程可以增强学生的语文能力，但是并非所有教师都认同新课程的实施理念。一些教师指出，新课程忽视了语文学习的人文性以及基本的语言能力训练（刘洁玲，2007；黄显华，2005）。因此，在检讨新课程实施时，应思虑如何保证学生阅读素养各个方面的平衡发展。此外，需要注意的是，阅读素养只是 PISA 2006 中较小的评估范畴。与 PISA 2000+相比，PISA 2006 的阅读题目量和时间都有所减少。并且，PISA 2006 也没有收集有关学生阅读态度以及学校因素等补充性的调查数据。因此，PISA 2006 所揭示的研究发现和启示可能并不全面。在下一轮的 PISA，也就是PISA 2009 中，阅读将再次成为主要的评估范畴，我们将可以对学生阅读素养发展的变化情况有更全面的了解，同时也可以从不同因素研究这些变化的成因。

参考文献

黄显华. 2005. 中学中国语文科新修订课程实施情况（2002/2003/学年至2003/2004学年）评估研究. 香港：香港中文大学教学研究所（未发表研究报告）.

刘洁玲. 2007. 新课程实施下高中中文科教师的阅读教学观与教学模式. 教育学报，35（2）：29-58.

香港考试及评核局. 2005. 香港中学会考中国语文科水平参照等级描述及示例. 香港：政府印务局.

香港课程发展议会. 2000. 学会学习：课程发展路向. 香港：政府印务局.

香港课程发展议会. 2001. 中学中国语文课程指引（初中及高中）. 香港：政府印务局.

第 4 章

PISA 2000+至 PISA 2006 香港 15 岁学生的数学成绩

黄家乐

香港大学教育学院

黄家鸣

英国北格拉斯哥学院

工程科技学院

4.1 前 言

PISA 把数学素养界定为“一系列的个人能力，包括辨认和了解数学在世界上所扮演的角色，作出有充分根据的数学判断，应用及进行数学活动，以满足个体生活中的需要，成为具建设性、关心社会和懂得反思的公民”(OECD，2006)[72]。要注意，上述数学素养的界定，已经超出了一般运算程序中运用的数学术语、基本知识和技能。

数学素养是 PISA 2003 的重点评估范畴。因此，PISA 2003 建立了数学素养的全面评估架构，包括能力等级量表。学生问卷亦包含了关于学生背景的问题，通过分析数学成绩与问卷中相应问题的关系，可以了解学生的背景因素，包括对数学学习的态度、价值观和信念等，对学习的影响。问卷中共有 85 项测验题目，相应测验时间为 210 分钟。而在 PISA 2006 中，因为数学素养并不是重点评估范畴，因此只保留了 PISA 2003 中的 48 项测验题目（相应测验时间为 120 分钟）。相对于 PISA 2003 较为全面和详细的分析，

PISA 2006 为整体的数学素养表现提供了更新的资料及成绩变化的趋势。并分析了成绩变化的趋势。

在介绍 PISA 2000+至 PISA 2006 的研究发现之前，下一节会先简要描述 PISA 数学素养的评估架构。这一架构是自 PISA 2003 以来一直采用的，所以 PISA 2003 和 PISA 2006 的研究发现可相互比较。然而 PISA 2000+和 PISA 2003 的数学评估架构却有相当差别，试图比较三轮评估的读者，在这方面要谨慎处理。

4.2　PISA 的数学素养评估架构

4.2.1　总体架构

PISA 的数学素养评估题目，是依据上述数学素养的定义而建构的。具体来说，PISA 要评估的，是 15 岁学生在面对真实世界的问题时，能运用数学知识和技能的程度。OECD 对数学知识和技能的评估，是由以下三个部分构成的（2006）[79]。

- 问题所处的情景和情境。
- 用于解决问题的数学内容，由数个“大概念”（overarching ideas）①所组成。
- 为了解决真实世界中的问题，将实况与数学相联系的多种能力。

图 4.1 显示了上述各个部分之间的关系（参考 OECD，2006）[79]。从图中可以看到，测试题目的类型也是其中的重要部分。接下来的小节将简介架构的每一部分；至于详细的说明，感兴趣的读者可以参阅 OECD（2006）出版的《评估科学、阅读以及数学素养：PISA 2006 评估架构》（*Assessing Scientific, Reading and Mathematical Literacy: A Framework for PISA* 2006）中关于数学素养的章节。

① 或可译为“首要概念”、“关键概念”。

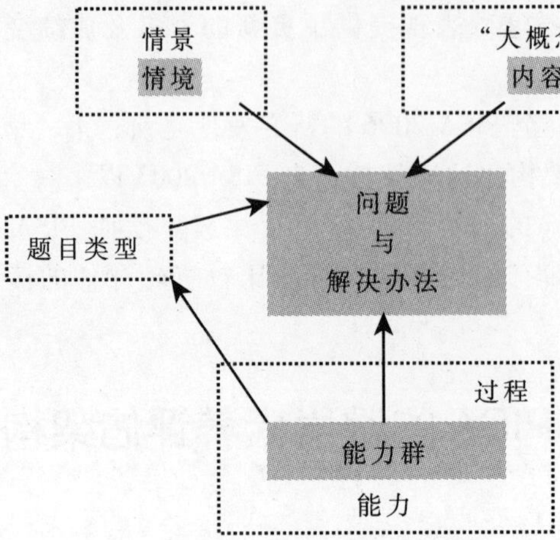

图 4.1　数学领域的构成部分

来源：OECD（2006）[79]。

4.2.2　数学内容

根据 PISA 的评估目的，数学内容基本上组织成四个"大概念"：空间和图形、变化和关系、数量以及不确定性。这四个"大概念"的界定，一方面是基于数学内容在人类世界各种问题中所呈现的本质，另一方面也涵盖了传统数学课程中常见的课题。因此，四个"大概念"可以总结如下。

- 空间和图形：涉及空间和几何的现象与关系，会应用到课程中的几何学。
- 变化和关系：涉及变化以及变量间的从属和函数关系的数学形式，与课程中的代数关系最为密切。
- 数量：涉及与数字有关的现象，以及量化关系和样式，这些内容与算术有关。
- 不确定性：涉及与统计和概率课题相类似的现象与关系。

正如四个"大概念"与传统数学课程常见的课题相关，PISA 的数学内容也涵盖了代数、离散数学、函数、几何、数字、概率和统计。这些数学课程要素，反映了数学教学大纲中广为采纳的课题，并且反映了在数学发展中早已确立的分支。但要注意，PISA 的数学内容主要建基于上述四个"大概念”，而非一般的学校数学课程要素。举例来说，PISA 2006 的 48 项数学题目既可以按四个“大概念”划分（见表 4.1），也可以按数学课程要素划分（见表 4.2）。但是相比较而言，48 项题目在四个“大概念”上的分布显然更加平衡。这是因为数学题目的建构和筛选都主要是以这四个“大概念”为依据，而数学课程要素则是次要的考虑。

表 4.1　PISA 2006 数学题目在“大概念”上的分布

“大概念”	题目数量（项）	所占比例（%）
变化和关系	13	27.1
数量	13	27.1
空间和图形	11	22.9
不确定性	11	22.9

表 4.2　PISA 2006 数学题目在课程要素上的分布

课程要素	题目数量（项）	所占比例（%）
代数	1	2.1
离散数学	2	4.2
函数	5	10.4
几何	11	22.9
数字	14	29.2
概率	3	6.3
统计	12	25.0

需要指出的是，PISA 2003 完全采用了上述数学内容的概念。PISA 2006 中数学题目的分布，不管是以四个“大概念”划分还是以数学课程要素划分，都与 PISA 2003 相类似。

4.2.3　数学过程

在 PISA 的评估架构中（OECD，2006），一个具有数学素养的人所采用的整体策略，可以视作一种叫“数学化”的基本过程。这一过程有五个步骤。

- 从现实中的一个问题开始。
- 识别相关的数学概念，这有助于重新组织问题。
- 剔除现实中不相干的细节，以数学问题来表述真实世界的问题。
- 解答该数学问题。
- 依据原本的真实问题去演绎数学解答方案。

成功进行“数学化”过程有赖多种数学能力。许多研究者已经对数学能力或类似的概念作过大量研究，PISA 所要做的是确定一种特定的表述方式，来反映下列八种典型的数学能力。

- 思考和推理
- 论证
- 交流
- 建立模型
- 拟题及解难
- 表述
- 运用符号化、形式化与技术性的语言和操作
- 使用辅助工具

在回应现实中的问题情景时，上述八种能力并不是分开且独立运作的。为了避免把问题规限于假想的任务，以致不必要地割裂真实的数学化过程，PISA 评估架构采用三个“能力群”来描述这些认知活动。

- 再现能力群：（处理典型的问题情境时）再现习得的资料，进行惯常的运算。
- 联系能力群：（处理非惯常情境，但仍会涉及熟悉或类似的环境的问题时）整合、连接以及适度地扩展习得的资料。
- 反思能力群：（处理不熟悉环境的问题时）作高层次的推理、论证、抽象、归纳和建立模型。

这三个能力群，从简单的重现事实和运算程序到对不同方面加以联系，再到反思，可视为一组级进的系列。换言之，这三个能力群基本上是按困难程度以升序排列的，但是这并不意味着学生必须完全掌握再现能力群的所有

相关能力，才可以运用联系能力群的相关能力。上述能力群所列的数学能力是数学素养的核心。这些数学能力也有助于划分数学素养的等级，因此评估题目以这三个能力群来分组。表4.3列出了PISA 2006数学题目在不同能力群上的分布情况。

表4.3 PISA 2006 数学题目在能力群上的分布

能力群	题目数量（项）	所占比例（%）
再现能力群	11	22.9
联系能力群	24	50.0
反思能力群	13	27.1

4.2.4 数学情景和情境

PISA非常强调运用数学知识和技能在真实生活中解难。而且，选择哪种数学方法和数学表述要取决于问题出现的情景。PISA因此将评估题目置于特定的情境下，以评估学生在不同情景和情境中发挥及运用数学的能力。情景中的情境类似真实生活中会发生的“真正”情境。PISA数学问题可分为四种情景类型。

- 个人情景：包括与学生个人日常活动直接相关的情境。
- 教育和职业情景：包括学生的学校生活情境或工作情境。
- 公共情景：包括要求学生对周边环境进行观察的情境。
- 科学和“数学内”情景：包括更为抽象的情境，可能涉及对某些技术过程、理论情景或明确的数学问题的理解。

简而言之，如同PISA强调学生在真实情境中运用数学一样，PISA也倾向于采用“数学外”情境（影响解答和解释数学问题的情境）的问题来评估数学素养，因为这些问题与日常生活中所遇到的相类似。表4.4列出了PISA 2006中48项数学题目在四种情景类型上的分布情况。

表4.4 PISA 2006 数学题目在情景类型上的分布

情景类型	题目数量（项）	所占比例（%）
个人	9	18.8
教育/职业	8	16.7

续表

情景类型	题目数量（项）	所占比例（%）
公共	18	37.5
科学和“数学内”	13	27.1

4.2.5 数学素养评估题目类型

PISA充分考虑到题目类型，即题目呈现的格式对学生成绩的影响。PISA数学评估采用了不同的题目类型，来获得学生对数学任务的回应。这些题目类型包括：

- 简单多选题/复杂多选题
- 封闭题
- 简答题
- 开放题

多选题因其经济效用的特点而获广泛采用，适合于认知技能要求较低的题目，主要与再现能力群和联系能力群相关联。多选题尽管客观可靠，学生却可以依靠猜测来得分。因此有必要利用其他类型的题目，来评估更高层次的目标或更为复杂的过程。封闭题要求学生提供简明的答案，而不是从给定的选项中作选择。简答题与封闭题类似，但是答案要长一些。开放题则要求更长篇幅的答案，而且回答过程通常涉及多种高层次的认知活动。开放题要求学生展示答题的步骤或者解释回答的过程，让学生可以通过提供数学上不同复杂程度的答案来展示能力。

不同类型的PISA题目，可链接到同一份引导材料。这种设计使转换引导材料所需的时间降至最低，可有效地利用评估时间。此外，为了评估每一种能力群，典型的题目设定方式是从描述一个情景开始，接着有少量的多选题、封闭题或者简答题，最后是开放题。这样的编排方式便于设计逼真的任务，同时也可以反映出真实生活情景的复杂性。表4.1列出了PISA 2006中48项数学题目在不同题目类型上的分布情况，同时也列出了48项题目在本节所提到的数学情景、大概念、能力群、课程要素等类别与题目类型上的交叉分布情况。

表 4.5　PISA 2006 数学题目在题目类型上的分布

维度/类别	题目数量	简单多选题数量	复杂多选题数量	封闭题数量	简答题数量	开放题数量
在情景类型上的分布						
教育	7	1	3	2	0	1
“数学内”	1	0	0	0	0	1
职业	1	0	0	0	1	0
个人	9	3	2	1	2	1
公共	18	7	2	3	3	3
科学	12	1	2	0	4	5
总计	48	12	9	6	10	11
在“大概念”上的分布						
变化和关系	13	1	2	2	1	7
数量	13	3	2	2	6	0
空间和图形	11	3	2	2	1	3
不确定	11	5	3	0	2	1
总计	48	12	9	6	10	11
在能力群上的分布						
再现能力群	11	5	0	2	2	2
联系能力群	24	3	7	2	8	4
反思能力群	13	4	2	2	0	5
总计	48	12	9	6	10	11
在课程要素上的分布						
代数	1	0	0	0	0	1
离散数学	2	1	0	1	0	0
函数	5	1	1	2	0	1
几何	11	3	2	2	1	3
数字	14	3	2	1	7	1
概率	3	2	1	0	0	0
统计	12	2	3	0	2	5
总计	48	12	9	6	10	11

4.3 数学素养的六个能力等级

与科学和阅读评估相类似，数学素养也采用能力等级来描述学生的成绩。学生在数学题上的成绩，被转化为在一份综合数学素养量表上的素养得分。量表对应六个能力层级，每层代表着不同难度的题目群，从最容易的第1等级，到最难的第6等级。数学素养是 PISA 2003 的重点评估范畴，其六个能力等级的概括描述，特别是与四个“大概念”相关的描述一直沿用至今。表 4.6 列出了六个能力等级的概要描述，也列出了不同能力等级的临界分数（OECD，2007）[312]。例如，在 PISA 2006 数学素养量表上低于 357 分的学生，因未达到第 1 等级的最低分数而被归类为“第 1 等级以下”。但是，这并不表示这些学生不具备任何数学运算能力，只是说明虽然测试情境是学生熟悉的，而且所要求的技能只是可以由引导内容直接看出的惯常步骤，他们也未能使用适当的数学技能去解决问题。

表 4.6 PISA 2006 六个数学素养能力等级概述以及等级的临界分数

等级	最低分数要求	学生素养概要描述
6	669.3	第 6 等级的学生能对复杂问题的情境进行研究和建模，能把得出的数据概念化，并能加以推断和运用。他们能将不同的资料来源和表征联系起来，并进行相互间的灵活转换。这个水平的学生能作高层次的数学思维和推理，透过洞悉和理解，以及掌握符号化和形式化的数学运算与关系，从而提出新方法和策略来应付陌生情景。这些学生能就自己对情景的发现、解释、论据以及这些对该情景的适用性，构思并精确表达自己的做法和反思。
5	607.0	第 5 等级的学生能就复杂的情境建立并运用模型，识别其限制并说明假设。对与模型相关的复杂问题，他们能够选择、比较和鉴定适当的解题策略。这个水平的学生能有策略地运用开阔且成熟的思维和推理能力，适当联系起来的表征、符号化和形式化的特征描述，以及与情景相关的洞察力。他们能够反思自己的做法，并构思以及与人交流自己的解释和推论。

续表

等级	最低分数要求	学生素养概要描述
4	544.7	第 4 等级的学生能有效运用明确的模型处理复杂而具体的问题，当中可能涉及一些限制或需要作出假设。他们能处理各种具体或象征性的表征，作出选择和整合，并直接联系到现实情况。这个水平的学生能运用娴熟技能和灵活推理，并具有这方面的洞察力。他们能根据自己的理解、论证和做法，建构并交流自己的解释和论据。
3	432.4	第 3 等级的学生能执行清晰表述的程序，包括完成需要续步决策的程序。他们能选择和运用简单的解题策略。这个水平的学生能够理解和应用不同来源的表征，并直接从中推理。他们能进行简短的交流，报告他们的解释、结论和论据。
2	420.1	第 2 等级的学生能在仅需要直接推断的情境中解释和识别情景。他们能从单一来源中提取有关的信息，并利用单一的表征模式。这个水平的学生能运用基本算术、公式、步骤和惯例。他们能够直接推论，以及理解结果的字面意思。
1	357.8	第 1 等级的学生可以在有关信息齐全、提问明确的前提下，回答情境熟悉的问题。他们能够在明确的情境中，根据直接的指示找到信息并执行惯常的程序。他们能执行引导文本指示明显而直接的动作。

每层能力等级的临界分数由计算出的题目难度决定，利用统计学设定量表上的临界分数，使相继的等级之间的题目难度变化大致相等。所有达到某个能力等级的学生，理应答对至少一半该等级的题目。能力等级的特征是在 PISA 2003 时，根据学科专家的判断和对题目的数据分析建立的。其实，综合量表是基于四个内容（即前文提到的四个“大概念”：变化和关系、数量、空间和形状、不确定性）分量表的。为求叙述简洁，四个分量表中六个能力等级的情况在此不再赘述。

从以上概要描述看来，六层的能力等级量表给了数学素养一个有参照标准的解释，描述了每个等级的学生能够做的事情。能力等级量表不仅可以将学生按照数学素养量表的得分分组，同时也提供了客观地描述和比较不同国家或地区的数学表现的依据。量表测量个人在数学和相关领域的总体能力，从而反映他/她在科学、数学和科技变得日益重要的现代社会中的前途，以及充分参与社会的能力。如是观之，一个地区的学生数学素养，尤其是表现最好的学生（即第 5 和第 6 等级）的教学素养，可以反映该地区对发展中的科技世界可能的贡献，继而反映该地区的总体国际竞争力。

4.4 数学样题

PISA 以单元来评估素养，每个单元包含一篇引导文本（如文字、一览表、图表和图等），接着有多道有关的题目。多篇引导文本组成试题群，三个素养范畴的多个试题群，以不同的组合方式形成多套试题本。每名学生在两小时的评估中仅需完成一本试题本。比如说，PISA 2006 采用了 PISA 2003 中的 48 项数学题目，数学是 PISA 2003 的重点评估范畴。这 48 项题目连接着 31 个引导文本。这些题目组成四个试题群，加上科学和阅读的题目，以不同的组合方式制成 13 套不同的试题本。

以下来自五篇引导文本的六道数学题目，展示了数学素养范畴中各种不同的文本和评估范围。六项样题按照难度依次介绍，从第 6 等级的题目开始，这些样题涵括六个难度等级、四个“大概念”和三个能力群。

4.4.1 样题 1–木匠

木匠想用一条 32 米长的木条来围着花圃。他正考虑用下列其中一个花圃的设计。

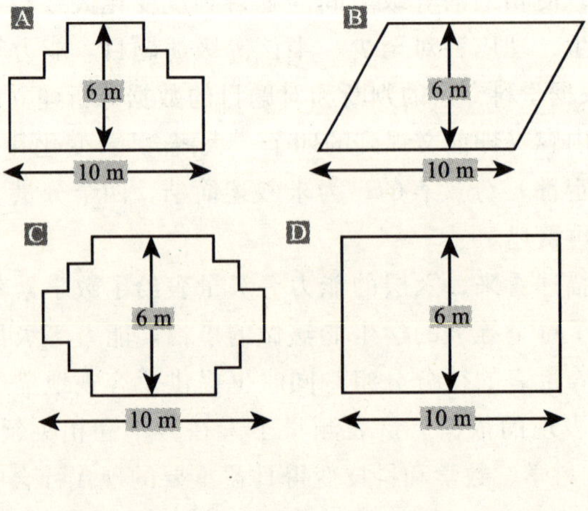

木匠-问题 1

内容范围：空间和图形

等级：第 6 等级

难度：687

答对率（OECD 国家）：20.2%

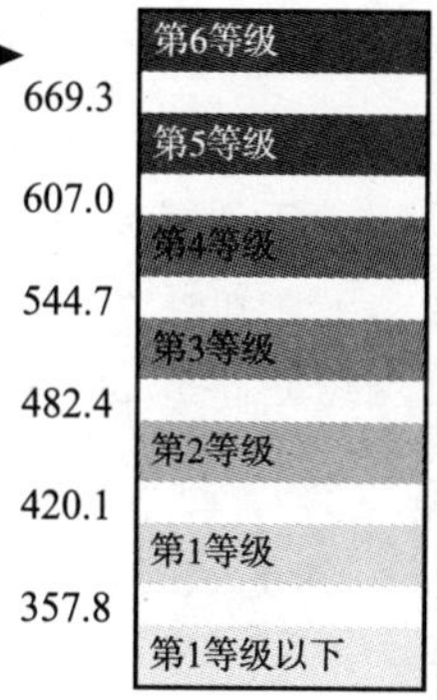

以上的花圃可以用 32 米长的木条造出来吗？请在下表圈出“可以”或“不可以”。

花圃设计	若运用这设计，可以用 32 米木条造出来吗？
设计 A	可以/不可以
设计 B	可以/不可以
设计 C	可以/不可以
设计 D	可以/不可以

评分

满分

依次序为可以、不可以、可以、可以。

意见

这道复杂多选题属于教育情境，这类仿真实的问题通常出现在数学课堂上，并非职业情境中真实的难题。虽然这并非 PISA 典型的题目，仍有少量这类题目得到采用，而当中涉及的能力当然与数学素养有关。这道题目说明了第 6 等级——687 分的难度，题目属于“空间和形状”这一内容范围。学生要成功解题，必须知道 A、C 和 D 这三个二维图形的周边长度是相等的，所以他们要译解视觉信息，并看出相似和相异的地方。学生需要弄清楚 32 米长的木条能否造出一个特定形状，其中三个选项因为那些长方的形状，在这个问题上的答案都颇为明显。但剩下的那个选项是平行四边形，需要多丁 32 米的木条。因为涉及对几何图形的洞察力和论证技巧，以及几何学的技术知识，所以这道题目属第 6 等级。

4.4.2 样题 2-测验成绩

下图显示 A 组及 B 组两组学生在科学测验的成绩。

A 组学生的平均分是 62.0，而 B 组学生的平均分为 64.5。学生在此测验中得到 50 分或以上才算是及格。

科学测验成绩

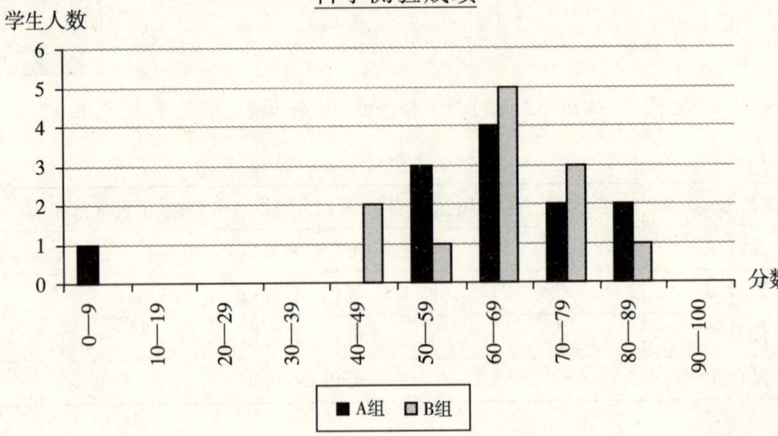

测验成绩-问题 16

内容范围：不确定性

等级：第 5 等级

难度：620

答对率（OECD 国家）：32.7%

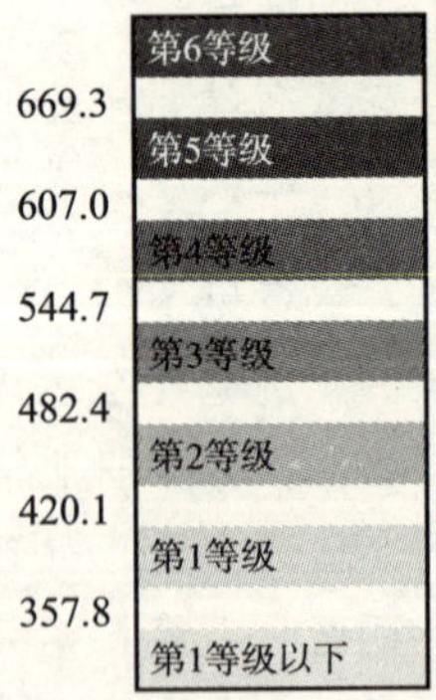

从上图看来，教师认为在这次测验中，B 组学生的成绩比 A 组学生的成绩好。

A 组学生不同意他们教师的看法。他们尝试说服教师 B 组不一定做得比较好。

试运用图表数据，举出一项 A 组学生可以用来说服教师的数学理据。

意见

这道开放题属于教育情境，难度值是 620 分。这道题目的教育情境是所有学生都熟悉的：比较测验成绩。情形是两组学生（A 组和 B 组）参加了科学科的测验，成绩以两种形式显示：含数据的文字和两幅放在同一网格上的图。要解答的问题是找出论据去支持“其实 A 组学生的成绩比 B 组学生的成绩好”这一说法，尽管一位教师提出了相反的论据——因为 B 组的平均分较高，所以其成绩较好。这道题目属于“不确定性”这一内容范围。这方面的数学知识在生活上是重要的，因为在传播媒介和我们生活的其他方面，数据和图像表述的功用都十分重要。有三个论据都可以是合理的答案：(1) A 组有较多学生合格；(2) 一些成绩极端的学生影响了 A 组的整体表现；(3) A 组有较多学生成绩是 80 分或以上。答对的学生能于不大结构化和数学表述不太明确的情景中，应用统计学知识。他们亦需要透过推理与洞察力去理解和分析信息，并且表达自己的理由和论证。因此，这道题目清楚地展示了第 5 等级。

4.4.3　样题 3-兑换汇率

来自新加坡的美玲正准备到南非三个月当交换生。她需要把一些新加坡元（SGD）兑换为南非锾（ZAR）①。

兑换汇率-问题 11

内容范围：数量

等级：第 4 等级

难度：586

答对率（OECD 国家）：40.5%

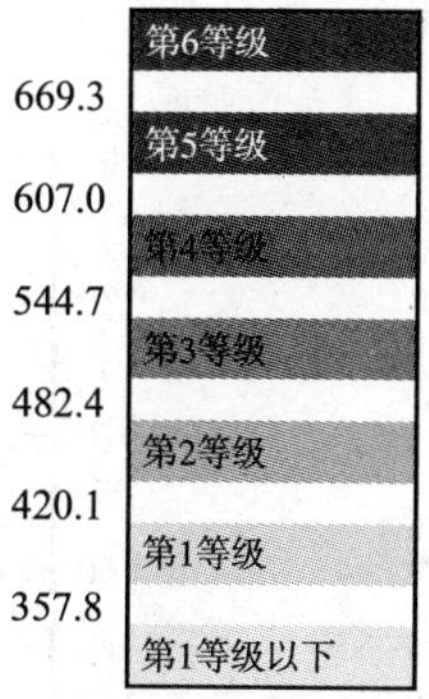

在这三个月期间，兑换汇率由每一 SGD 兑 4.2 ZAR 转至 4.0 ZAR。

当美玲把南非锾兑换回新加坡元时，兑换汇率由 4.2 ZAR 转至现时的 4.0 ZAR，这是否有利于美玲呢？请提供一个解释以支持你的答案。

① “南非锾”在内地的用语为“南非兰特”。

评分

满分

“是”，并附有适当的解释。

意见

这道开放题属于公共情境，难度值是586分。就数学内容而言，学生需要应用关于程序的知识和数字运算：乘法和除法。而且这道题目涉及数量情境，所以属于“数量”这一内容范围。解题所需的能力并不简单：学生需要思考“兑换汇率”这一概念及其在上述情景中的后果。虽然解题所需的数据已经明确列出，但因为识别适用的数学有一定的难度，而且将现实情景简化为数学题对学生来说也十分困难，所以解题要求的“数学化”过程层次颇高。解题所需的能力是灵活推理和反思的能力，而且解释结果亦需要点表达技巧。这道题目的主题（兑换汇率）是熟悉的情境，具体情况却是复杂的；非惯常的问题要求推理能力和洞察力以及表达的能力。这些情况结合起来，使这道题目定于第4等级。

4.4.4 样题4-成长

下图显示了1998年荷兰青少年男女生的平均身高。

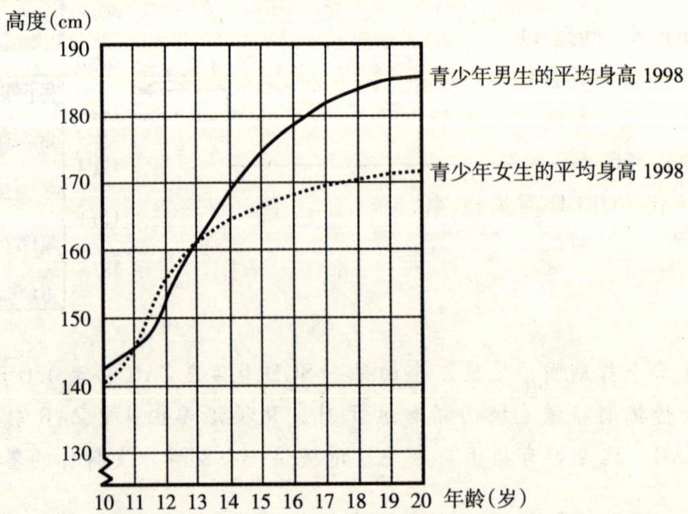

成长–问题 7

内容范围：变化和关系

等级：第 3 等级

难度：525

答对率（OECD 国家）：54.8%

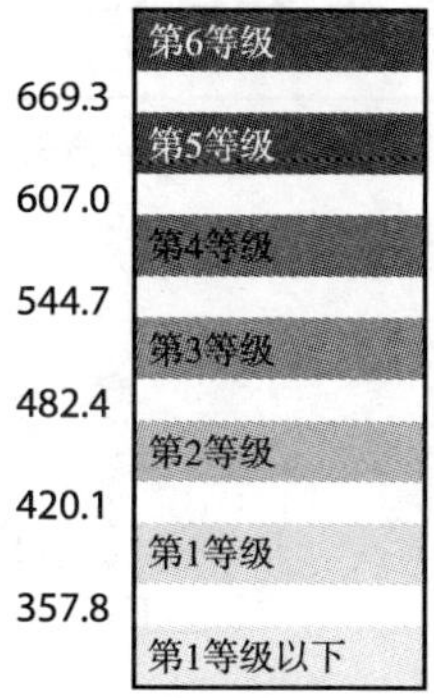

根据上图，女生的平均身高在哪一个阶段较同龄男生高？

评分

满分

写出正确的时段（11—13 岁），或指出在 11 和 12 岁时，女孩比男孩高。

意见

这道题目讨论年龄和高度，属于“变化和关系”的内容范围，难度值是 420 分（第 1 等级），要求学生比较和解释两组数据的特征，并作结论。解答问题所需的能力，涉及对耳熟能详的数学对象相当熟悉以及标准的表述方式，作解释和译码。学生需要有思考和推论的能力，以回答以下问题：“两条线的交叉点在哪里？”并需要有论证和沟通的能力，去解释这些交叉点在解题上的作用。得到部分分数的学生能循正确方向推论和思考，但未能提供完整的答案。这些学生能正确地辨认出 11 岁和/或 12 岁和/或 13 岁为答案的一部分，但未能识别 11 至 13 岁是连续的。这道题目展示出第 1 等级和第 2 等级之间的界限。满分的答案难度值是 525 分，达第 3 等级。满分的学生不但能循正确方向推论和思考，亦能提供完整的答案。成功解题的学生能运用图解表述，得出结论，以及展示他们的发现。

4.4.5 样题 5-楼梯

下图是一座楼梯，共有 14 级，总高度为 252 cm：

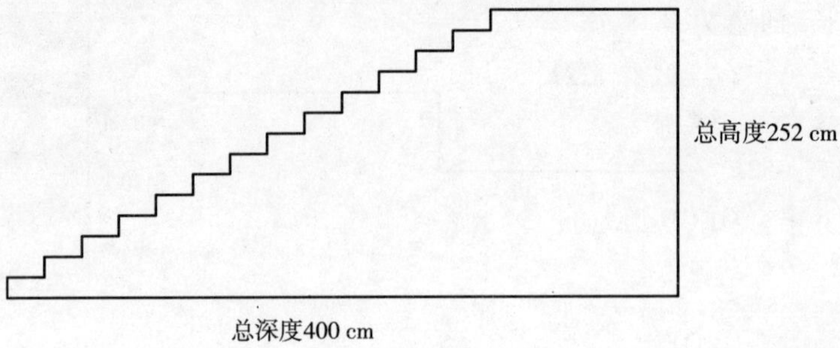

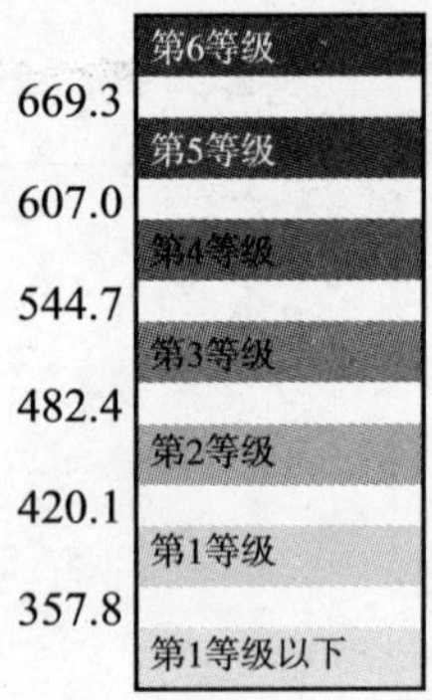

楼梯-问题 2

内容范围：空间和图形

等级：第 2 等级

难度：421

答对率（OECD 国家）：78.3%

在这 14 级梯级中，每级梯级的高度应是多少呢？

高度：________cm。

评分

满分

18

意见

这道开放题涉及木匠的日常生活情境，所以属于职业情境，难度值是 421 分。有学识的公民，即使并非木匠，都应该能理解题目中两种不同的表述方式——包含数字的语言和图形表征，以理解和解答问题。但这一图形仅有简单且非重要的功能：学生都知道楼梯的模样。值得注意的是，这道题目包括冗余信息（总深度是 400 cm），有些学生可能会被混淆，但这类冗余资料在现实生活的解难过程中十分普遍。楼梯情境使题目属“空间和形状”这一内容范围，但解答计算过程只是简单的除法。所有必需、甚至冗余的资料，都展示于容易辨认的情景中。这道题採用了单一表述形式，学生可从单一来源提取信息。因为这道题涉及基本的运算，所以仅属第2等级。

4.4.6 样题6-兑换汇率

来自新加坡的美玲正准备到南非三个月当交换生。她需要把一些新加坡元（SGD）兑换为南非镀（ZAR）。

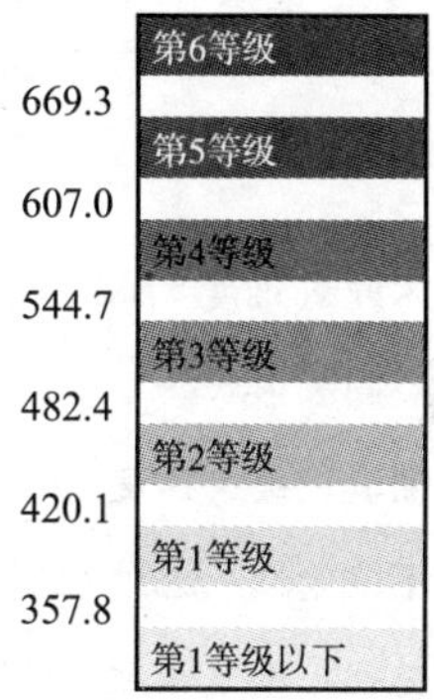

兑换汇率-问题9

内容范围：数量

等级：第1等级

难度：406

答对率（OECD 国家）：79.9%

美玲得知新加坡元与南非镀的兑换汇率为：

1 SGD=4.2 ZAR

美玲以此汇率把3 000新加坡元兑换成南非镀。

那么，美玲换得多少南非镀呢？

评分

满分

12 600 ZAR（无须列明单位）。

意见

这道简答题属于公共情境，难度值是406分。并非所有学生都有兑换汇率的经验，但这个概念可算是公民应有的技能和知识。数学内容为四种基本运算的一种：乘法。因此，这道题目属“数量”这一内容范围，具体来说是数字运算。就数学能力而言，解题只需很有限的“数学化”：理解简单的文本，以及把特定的信息与所需的计算联系起来。因为所需的信息已明确列出，所以解题所要求的能力只是执行惯常程序和/或应用标准运算。由于这道题有熟悉的情境、明确定义的问题，以及惯常的程序，因此属于第1等级。

以上样题于PISA 2003的测试后公开，PISA 2006后再没有公开其他数学题目。这些并非PISA 2006的题目，因此在2006年没有关于这些题目的学生得分信息。但是，为了让读者更清楚地了解学生在这些题目上的表现，我们把PISA 2003中香港在这六项题目上的答对率和OECD平均值进行列表比较，供读者参考（见表4.7）。

表4.7 PISA 2003中香港在六项样题上的答对率与OECD平均值的比较

"大概念"	情景类型	能力群	题目类型	答对率（%）	
				香港	OECD平均值
木匠（难度：687分，第6等级）					
空间和形状	教育	连接	复杂多选题	39.9	20.2
测验成绩（难度：620分，第5等级）					
不确定性	教育	连接	开放题	63.7	32.7
兑换汇率（难度：586分，第4等级）					
数量	公共	反思	开放题	52.8	40.5
成长（难度：525分，第3等级）					
变化和关系	科学	再现	封闭题	71.6	54.8
楼梯（难度：421分，第2等级）					
空间和形状	职业	再现	封闭题	86.5	78.3
兑换汇率（难度：406分，第1等级）					
数量	公共	再现	封闭题	89.1	79.9

4.5 香港学生数学素养概况

4.5.1 整体表现

本节根据数学得分来报告香港学生的整体表现，并比较香港学生与其他参与国家或地区学生在数学素养上的整体成绩。

数学是PISA 2003的重点评估范畴，当时设定OECD国家的平均数学得分是500分。这个平均分设定，成为与其他国家或地区进行数学成绩比较的基准，并且也是之后历届评估的基准。香港学生在 PISA 2003 中的平均分是 550 分，标准差为 4.5。在 PISA 2006 中，香港学生的平均分达到 547 分，标准差为 2.7，并在所有参与国家或地区中名列第 3，仅次于排名第 1 的中国台湾和排名第 2 的芬兰。香港在 PISA 2003 和 PISA 2000+中都排名第 1，但是浏览这些排行榜时要留意一点：尽管香港在 PISA 2006 中排名第 3，但是香港的平均分与中国台湾（平均分 549 分）、芬兰（平均分 548 分）以及韩国（平均分 547 分）的平均分，在统计学上都没有显著差异。换言之，除了这三个国家或地区之外，香港的分数显著高于其他参与国家或地区。因此，从总体上说，香港与少数国家或地区，尤其是芬兰和韩国（中国台湾只参与了 PISA 2006），在 PISA 2003 和 PISA 2006 中都排名于最前列。表 4.8 列出了 PISA 2006 中 57 个国家或地区在数学素养上的平均得分以及标准差，列表同时也显示了每个国家或地区的平均分与香港的平均分在统计学上是否有显著差异。

表 4.8　PISA 2006 参与国家或地区数学素养的平均成绩

国家/地区	平均值	标准差	显著差异
中国台湾	549	(4.1)	○
芬兰	548	(2.3)	○
中国香港	547	(2.7)	—
韩国	547	(3.8)	○
荷兰	531	(2.6)	▼
瑞士	530	(3.2)	▼
加拿大	527	(2.0)	▼
中国澳门	525	(1.3)	▼
列支敦士登	525	(4.2)	▼
日本	523	(3.3)	▼
新西兰	522	(2.4)	▼
比利时	520	(3.0)	▼
澳大利亚	520	(2.2)	▼
爱沙尼亚	515	(2.7)	▼
丹麦	513	(2.6)	▼

续表

国家/地区	平均值	标准差	显著差异
捷克共和国	510	(3.6)	▼
冰岛	506	(1.8)	▼
奥地利	505	(3.7)	▼
斯洛文尼亚	504	(1.0)	▼
德国	504	(3.9)	▼
瑞典	502	(2.4)	▼
爱尔兰	501	(2.8)	▼
法国	496	(3.2)	▼
英国	495	(2.1)	▼
波兰	495	(2.4)	▼
斯洛伐克	492	(2.8)	▼
匈牙利	491	(2.9)	▼
卢森堡	490	(1.1)	▼
挪威	490	(2.6)	▼
立陶宛	486	(2.9)	▼
拉脱维亚	486	(3.0)	▼
西班牙	480	(2.3)	▼
阿塞拜疆	476	(2.3)	▼
俄罗斯联邦	476	(3.9)	▼
美国	474	(4.0)	▼
克罗地亚	467	(2.4)	▼
葡萄牙	466	(3.1)	▼
意大利	462	(2.3)	▼
希腊	459	(3.0)	▼
以色列	442	(4.3)	▼
塞尔维亚共和国	435	(3.5)	▼
乌拉圭	427	(2.6)	▼

续表

国家/地区	平均值	标准差	显著差异
土耳其	424	(4.9)	▼
泰国	417	(2.3)	▼
罗马尼亚	415	(4.2)	▼
保加利亚	413	(6.1)	▼
智利	411	(4.6)	▼
墨西哥	406	(2.9)	▼
黑山共和国	399	(1.4)	▼
印度尼西亚	391	(5.6)	▼
约旦	384	(3.3)	▼
阿根廷	381	(6.2)	▼
哥伦比亚	370	(3.8)	▼
巴西	370	(2.9)	▼
突尼斯	365	(4.0)	▼
卡塔尔	318	(1.0)	▼
吉尔吉斯共和国	311	(3.4)	▼

注："○"表示分数与香港的得分并无显著差别；"▼"表示分数显著低于香港的得分。

如上所述，PISA 2003 中 OECD 国家数学素养的平均分数是 500 分。PISA 2006 的 OECD 平均分是 498 分，似乎略低于 PISA 2003 的 500 分；但差异并不显著。香港的分数轻微下降：PISA 2006 中平均分是 547 分（标准差为 2.7），PISA 2003 中是 550 分（标准差为 4.5），但这两个分数在统计学上并无显著差异。

表 4.9 列出了香港自 PISA 2000+到 PISA 2006 的排名，以及与排在前列的国家或地区的概括比较。从表中可以看出，从 PISA 2000+到 PISA 2006，香港和韩国（在 PISA 2006 中与香港的平均分相同）的数学素养得分，都在所有参与国家或地区中稳居前列。并且，每轮 PISA 中数学素养前 3 名国家或地区的平均成绩，在统计学上都没有显著差异。

表 4.9　PISA 2000+、PISA 2003 和 PISA 2006 中数学素养平均成绩位于前 10 名的国家或地区

排名	PISA 2000+ 国家/地区	平均值	标准差	PISA 2003 国家/地区	平均值	标准差	PISA 2006 国家/地区	平均值	标准差
1	中国香港	560	(3.3)	中国香港	550	(4.5)	中国台湾	549	(4.1)
2	日本	557	(5.5)	芬兰	544	(1.9)	芬兰	548	(2.3)
3	韩国	547	(2.8)	韩国	542	(3.2)	中国香港	547	(2.7)
4	新西兰	537	(3.1)	荷兰	538	(3.1)	韩国	547	(3.8)
5	芬兰	536	(2.2)	列支敦士登	536	(4.1)	荷兰	531	(2.6)
6	澳大利亚	533	(3.5)	日本	534	(4.0)	瑞士	530	(3.2)
7	加拿大	533	(1.4)	加拿大	532	(1.8)	加拿大	527	(2.0)
8	瑞士	529	(4.4)	比利时	529	(2.3)	中国澳门	525	(1.3)
9	英国	529	(2.5)	中国澳门	527	(2.9)	列支敦士登	525	(4.2)
10	比利时	520	(3.9)	瑞士	527	(3.4)	日本	523	(3.3)

注：灰底部分表示该国家或地区的成绩显著低于香港当年相应的成绩。

除了以上述平均分和排行榜来检视香港学生的数学成绩，我们也可以参考不同百分位数的学生的得分，它可以反映不同成就水平学生的平均得分。表 4.10 和图 4.2 显示了在 PISA 2006 中，香港不同百分位数学生的得分和 OECD 平均值的比较。PISA 2000+和 PISA 2003 中香港学生的表现与 PISA 2006 相若，在此不再赘述。

表 4.10　PISA 2006 香港不同百分位数学生的数学成绩和 OECD 平均值的比较

百分位数	香港 得分	香港 标准差	OECD 平均值 得分	OECD 平均值 标准差	成绩差异（香港-OECD）
第 5	386	(6.1)	346	(1.1)	40**
第 10	423	(6.4)	379	(0.9)	43**
第 25	486	(4.5)	436	(0.7)	50**
第 50	552	(2.7)	483	(1.5)	68**
第 75	614	(3.1)	561	(0.6)	53**
第 90	665	(3.5)	615	(0.8)	50**
第 95	692	(4.8)	645	(0.9)	47**

**显著性检验水平小于 0.01。

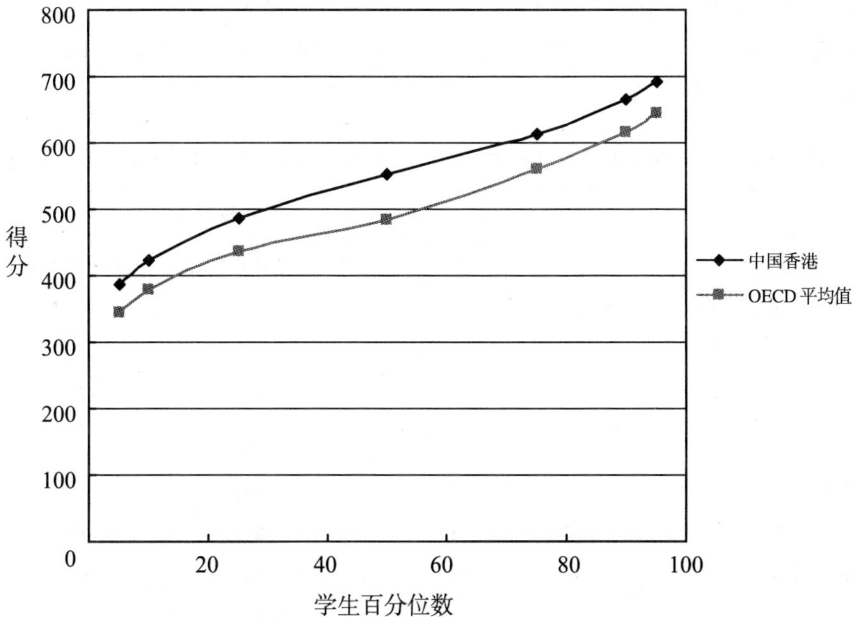

图 4.2　PISA 2006 香港学生的数学成绩与 OECD 平均值的比较

从以上对每轮 PISA 的详细分析可见，香港处于所有百分位数学生的得分都高于相应的 OECD 平均值。换言之，在所有能力等级上，香港学生的表现都优于 OECD 平均值。此外，如图 4.2 所示，不同百分位数上的学生分数的差异都相当一致，这表明与其他参与国家或地区相比，香港无论是低成就组还是高成就组的学生表现都很好。

从以上分析可以看出，香港学生的表现要优于 OECD 平均成绩，而且在所有能力等级上香港学生的成绩和 OECD 平均成绩都存在着显著差异。为了理解这一成绩差异的一些具体细节，我们进一步分析学生在 PISA 数学素养评估架构各个维度上的得分。表 4.11 列出了在 PISA 2006 数学题目上，香港答对率和 OECD 平均值的比较，比较是按照内容（数学课程要素）、大概念、能力群（过程）、情景（情境）以及题目类型这几方面分类的；在每一个分析类别中，香港的答对率都要高于相应的 OECD 平均值，而且差异都是显著的。比如，就内容而言，差异幅度是 6—16 个百分点；而大概念的差异则是 10—11 个百分点。数学过程方面，差异幅度是 7—13 个百分点；情景的差异幅度是 4—13 个百分点；题目类型的差异幅度是 8—15 个百分点。这些差异和PISA 2003 的情况相类似（参见 Ho，et al.，2005）[60-61]，这表明从整体上讲，香港 15 岁学生在 PISA 数学素养框架的所有维度或类别上的表现，都优于 OECD 平均水平。

表 4.11　PISA 2006 数学素养评估架构各个维度上香港答对率和 OECD 平均值的比较

维度/类别	题目数量（个）	答对率（%）	
		香港	OECD 平均值
在课程要素上的分布（内容）			
代数	1	22	7
离散数学	2	59	43
函数	5	65	59
几何	11	54	43
数字	14	65	55
概率	3	58	52
统计	12	57	44
在能力群上的分布（过程）			
再现能力群	11	75	68
联系能力群	24	58	47
反思能力群	13	47	34
在情景类型上的分布（情境）			
教育	7	58	46
“数学内”	1	16	12
职业	1	34	30
个人	9	67	59
公共	18	62	49
科学	12	54	44
在“大概念”上的分布			
变化和关系	13	58	48
数量	13	66	55
空间和图形	11	54	43
不确定	11	56	45

续表

维度/类别	题目数量（个）	答对率（%）	
		香港	OECD 平均值
在题目类型上的分布			
简单多选题	12	68	58
复杂多选题	9	51	43
封闭题	6	73	65
开放题	11	47	32
简答题	10	59	49

4.5.2　数学素养能力等级分布

在前一小节，我们检视了得分和答对率，对学生数学成绩的整体表现有所了解。这一小节将重点分析数学素养能力等级量表，如前文 4.3 节所述，数学素养的这一观念，对个体参与现代社会的能力，以及社会的发展和国际竞争力都带来启示。我们首先分析 PISA 2006 的结果。

图 4.3 显示了 PISA 2006 综合数学素养能力量表中每个等级的学生比例。同时，根据 57 个国家或地区在第 2 等级或以上学生比例的情况排序。香港在 57 个参与国家或地区中排名第 3，90.5% 的学生达到第 2 等级或以上，仅次于芬兰（94.1%）和韩国（91.2%）。我们也可以根据低等级端的学生比例来解释和排序。处于较低等级的学生，在所有相关信息充分以及问题界定清晰的情况下，只能进行常规的运算，并且只能回答涉及熟悉情境的问题（第 1 等级）。或者，更为糟糕的情况是，学生在给定情景中使用数学技能方面有严重的困难（第 1 等级以下）。就数据作进一步讨论，香港分别有 6.6% 和 2.9% 的学生处于第 1 等级（得分为 357.77—420.07）和第 1 等级以下（得分低于 357.77），香港共占参与评估的 15 岁学生总人数的 9.5%。按照学生中低分者的比例排序，香港排倒数第 3，芬兰排倒数第 1（4.8% 为第 1 等级，1.1% 为第 1 等级以下），韩国排倒数第 2（6.5% 为第 1 等级，2.3% 为第 1 等级以下）。就 OECD 平均水平来看，处于第 1 等级的学生为 13.6%，而第 1 等级以下的学生为 7.7%，两组数字都是香港相应数字的两倍有余。从学生处于第 1 等级和第 1 等级以下的比例来看，国家之间存在很大的差异。即使仅看 OECD 国家之间，学生在第 1 等级或以下的比例的差异也很大，由芬兰的 5.9% 至墨西哥的 56.5% 不等 。

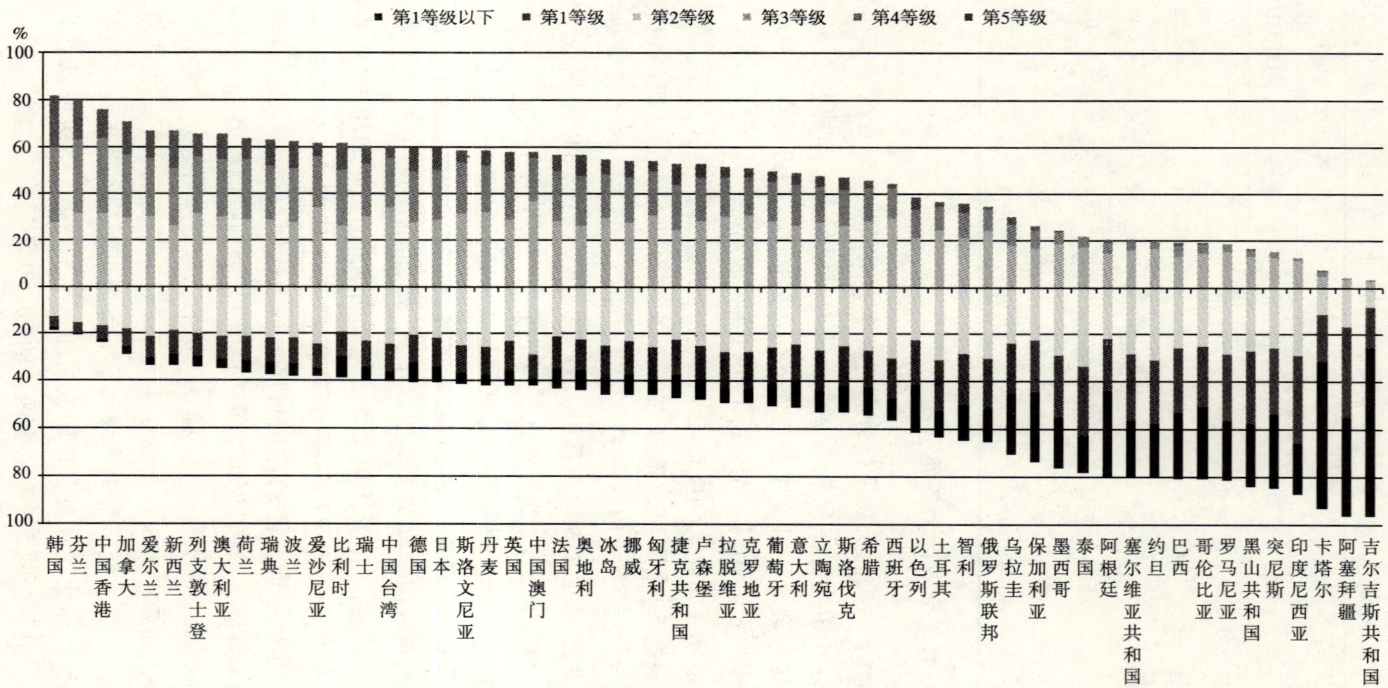

图 4.3　PISA 2006 数学素养能力量表中每个等级的学生比例

注：按 15 岁学生在第 2、第 3、第 4、第 5 和第 6 等级的比例以降序排列国家或地区。

来源：OECD PISA database 2006（Table 6.2a）。

以平均分来比较，中国台湾（549 分）名列第 1。但值得注意的是，根据各个国家或地区在第 2 等级及以上学生的比例情况来比较，中国台湾则名列第 7。这意味着，平均分数高并不能保证有合理素养能力（达第 2 等级或以上）的学生比例也高。一个明显的理由是，平均分数高可能是由于高分者所占比例高。事实上，这一情况出现于中国台湾以及其他平均分数较高的国家或地区，包括香港。表 4.12 列出了 PISA 2006 中高分者（第 5 等级及以上）占 15 岁学生比例超过 20% 的国家或地区。如前文所述，在数学素养中较高能力等级学生所占比例，是一个国家或地区的国际竞争力和技术进步的体现。香港较高能力等级学生的比例名列第 2，总体上要优于 OECD 国家。参考 PISA 对数学能力等级的描述（见表 4.6），我们可以作出如下结论，即香港 15 岁学生中近 30% 的人，能在策略上运用广阔而全面的思维和推理技巧，合理联系的表达方法，符号化和形式化的特征描述，以及从复杂情景中作出见解（第 5 等级）；或者更好的情况是，这些学生能就自己对陌生情景的发现、解释、论据及其对该情景的适用性，构思并精确表达自己的做法和反思。(第 6 等级)。

表 4.12　PISA 2006 中第 5 等级或以上的学生比例超过 20% 的国家或地区（%）

国家/地区	第 5 等级比例 (606.99—669.30 分)	第 6 等级比例 (669.30 分以上)	第 5 等级 或以上总比例
中国台湾	20.1	11.8	31.9
中国香港	18.7	9.0	27.7
韩国	18.0	9.1	27.1
芬兰	18.1	6.3	24.4
瑞士	15.9	6.8	22.7
比利时	16.0	6.4	22.4
荷兰	15.8	5.4	21.2
OECD 国家平均值	***10.0***	***3.3***	***13.3***

PISA 2003 中香港学生在第 5 等级或以上的比例也很高。事实上，就香港学生在不同数学素养能力等级上的分布而言，PISA 2003 和 PISA 2006 的情况非常相似。表 4.13 列出了 PISA 2006 香港学生在不同数学素养能力等级上的分布情况，并与 OECD 平均值和 PISA 2003 的分布情况相比较。PISA 2006 与 PISA 2003 的表现，在统计学上并无显著差异。PISA 2006 的统计数

据，又一次反映了香港不仅在数学素养平均得分上位居前列（与位居前列的几个国家或地区的表现没有统计学上的显著差异），而且较低数学素养能力等级（第 1 等级或以下）的学生比例很低（9.5%），同时较高数学素养能力等级（第 5 等级或以上）的学生比例（27.7%）很高。换言之，就数学素养而言，香港 15 岁学生属高分者的比例非常高，而属低分者的比例又相当低。但是这一情况并不能完全取代第 2 章所提及的高分者和低分者之间的显著差异。我们应该关注数学素养得分中第 5 百分位数和第 95 百分位数学生之间的差异：香港的差异是 306 分，略高于 OECD 平均值 300 分。在 PISA 2003，这一差异是 326 分，略低于 OECD 平均值 328 分。此外，这些数字也说明，在 PISA 评估的三个素养范畴中，香港学生在数学素养方面的高分者与低分者之间的差异是最大的。尽管如此，香港学生的整体成绩是很高的；而且成绩差异也并不大，接近于 OECD 平均值。

表 4.13 PISA 2006 香港学生在各数学素养能力等级上的比例与 PISA 2006 OECD 平均值和 PISA 2003 情况的比较（%）

能力等级	PISA 2006			PISA 2003	差异
	香港	OECD 平均值	差异（香港–OECD 平均值）	香港	（2006 香港–2003 香港）
6	9.0	3.3	+5.7**	10.5	–1.5
5	18.7	10.0	+8.7**	20.2	–1.4
4	25.6	19.1	+6.5**	25.0	+0.6
3	22.7	24.3	–1.6	20.0	+2.7
2	14.4	21.9	–7.5**	13.9	+0.5
1	6.6	13.6	–7.0**	6.5	+0.1
第 1 等级以下	2.9	7.7	–4.8**	3.9	–1.0

**显著性检验水平小于 0.01。

4.5.3 数学内容及过程上的表现

在这一小节，我们将详细分析数学内容（课程要素和大概念）以及数学过程的相关成绩。在 4.5.1 小节，我们曾就 PISA 2006 数学素养内容及过程方面，比较了香港答对率和 OECD 平均值。三种数学过程以三种能力群界定：再现能力群、联系能力群和反思能力群。在这三种能力群上，香港学生的表现远远优于 OECD 平均值——大约高出 7—13 个百分点。香港学生在课程要素和大概念上的表现也与之相似：课程要素大约高出 6—16 个百分点；大概念（空间和图形、变化和关系、数量、不确定性）大约高出 10—11 个百分点。PISA 2003 的研究结果也相类似。表 4. 14 列出了 PISA 2003 和 PISA 2006 的相关情况比较。

表 4. 14　PISA 2003 和 PISA 2006 中 48 项数学题目答对率的比较

维度/类别	题目数量（个）	答对率（%）		差异（%）
		2006	2003	(2006-2003)
在课程要素上的分布（内容）				
代数	1	22	19	+3
离散数学	2	59	60	-1
函数	5	65	62	+3
几何	11	54	56	-2
数字	14	65	65	0
概率	3	58	56	+2
统计	12	57	56	+1
在能力群上的分布（过程）				
再现能力群	11	75	75	0
联系能力群	24	58	58	0
反思能力群	13	47	46	+1
在“大概念”上的分布				
变化和关系	13	58	56	+2
数量	13	66	66	0
空间和图形	11	54	56	-2
不确定	11	56	56	0

注：以上只分析 PISA 2003 和 PISA 2006 共通的 48 项题目。

在三种能力群上，PISA 2003 和 PISA 2006 的结果一致。值得注意的是，在 PISA 2003 和 PISA 2006 的结果中都可以观察到同样的现象，即从再现能力群到联系能力群，再到反思能力群，成绩逐渐下降。但就数学内容而言，PISA 2003 和 PISA 2006 的结果则有差异，尤其是课程元素：代数、函数、概率和统计方面，PISA 2006 的答对率高于 PISA 2003；相反，几何和离散数学方面，PISA 2006 的答对率则低于 PISA 2003。就大概念而言，两轮评估在数量和不确定性上的表现似乎比较稳定，而在另外两个维度上表现出一定的差异：在 PISA 2006 中，变化和关系的答对率较高，而空间和形状的答对率较低。虽然这些差异都很有趣，但在统计学上并不显著。

由于自 PISA 2000+（2002 年 2 月进行）起，已开始评估空间和形状以及变化和关系这两个大概念，因此我们可以更详细地比较这几年学生在这两个维度上的成绩。表 4.15 展示了在这两个大概念上，从 PISA 2000+到 PISA 2003 再到 PISA 2006 的答对率。就变化和关系而言，PISA 2006 的答对率比 PISA 2003 提高了 3.4 个百分点，但是比 PISA 2000+下降了 1 个百分点。然而，在空间和形状方面，答对率却持续下降，从 PISA 2000+到 PISA 2003 下降了 2.6 个百分点，而从 PISA 2003 到 PISA 2006 更进一步下降了 5.1 个百分点。空间和形状，与学生处理几何课程中空间和几何的现象与关系的能力相关，变化和关系则包括掌握变化的数学形式，以及函数关系和变量之间依存关系的能力。这两个重要的数学维度的不同成绩表现，值得我们密切关注和检视。

表 4.15　PISA 2000+、PISA 2003 和 PISA 2006 香港学生在变化和关系及空间和形状上的答对率

	答对率			差异					
	PISA 2006	PISA 2003	PISA 2000+	2006－2003	标准差	2006－2000+	标准差	2003－2000+	标准差
变化和关系	57.8	54.4	56.9	3.4	(7.7)	0.8	(8.0)	-2.6	(6.7)
空间和形状	54.1	59.2	61.8	-5.1	(8.1)	-7.7	(8.3)	-2.6	(7.5)

注：所有差异在统计学上均不显著。

4.6　香港学生在数学素养上的性别差异

一般人相信，男生在数学领域要优于女生。整体来看，PISA 2006 也显示男生的数学表现优于女生。在 57 个参与国家或地区中，有 36 个国家或地区的男生表现显著优于女生。只有 7 个国家或地区表现出了反向差异，即女生表现优于男生，如图 4.4 所示。卡塔尔是唯一一个有显著反向差异（14 分）的国家。OECD 平均差异是男生成绩高于女生 11 分，在统计学上为显著差异。

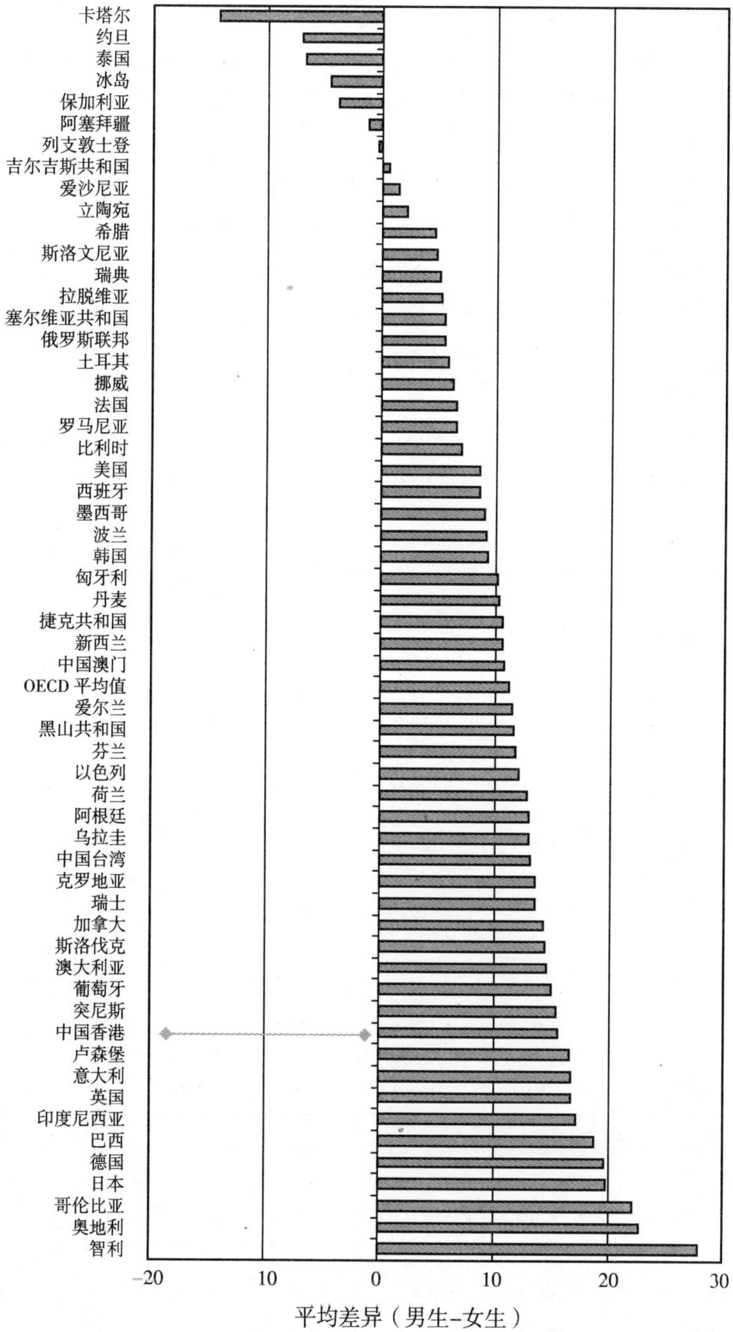

图 4.4　PISA 2006 数学素养的性别差异

智利有最大的性别差异（男生较优），其次是奥地利和哥伦比亚，男女生的成绩差异分别为 28、23 和 22 分。香港是 16 分，高于 OECD 平均值（11 分），在亚洲国家中排第 3，仅次于日本和印度尼西亚（差异分别为 20 分和 17 分）。

香港的性别差异，可通过不同百分位数上男生和女生的平均分来进一步分析。表 4. 16 列出了不同百分位数上男生和女生的表现，从中可以看出，当百分位数逐渐递增（从第 5 百分位数，到第 10、第 25、第 75、第 90，一直到第 95 百分位数），男生在数学素养上超出女生的分数也在逐渐增加。分数差异逐级累加，从第 5 百分位数的 5 分（统计学上无显著差异），到第 95 百分位数的 25 分。从第 50 百分位数往上的成绩差异，都是统计意义上的显著差异。换言之，根据 PISA 数学素养的分数，性别差异在较高分者及以上那里逐渐拉大。图 4. 5 描绘了 PISA 2006 中的这一现象。

表 4. 16 PISA 2006 不同百分位数上香港男生和女生数学素养成绩的比较

百分位数	男生		女生		差异（男生-女生）
	得分	标准差	得分	标准差	
第 5	388	(10.0)	383	(7.2)	5
第 10	428	(8.0)	418	(6.3)	10
第 25	493	(5.6)	480	(4.8)	13
第 50	560	(4.2)	544	(4.5)	16*
第 75	623	(4.4)	605	(5.2)	18*
第 90	675	(5.8)	654	(4.8)	20*
第 95	703	(7.1)	678	(6.0)	25*

* 显著性检验水平小于 0.05。

检视每个数学素养能力等级中男生和女生所占比例，也得出相似的结论，即男生成绩优于女生。男生在量表较高端部分的比例（即第 4—6 等级）要高于女生相应的比例；而在量表较低端部分（即第 3 等级或以下）情况刚好相反，男生的比例低于女生。图 4. 6 显示了这一模式。

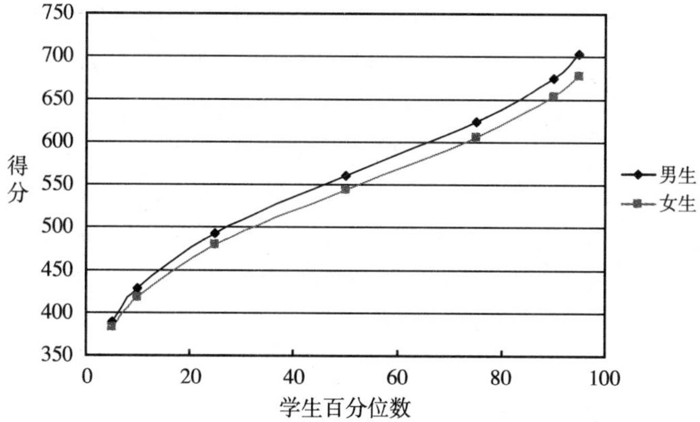

图 4.5　PISA 2006 不同百分位数上香港男生和女生数学素养成绩的比较

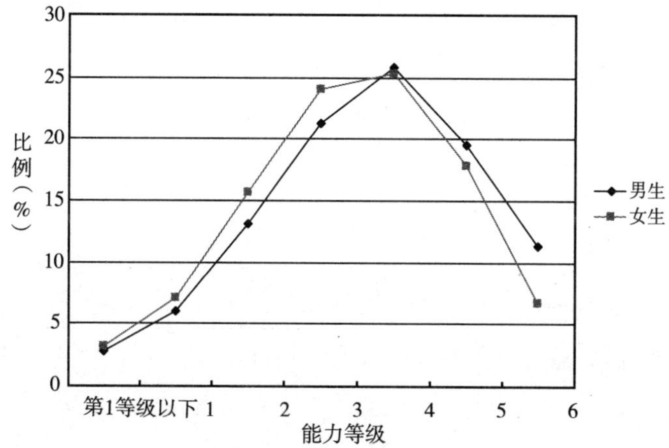

图 4.6　PISA 2006 数学素养能力量表不同等级上香港男生和女生的比例

当比较男生和女生在不同类型题目上的答对率时，上述的性别差异更为明显。表 4.17 列出了 48 项题目根据数学素养评估架构的维度进行分类的统计结果，即按照数学课程要素（内容）、能力群（过程）、情景（情境）、大概念以及题目类型划分。

表 4.17 PISA 2006 数学素养评估架构各个维度上香港男生和女生答对率的比较

维度/类型	题目数量（项）	答对率（%）			差异（%）（男生-女生）
		整体	男生	女生	
在课程要素上的分布（内容）					
代数	1	22	25	18	7
离散数学	2	59	59	60	-1
函数	5	65	67	62	5
几何	11	54	56	52	4
数字	14	65	66	64	2
概率	3	58	62	54	8
统计	12	57	59	55	4
在能力群上的分布（过程）					
再现能力群	11	75	76	74	2
联系能力群	24	58	60	56	4
反思能力群	13	47	49	45	4
在情景类型上的分布（情境）					
教育	7	58	60	55	5
“数学内”	1	16	19	14	5
职业	1	34	37	32	5
个人	9	67	68	65	3
公共	18	62	64	61	3
科学	12	54	56	52	4
在“大概念”上的分布					
变化和关系	13	58	60	56	4
数量	13	66	66	65	1
空间和图形	11	54	56	52	4
不确定	11	56	59	54	5
在题目类型上的分布					
简单多选题	12	68	70	67	3
复杂多选题	9	51	55	48	7
封闭题	6	73	73	72	1
开放题	11	47	48	45	3
简答题	10	59	60	58	2

从表中可以看到，男生几乎在所有方面的表现都优于女生，除了在课程要素的离散数学上女生略高于男生（高1个百分点）。课程要素中概率和代数的答对率性别差异最大（分别为8和7个百分点），尽管题目数量不多，不足以涵盖课程要素的内容。能力群、情景类型和题目类型的答对率性别差异也相类似。就能力群的比较而言，男生和女生在三种过程上的表现模式十分相似，即男生和女生在再现、定义与计算上的表现，都要优于在联系和反思上的表现，而联系和反思属于较高层次的思维技能。

PISA 2006 中香港学生的数学素养成绩性别差异为16分，达到统计学上的显著水平，并且高于 OECD 平均值（11分），也比 PISA 2003 的相应差异高（4分，统计学上不显著）。因此我们应警惕 PISA 2006 的性别差异。尽管 PISA 2000+与 PISA 2003 和 PISA 2006 不能作全面的比较，但是香港在 PISA 2000+中的性别差异也达到了18分，这也是大家应该警觉的。简言之，PISA 的研究结果一致显示，香港15岁学生的数学素养存在男生较优的性别差异。

4.7 总 结

本章总结了 PISA 教学素养的评估架构和香港15岁学生在数学范畴的成绩。本章提出了相关研究结果和发现，以说明香港15岁学生在数学上的表现，以及他们跟其他参与国家或地区学生的比较（尤其是与 OECD 平均值的比较）。本章还讨论了 PISA 评估架构的不同类别或维度（包括数学内容、过程和情境），以及 PISA 所采用的数学素养能力等级。此外，本章还分析了数学高分者和低分者之间的差异以及性别之间的差异。下面再重申 PISA 的几点重要结论。

（1）PISA 2006 和 PISA 2003 有充分的证据显示，接近完成初中教育的香港学生表现相当理想，让香港的数学素养综合量表的平均分数在所有参与国家或地区中名列前茅。

（2）香港达数学素养第5或第6等级的高成绩的学生，比例较高（远远高于 OECD 平均值，在57个参与国家或地区中名列第2）。而在量表的另一端，香港在第1等级或以下的学生比例较低（在57个参与国家或地区中排倒数第3）。

（3）香港低分者和高分者之间的差异尽管略高于 OECD 平均值，

但尚可接受。无论是低分者还是高分者，香港学生的表现都相应优于其他参与国家或地区的学生。

(4) 在 PISA 数学评估架构的所有维度或类别中，香港学生的成绩要优于 OECD 平均值，同时也优于许多其他参与国家或地区。而香港学生在要求再现能力的题目上的成绩，要好于要求联系能力的题目，更要好于要求反思能力的题目。

(5) 男生在数学素养上的表现胜过女生是普遍的性别差异现象。在 PISA 2006 中，57 个参与国家或地区中有 36 个国家或地区有显著的性别差异；香港也不例外，并且其差异超过了 OECD 平均值。就比较综合平均分数、不同百分位数学生的成绩，以及 PISA 架构中不同维度的答对率而言，性别差异持续出现于 PISA 2006 和 PISA 2003（以及 PISA 2000+，但 PISA 2000+与 PISA 2006 和 PISA 2003 不能作全面比较）之中。尤其需要注意的是，这种差异在最近的调查中达到了统计学上的显著水平。凡此种种，可能是表示性别不平等正在数学教室中徘徊不去，甚至根植于教育系统或者整个社会中，故此是值得我们关注的。这有待进一步研究去证明。

香港的教育在为学生作好准备，应对现今知识为本社会的挑战方面，究竟有多成功？对此，PISA 2006 提供了有用的参考。如果 PISA 评估框架能确实反映现代技术社会公民参与所需的数学素养，以及国家或地区在技术进步方面的国际竞争力所需的一般数学能力，那么香港 15 岁学生的表现相当令人满意。然而，我们仍需要以更全面的“数学素养”发展为目标，即发展所有数学能力：不只限于再现能力，也发展联系能力和反思能力，以及应用分布在广泛的情境中的四个数学“大概念”，并使两性都得到相当的能力提升。但无论如何，学校当局以及社会各界，可以透过 PISA 2003 和 PISA 2000+的研究结果，以及 PISA 清晰的评估架构，去理解香港学生的数学成绩，从而制定方针策略，提升学生的数学素养。

参考文献

Ho S C, Wong K M, Yip D Y, Chun K W, Law H Y, Sze M M, Lam C C, Chiu M M, Lo N K, Chung Y P, Tsang W K. 2005. The second HKPISA report: monitoring the quality of education in Hong Kong from an international perspective. Hong Kong: HKPISA

Centre，Chinese University of Hong Kong.

OECD. 2006. Assessing scientific，reading and mathematical literacy：a framework for PISA 2006. Paris：OECD.

OECD. 2007. PISA 2006：Science competencies for tomorrow's world：Volume 1：analysis. Paris：OECD.

第5章

PISA 2000+至PISA 2006香港15岁学生的科学成绩

叶殿恩

香港中文大学教育学院

课程与教学学系

5.1 前 言

在"学生能力国际评估计划"（PISA）中，OECD把科学素养定义为"运用科学知识，识别问题，以及凭证据作出结论的能力，以了解大自然及人类活动对大自然的影响，并作出相关的决策"，在设计用以评估学生科学素养的PISA题目时，均以此定义为依据。因此，在三轮PISA（PISA 2000+、PISA 2003和PISA 2006）研究中，所建构的科学题目皆用以测量学生"科学地解释现象"、"识别科学问题"和"运用科学证据"的能力。这三方面的能力凸显了基础科学教育的中心目标，以及个体在日常生活中发挥有效作用和就科学与技术相关事宜作出明智决策所应具备的基本素质。

测量"科学地解释现象"能力的题目，涉及"科学的知识"（knowledge of science)，包含对基本科学概念和理论的理解。测量"识别科学问题"和"运用科学证据"能力的题目，涉及"关于科学的知识"（knowleage about science)，即对科学本质的理解。（见表5.1）

表 5.1 PISA 评估的科学能力

科学地解释现象

- 在给定的情境中运用科学知识。
- 按科学方法描述或解释现象并预测变化。
- 识别恰当的描述、解释和预测。

识别科学问题

- 识别能按照科学方法进行调查的问题。
- 识别关键词来检索科学资料。
- 识别科学调查的主要特征。

运用科学证据

- 解释科学证据，得出结论并交流结论。
- 识别结论背后所隐含的假设、依据和推理。
- 反思科学和科技发展对社会的影响。

来源：OECD (2007)[36]。

具有科学素养的个体应有如下能力。

(1) 对科学原理有基本的理解，能够运用知识按科学方法解释现象和作出预测；

(2) 识别出可进行科研的问题，并能识别科学问题和科学调查的主要特征；

(3) 解释科学证据，作出结论，并与他人交流结论。

此外，一个具有科学素养的个体应能理解科学的力量和限制，认识科学和技术的发展对社会的影响。

PISA 研究将测量学生在这些能力上的表现，以评估其科学素养。

5.2 PISA 2006 科学题目的分布

表 5.2 和表 5.3，展示了三种科学能力（“科学地解释现象”、“识别科

学问题”和“运用科学证据”）在 PISA 2006 不同题目类型（比如，封闭题、开放题）上的分布，以及在不同知识类别上的分布（比如，“科学知识”以及“关于科学的知识”）。

表 5.2　PISA 2006 科学题目在题目类型上的分布

科学能力	封闭题（项）	开放题（项）	总计（项）	比例（%）
科学地解释现象	37（38）	16（17）	53（55）	47.4
识别科学问题	19（19）	5（6）	24（25）	21.6
运用科学证据	16（16）	15（20）	31（36）	31.0
总计	72（73）	36（43）	108（116）	

注：括号内的数字为相应的分数。

表 5.3　PISA 2006 科学题目在知识性质和知识系统上的分布

	题目数量（项）	比例（%）
在知识性质上的分布		
科学知识	62（64）	55.2
关于科学的知识	46（52）	44.8
在知识系统上的分布		
地球和空间系统	12（12）	18.8
生命系统	25（25）	39.1
物理系统	17（19）	29.7
科技系统	8（8）	12.5

注：括号内的数字为相应的分数。

值得注意的是，“关于科学的知识”和“科学的知识”在 PISA 2006 中是同样重要的。在知识系统中，PISA 对“生命系统”（占科学题目总数的 39.7%）予以了特别关注，原因是引起 15 岁学生兴趣的情境许多都是关于生命科学的。

5.3　PISA 2006 科学素养能力等级

PISA 2000+和 PISA 2003 都使用了一个独立量表，来测量学生的科学素养。在 PISA 2006 中，科学素养题目的设计建构出包含六个等级的科学素养能力量表（OECD，2007）[42-43]，以学生的分数来描述学生的科学素养。表 5.4 概述了每个能力等级上学生所能完成的任务。第 6 等级是科学素养能力的最高等级，分数是 707.9 分或以上。第 1 等级是科学素养能力的最低等级，分数介于 334.9—409.5 分。得分低于 334.9 分的学生被归为第 1 等级以下，平均来说，他们占 OECD 国家学生的 5.2%。这些学生之所以被归为第 1 等级以下，是由于他们在处理 PISA 最简单的任务时并不能展示出所需的科学能力。这样低水平的科学能力十分不利于他们将来融入社会。

表 5.4　PISA 2006 六个科学素养能力等级概述

等　级	学生素养程度指标
6	第 6 等级的学生可以在各种复杂的生命情景中，不断识别、解释并且运用科学知识和关于科学的知识。他们可以联系不同的信息源和解释，并且运用不同来源的证据来进行论证。他们可以清晰和连贯地展示出高层次的科学思维与推理能力，而且在面对不熟悉的科技情景时，也愿意运用他们对科学的理解来支持解难方法。这个等级的学生可以运用科学知识，并以论据来支持围绕个人、社会或全球的情景的建议和决定。
5	第 5 等级的学生可以识别多个复杂生活情景中所蕴涵的科学元素，并能够在这些情景中运用科学概念和关于科学的知识，亦能对比、挑选和评价合适的科学证据来回应生活情景。这个等级的学生可以对情景运用成熟的探究能力，适当地联系知识，并作出批判性的见解。他们可以通过批判性的分析，基于证据和论据去建构解释。
4	第 4 等级的学生可以有效地处理一些包括明确现象的情景和问题，并推论科学或技术在当中的角色。他们可以挑选和整合不同学科的科学或技术的解释，并将这些解释直接与生活情景相联系。这个能力等级的学生可以反思他们的行动，并且可以运用科学知识和证据来交流决定。
3	第 3 等级的学生可以识别出在一系列情境中清晰描述的科学问题。他们可以挑选论据和知识来解释现象，并能运用简单的模型或探究策略。这个能力等级的学生可以解释和运用来自不同学科的科学概念，并且能直接运用这些科学概念。他们可以运用论据形成简短的陈述，并基丁科学知识作出决定。

续表

等　级	学生素养程度指标
2	第 2 等级的学生有足够的科学知识对熟悉情境提供可能的解释，或者能透过简单的调查得出结论。他们能够进行直接的推理，对科学调查或技术解难的结果可以作字面上的解释。
1	第 1 等级的学生能加以利用的科学知识非常有限，而且只能在少数熟悉情境中运用。他们可以按照给定的证据作出显而易见的科学解释。

在 PISA 2006 中，第 2 等级是能力等级的基准线，在这个等级“学生开始可以展现出一定的科学能力，让他们能够有成效地参与同科学和技术有关的生活情景”（OECD，2007）[44]。在第 2 等级，学生能记述和运用与现实情境相关的基本科学信息，识别科学调查的关键特征，并能运用实验结果作出个人决定。

5.4 科学素养评估样题

PISA 的题目设在真实生活情景中，并且是为了评估科学素养而设计的，而非为了评估记述正确信息的能力。PISA 2006 科学素养评估架构有 36 个评估单元，共 108 项题目。OECD 于 2007 年向公众发布了部分单元的测试题目（OECD，2007）。为了说明科学素养评估的情境和能力性质，下文将描述“温室效应”单元的题目，以及评分的详细标准。这些题目将展示 PISA 所采用的两位代码的评分方法，这种代码系统能记录分数，并显示学生头脑中可能存有的其他科学概念。

5.4.1 样题 1–温室效应

温室效应

阅读文章并回答问题。

温室效应：事实还是幻想？

生物需要能量才能生存，而维持地球生命的能量是来自太阳。由于太阳非常炽热，因此将能量辐射到太空中。只有一小部分的能量会到达地球。

地球表面的大气层，就像包裹着我们的星球表面的毯子一样，保护着地球，使她不会像真空的世界那样，有极端的温差变化。

大部分来自太阳的辐射能量，会透过大气层进入地球。地球吸收了部分能量，其他则由地球表面反射回去。部分反射回去的能量，会被大气层吸收。

由于这个效应，地球表面的平均温度比没有大气层时的温度为高。大气层的作用就像温室一样，因此有了“温室效应”一词。

温室效应在二十世纪越来越显著。

事实显明，地球大气层的平均温度不断上升。报章杂志常说，二氧化碳排放量增加，是二十世纪气温上升的主要原因。

小德有兴趣研究地球大气层的平均温度和地球上二氧化碳排放量之间的关系。

他在图书馆找到下面两幅曲线图。

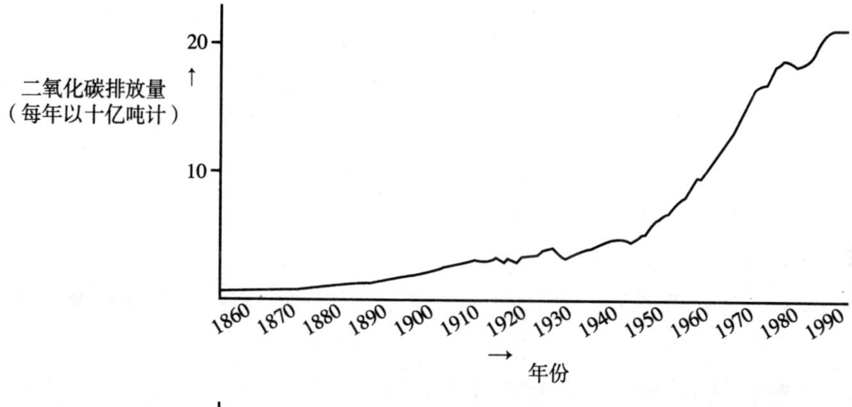

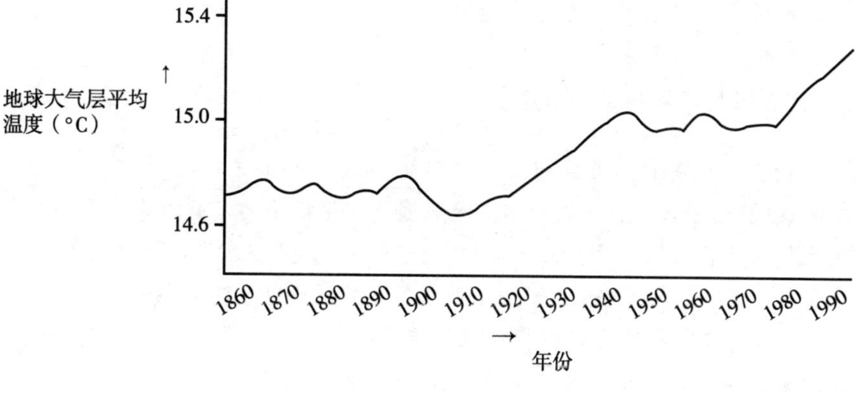

小德从曲线图得出结论，认为地球大气层平均温度的上升，显然是由二氧化碳排放增加而引起的。

温室效应-问题 3（S114Q03）

题目类型：开放题

能力：运用科学证据

知识类别："科学解释"（关于科学的知识）

应用范畴：环境

背景：全球

难度：529

答对率：53.95%

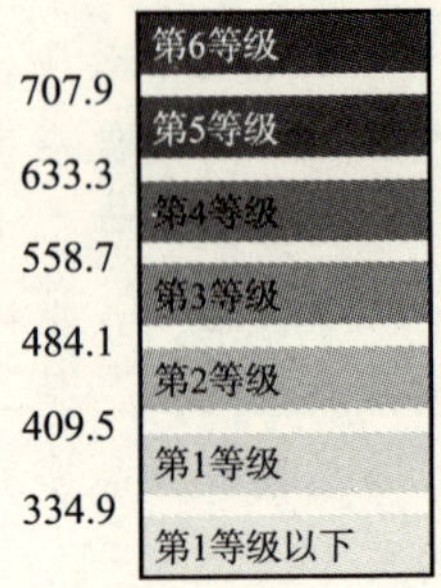

曲线图中有什么数据支持小德的结论？

评分

满分

指出（平均）温度与二氧化碳（CO_2）排放量均上升。

- 当排放量增加，温度增加。
- 两条曲线都在上升。
- 从两幅图可见，自 1910 年开始，温度与二氧化碳的排放量均开始上升。
- 当 CO_2 排放时，温度便会上升。
- 两幅图均显示了上升的趋势。
- 所有东西都在上升。
- CO_2 排放量越高，温度越高。

指出一般而言，气温与二氧化碳的排放量有正关系。

（注：这个代号旨在反映学生是否懂得运用以下的专有术语，例如："正关系"、"形状相似"及"成正比例"——虽然，严格来说，下列例子并不完全正确，但它反映了学生对题目有足够的了解，所以可以给予分数。）

- CO_2 的含量与地球的平均温度成正比。
- 曲线形状相似，表示两者之间有关系。

意见

就运用科学证据的能力而言，温室效应这一单元是第 3 等级的好例子。温室效应的问题 3 要求学生理解图解形式的证据，以及推断两幅线图能否支持温度和二氧化碳排放量都上升这一结论。学生需要判断从比较两幅线图中的数据所得的结论——温度和二氧化碳排放量两者相关联，是否有根据。学生首先要阅读一些说明文本，以评估问题的背景。学生如果能够辨别出两幅线图都随时间而上升，或两幅线图呈正相关，以支持结论，便能得分。这一环境问题对全球都有影响，因此背景界定为全球。学生需要理解以图解数据，因此这一问题属于“科学解释”类别。学生如果能够在这道第 3 等级的问题上得分，意味着他们可以辨别两幅线图中简单的数据模式，并以这一模式支持结论。

温室效应-问题 4（S114Q04）

题目类型：开放题
能力：识别科学问题
知识类别：“科学解释”（关于科学的知识）
应用范畴：环境
背景：全球
难度：满分 659；部分分数 568
答对率：34.49%

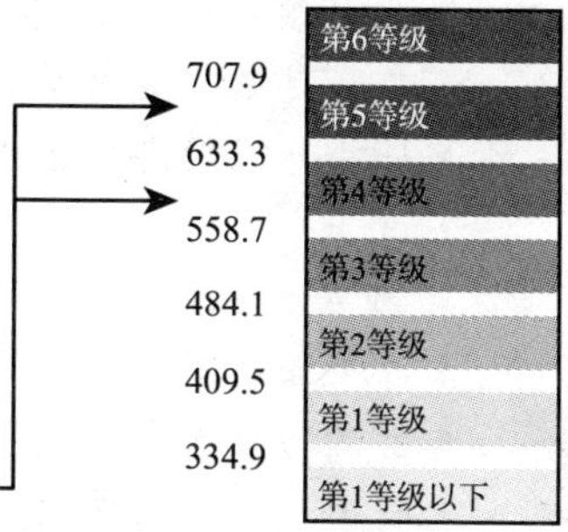

小德的同学小妮却不同意他的结论。她比较两幅曲线图，指出其中有些资料并不符合小德的结论。

请从曲线图中举出一项不符合小德结论的资料，并解释答案。

评分

满分

能够指出两幅图中，有哪一部分的曲线不是同时上升或下降，并作解释。

- （约）在 1900—1910 年这段时期，CO_2增加，但温度则下降。
- 1980—1983 年这段时间，CO_2 下降而温度则上升。
- 1800—1900 年这段时间，温度的变化不大，但第一幅图则持续上升。
- 1950—1980 年这段时间，温度没有上升，而 CO_2 却不断上升。

- 由 1940 年开始，至 1975 年，温度的变化不大，但二氧化碳则大幅增加。
- 1940 年的气温比 1920 年的高得多，但二氧化碳的排放则变化不大。

部分分数

指出了正确的时期，但没有给予解释。

- 1930—1933 年。
- 1910 年之前。

指出一个年份（而不是时期），并提供合理解释。

- 在 1980 年，排放量下降，温度则仍然上升。

举出了证据，证明小德的结论不是正确的，但却写错了时期。（注：这一错误必须有证据支持。例如：在图中有一处清楚表示出一个正确答案，但在转述数据时有错。）

- 1950—1960 年，温度下降，二氧化碳排放量却上升。

指出两条曲线的不同之处，但没有提及任何特定的时期。

- 在某些地方可以见到排放量下降，温度上升。
- 开始的时候，二氧化碳的排放量少，但温度却高。
- 在图一，可以见到有稳定的上升，但在图二则见不到上升，而是维持不变。（注："整体上"维持不变。）
- 因为开始时温度仍高，但二氧化碳则很低。

指出其中一幅图的趋势转变。

- 大约在 1910 年，可以见到温度下降，然后开始上升，并维持了一段时间。
- 在图二，可以见到刚好在 1910 年之前，地球温度下降。

指出了两幅图的分别，但未能清楚解释。

- 1940—1950 年，温度很高，但二氧化碳却非常低。（注：这个解释虽然差，但两者的分别却被清楚点出来了。）

意见

这道温室效应样题围绕运用科学证据的能力。学生需要识别图解中不能用来支持结论的部分。学生需要从两幅线图中，寻找与正相关不一致的特定差异。学生需要找出两条曲线并非同时上升或下降的部分，并运用这一发现为结论辩解。与问题 3 相比，解答这道题目需要更深层次的理解和分析技能。有别于概括两幅线图的关系，学生如要得分，必须指出差异出现的时期，并解释该差异。

如果学生能够有效地比较两组数据和评论给定的结论，便会得满分，达到科学素养能力量表的第 5 等级。如果学生明白问题需要他们如何作答，但未能解释差异，便会得部分分数，达到科学素养能力量表的第 4 等级。

这一环境问题与全球有关，因此背景界定为全球。学生需要理解以图解表达的数据，因此这一问题属于“科学解释”类别。

温室效应-问题 5（S114Q05）

题目类型：开放题

能力：科学地解释现象

知识类别：“地球和空间系统”（科学知识）

应用范畴：环境

背景：全球

难度：709

答对率：18.91%

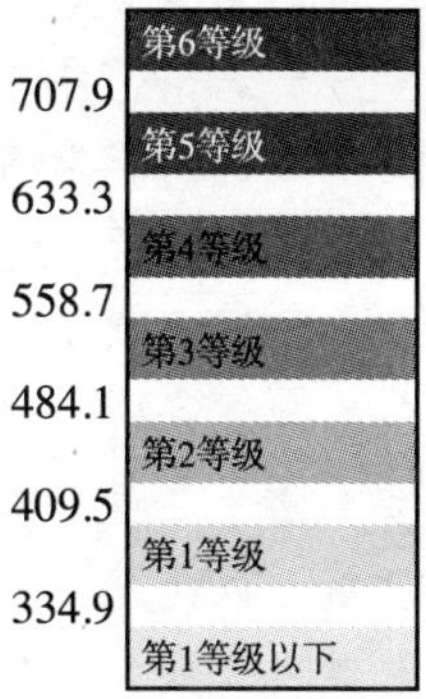

小德坚持自己的结论，即地球平均温度的升高，是由于二氧化碳排放的增加而引起的，但小妮则认为他的结论太草率。她说：“在接受这个结论之前，你必须确定在大气层内其他会影响温室效应的因素维持不变。”

请写出小妮所指的其中一个因素。

评分

满分

能够写出一个因素，该因素与太阳发出的能量或辐射有关。

- 太阳发热，又可能地球改变位置。
- 由地球反射回来的能量（假设“地球”是指“地面”）。

写出一个自然成分或污染物。

- 空气中的水蒸气/湿度。
- 云。
- 火山爆发活动。
- 大气层污染情况（气体、燃料）。
- 废气的数量。
- 含气氟烃（CFC）。
- 汽车数目。
- 臭氧（作为空气的一个成分）。（注：如学生填上臭氧层受破坏，请用代号 03。）

意见

温室效应问题 5 属第 6 等级，并涉及科学地解释现象的能力。学生需要分析结论，并考虑可能影响温室效应的因素。这道题综合了两方面的能力——识别科学问题，以及科学地解释现象。学生必须明白控制变化外的因素和变量这一需要，并识别这些变量。学生必须对地球系统有充分认识，以辨别至少一个受控变量。后一准则是这道题的关键技巧，属科学地解释现象。这一环境问题与全球有关，因此背景界定为全球。

学生要得分的第一个步骤是识别变化和变量，以及对研究方法有充分理解，以此辨认其他因素的影响。此外，学生亦需辨认情境中的情节，以及其主要部分。判断什么“其他”因素可能影响地球温度和二氧化碳排放量的过程，涉及一定数量的抽象概念和概念之间的关系。因此，这道题目属介于第 5 和第 6 等级之间的科学地解释现象类别。

5.5 香港学生科学素养概况

5.5.1 整体表现

透过比较所有参与国家或地区在 PISA 2006 中的平均成绩，可评价香港学生科学素养成绩在国际上的水平。表 5.5 比较了不同地区在科学量表上的平均成绩，并展示了在统计学上成绩高于、等于和低于 OECD 平均值的地区。

香港学生在 57 个参与国家或地区中排名第 2，香港的平均分数是 542

分，标准差是 2.0。香港的分数在统计学上低于芬兰（平均分数是 563 分），但是却高于其他国家或地区。这表明，在 PISA 科学素养研究中（从 PISA 2000+到 PISA 2003，再到 PISA 2006），香港学生的表现一直都处于前列位置。

表 5.5　PISA 2006 参与国家或地区科学素养的平均成绩

国家/地区	平均值	标准差	显著差异
芬兰	563	(2.0)	▲
中国香港	542	(2.5)	—
加拿大	534	(2.0)	▼
中国台湾	532	(3.6)	▼
爱沙尼亚	531	(2.5)	▼
日本	531	(3.4)	▼
新西兰	530	(2.7)	▼
澳大利亚	527	(2.3)	▼
荷兰	525	(2.7)	▼
列支敦士登	522	(4.1)	▼
韩国	522	(3.4)	▼
斯洛文尼亚	519	(1.1)	▼
德国	516	(3.8)	▼
英国	515	(2.3)	▼
捷克共和国	513	(3.5)	▼
瑞士	512	(3.2)	▼
中国澳门	511	(1.1)	▼
奥地利	511	(3.9)	▼
比利时	510	(2.5)	▼
爱尔兰	508	(3.2)	▼
匈牙利	504	(2.7)	▼
瑞典	503	(2.4)	▼
波兰	498	(2.3)	▼
丹麦	496	(3.1)	▼
法国	495	(3.4)	▼
克罗地亚	493	(2.4)	▼
冰岛	491	(1.6)	▼
拉脱维亚	490	(3.0)	▼
美国	489	(4.2)	▼
斯洛伐克	488	(2.6)	▼
西班牙	488	(2.6)	▼

续表

国家/地区	平均值	标准差	显著差异
立陶宛	488	(2.8)	▼
挪威	487	(3.1)	▼
卢森堡	486	(1.1)	▼
俄罗斯联邦	479	(3.7)	▼
意大利	475	(2.0)	▼
葡萄牙	474	(3.0)	▼
希腊	473	(3.2)	▼
以色列	454	(3.7)	▼
智利	438	(4.3)	▼
塞尔维亚共和国	436	(3.0)	▼
保加利亚	434	(6.1)	▼
乌拉圭	428	(2.7)	▼
土耳其	424	(3.8)	▼
约旦	422	(2.8)	▼
泰国	421	(2.1)	▼
罗马尼亚	418	(4.2)	▼
黑山共和国	412	(1.1)	▼
墨西哥	410	(2.7)	▼
印度尼西亚	393	(5.7)	▼
阿根廷	391	(6.1)	▼
巴西	390	(2.8)	▼
哥伦比亚	388	(3.4)	▼
突尼斯	386	(3.0)	▼
阿塞拜疆	382	(2.8)	▼
卡塔尔	349	(0.9)	▼
吉尔吉斯共和国	322	(2.9)	▼

注："▲"表示分数显著高于香港的得分；"▼"表示分数显著低于香港的得分。

5.5.2 不同成就水平学生的表现

另外一种分析香港学生相对于其他国家或地区学生的科学素养整体水平的方式，是把香港不同百分位数学生的科学成绩与OECD相应学生群体的平均值相比较（见表5.6）。

表 5.6　PISA 2006 香港不同百分位数学生的科学成绩与 OECD 平均值的比较

百分位数	香　港		OECD 平均值		得分差异
	得分	标准差	得分	标准差	(香港-OECD)
第 5	380	(6.2)	340	(1.0)	40***
第 10	418	(6.1)	375	(0.9)	43***
第 25	482	(3.6)	434	(0.7)	47***
第 50	549	(2.8)	492	(1.3)	57***
第 75	609	(2.8)	568	(0.6)	41***
第 90	655	(3.5)	622	(0.7)	33***
第 95	682	(3.1)	652	(0.8)	30***

***显著性检验水平小于 0.001。

在各百分位数上，香港学生的成绩都要高于 OECD 平均值。这表明，与国际平均水平相比，香港学生的科学素养在所有能力范围上都达到了较高水平。若以曲线图来显示，这个趋势会更加明确（见图 5.1）。香港学生，包括低成就组和高成就组，都优于 OECD 学生的表现。

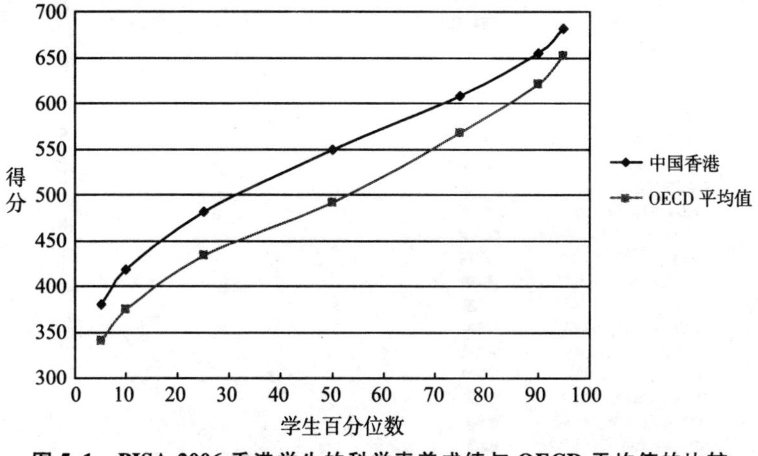

图 5.1　PISA 2006 香港学生的科学素养成绩与 OECD 平均值的比较

5.6　科学素养能力等级分布

在当今社会，能运用新科技的新劳动力，其科学素养的基本能力至为重要，而较高等级的科学素养能力对于新科技的创造和革新则更为关键。因此，PISA 特别关注科学素养方面的基本能力以及高等级能力的评估。图 5.2 展现了在科学素养能力量表上不同等级的学生的比例，并界定第 2 等级为能力等级的基准线。

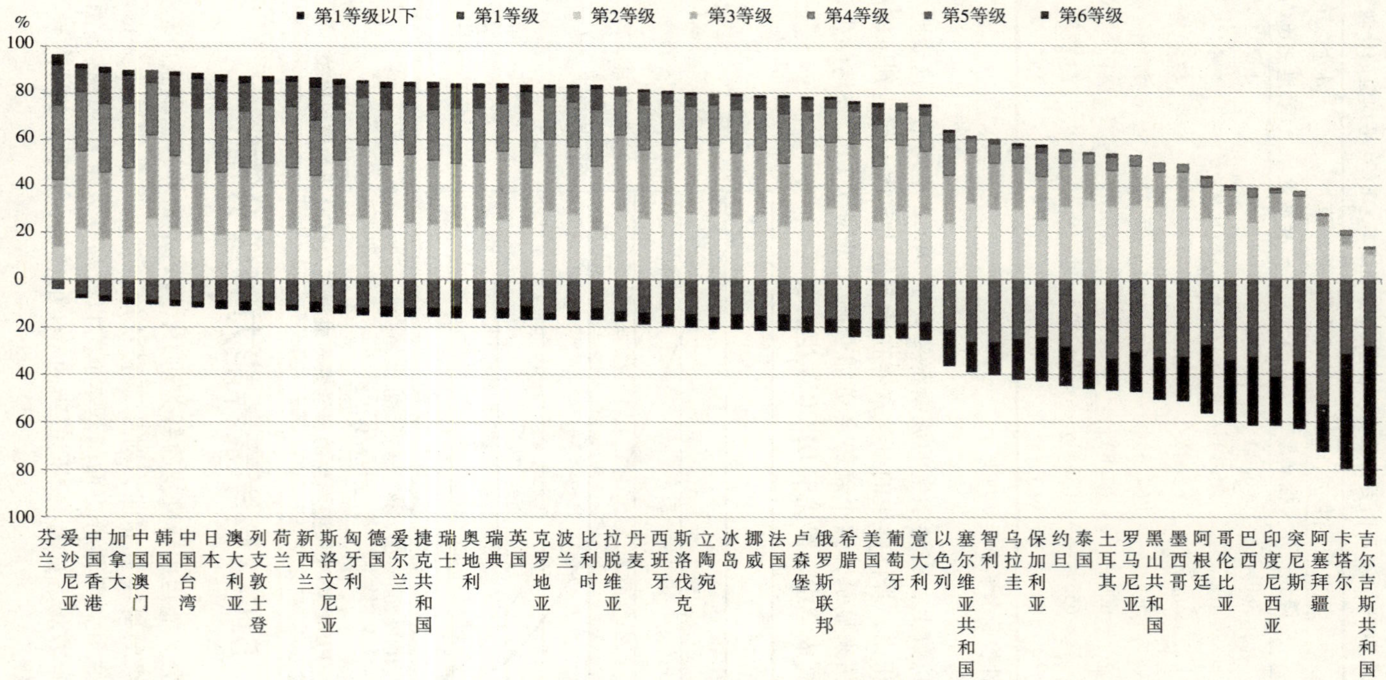

图 5.2　学生在科学量表上每个能力等级所占比例

注：按 15 岁学生在第 2、第 3、第 4、第 5 和第 6 等级的比例以降序排列国家或地区。

来源：OECD PISA database 2006（Table 2. 1a）。

对于那些经济发展极度依赖技术运用和进步的国家来说，拥有充足的具有高科学素养的劳动人口，是经济增长和社会发展的决定因素。越来越多的证据表明，具有较高科学素养能力水平的个体（即第 5、第 6 等级），在知识创造和运用方面发挥着不可或缺的作用（OECD，2007）[49]。这意味着一个拥有大量具有科学素养的公民的社会，相比那些拥有具有较少科学素养的公民的社会，更有能力在各个领域发展改革，促进技术进步，并为经济发展提供更优秀的劳动力（Hanushek，Woessmann，2007）。由此，处于科学素养能力量表最高端，即第 5 和第 6 等级的学生，将会在经济发展和技术进步方面具有更大的潜力。

表 5.7　PISA 2006 香港学生在各科学素养能力等级上的比例与 OECD 平均值的比较(%)

能力等级	香　港	OECD 平均值	差异（香港-OECD 平均值）
6	2.1	1.3	0.8*
5	13.9	7.7	6.1*
（第 5 和第 6 等级）	15.9	9.0	
4	29.7	20.3	9.4*
3	28.7	27.4	1.3
2	16.9	24.0	-7.1*
（第 2 等级及以上）	91.3	80.7	
1	7.0	14.1	-7.0*
第 1 等级以下	1.7	5.2	-3.4*

* 显著性检验水平小于 0.05。

平均来讲，9.0% 的 OECD 国家学生处于科学素养能力量表的高端，即第 5 和第 6 等级（见表 5.7）。在这两个等级中学生比例较多的国家或地区是：芬兰（20.9%）、新西兰（17.6%）、中国香港（15.9%）、日本（15.1%）、澳大利亚（14.6%）以及中国台湾（14.6%）。只要这些国家或地区的高等教育系统能给予学生进一步发展技能的机会，而它们的劳动力市场亦能提供具有吸引力的与科学相关的工作，这些国家或地区就很有可能产生大量有才能的科学家。

相反，只拥有少量第 5 或第 6 等级的学生的国家，它们在发展知识导向型产业时，或在维持这类产业所需的劳动力时，将会处于不利的地位。在 PISA 2006 的 57 个参与国家或地区中，接近一半的国家或地区（25 个）出现了这种情况，它们的 15 岁学生在第 5 或第 6 等级所占的比例少于 5%。

香港学生在 PISA 2006 中的表现表明，香港教育系统成功地使大多数学生掌握了基本科学素养（91% 的学生属第 2 等级及以上）。此外，相对于 OECD 国家，香港已经培养了大量具有成为优秀科学家潜质的学生（15.9% 的学生属第 5 和第 6 等级）。

5.7 在科学素养不同部分的表现

要了解香港学生在科学素养不同方面的强项和弱项，可以将香港学生于科学素养架构中三个能力的成绩与 OECD 国家的相比较（见图 5.3）。

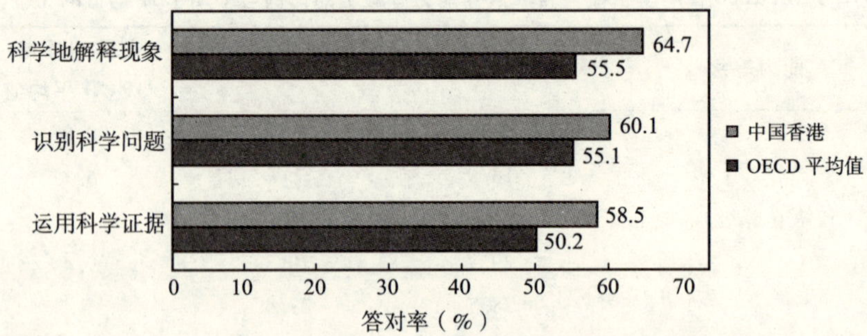

图 5.3 PISA 2006 中香港在科学素养不同部分的答对率和 OECD 平均值的比较

参考图 5.3 中 OECD 平均值可以看出，所有 OECD 国家的 15 岁学生在三种能力上的表现都相对较为一致，答对率的变化幅度从 50.2% 到 55.5%，而“运用科学证据”题目的答对率最低。香港学生在三种能力上的得分都高于 OECD 平均值。并且，香港学生在“科学地解释现象”方面表现尤为突出。香港学生这种成绩倾向，与其在前两轮 PISA 中的表现一致。

我们也可透过一个国家或地区在每种能力上的得分与整体科学得分的差异，了解该国家或地区在科学能力上的相对强项或弱项（见表 5.8）。这可以显示出该国家或地区在科学教育中需要予以加强的方面。

表 5.8 显示，与整体平均分 542 分相比较，香港学生在“科学地解释现象”上得分 549 分，高出 7 分，在“识别科学问题”上得分 528 分，低了 14 分，而在“运用科学证据”上得分 542 分，等同于整体平均分。这些结果显示，香港的科学教育基本上是受传统科学教学影响，因而重视获取科学知识，但较少注重科学调查方法，比如如何识别一个科学问题，以及如何构想和检验假设等。一个学生如果只学会了科学理论，但是却不能衡量科学证据或解释科学发现，

这将限制他/她在今后生活中运用科学，因此不能称得上是一个充分具有科学素养的人。根据这一看法，那些在“识别科学问题”和“运用科学证据”方面表现相对较弱的国家或地区，应该考虑如何使学生能够学会更广泛的科学技能。表5.9列出了在“识别科学问题”或/以及“运用科学证据”方面表现相对较弱，而在“科学地解释现象”方面表现相对较强的国家或地区，其中包括香港。

表5.8　PISA 2006科学素养不同能力的成绩比较

代表该量表较综合科学量表高20分或以上
代表该量表较综合科学量表高10—19.99分
代表该量表较综合科学量表高0—9.99分

代表该量表较综合科学量表低20分或以上
代表该量表较综合科学量表低10—19.99分
代表该量表较综合科学量表低0—9.99分

国家/地区	整体科学得分	能力量表与综合量表的成绩差异		
		能　力		
		识别科学问题	科学地解释现象	运用科学证据
芬兰	563	−8	3	4
中国香港	542	−14	7	0
加拿大	534	−3	−4	7
中国台湾	532	−24	13	−1
爱沙尼亚	531	−16	9	0
日本	531	−9	−4	13
新西兰	530	6	−8	6
澳大利亚	527	8	−7	4
荷兰	525	8	−3	1
列支敦士登	522	0	−6	13
韩国	522	−3	−11	16
斯洛文尼亚	519	−2	4	−3
德国	516	−6	3	0
英国	515	−1	2	−1
捷克共和国	513	−12	15	−12
瑞士	512	3	−4	7
中国澳门	511	−21	9	1
奥地利	511	−6	6	−6

续表

国家/地区	整体科学得分	能力量表与综合量表的成绩差异		
		能力		
		识别科学问题	科学地解释现象	运用科学证据
比利时	510	5	−8	6
爱尔兰	508	8	−3	−2
匈牙利	504	−21	14	−7
瑞典	503	−5	6	−7
波兰	498	−15	8	−4
丹麦	496	−3	3	−7
法国	495	4	−14	16
克罗地亚	493	0	−1	−3
冰岛	491	3	−3	0
拉脱维亚	490	−1	−3	1
美国	489	3	−3	0
斯洛伐克	488	−13	13	−11
西班牙	488	0	2	−4
立陶宛	488	−12	7	−1
挪威	487	3	9	−14
卢森堡	486	−3	−3	5
俄罗斯联邦	479	−17	4	1
意大利	475	−1	4	−8
葡萄牙	474	12	−5	−2
希腊	473	−5	3	−8
以色列	454	3	−10	6
智利	438	6	−6	1
塞尔维亚共和国	436	−5	5	−11
保加利亚	434	−7	10	−17
乌拉圭	428	1	−5	1
土耳其	424	4	−1	−7
约旦	422	−13	16	−17
泰国	421	−8	−1	2
罗马尼亚	418	−9	7	−11

续表

国家/地区	整体科学得分	能力量表与综合量表的成绩差异		
		能　力		
		识别科学问题	科学地解释现象	运用科学证据
黑山共和国	412	-11	5	-5
墨西哥	410	12	-3	-7
印度尼西亚	393	9	1	-8
阿根廷	391	4	-5	-6
巴西	390	8	0	-12
哥伦比亚	388	14	-9	-5
突尼斯	386	-2	-2	-4
阿塞拜疆	382	-30	30	-38
卡塔尔	349	3	7	-25
吉尔吉斯共和国	322	-1	12	-34

来源：OECD PISA database 2006(Tables 2. 1c, 2. 2c, 2. 3c, 2. 4c, 2. 7, 2. 8, 2. 9, 2. 10)。

表 5.9　在“科学地解释现象”方面表现较出色，而在其他能力上相对较弱的国家或地区

图例	说明	图例	说明
大小圆点	相对优势较小（0—9.99 分）	白色	相对劣势较小（0—9.99 分）
深灰	相对优势中等（10—19.99 分）	小圆圈	相对劣势中等(-10—19.99 分)
黑色	相对优势较大（≥20 分）	浅灰	相对劣势较大（≤-20 分）

	科学得分	（标准差）	识别科学问题	科学地解释现象	运用科学证据
“识别科学问题”上表现较为逊色的国家或地区					
中国香港	542	(2.5)	-14	7	6
爱沙尼亚	531	(2.5)	-16	9	0
中国澳门	511	(1.1)	-21	9	1
荷兰	498	(2.3)	-15	8	-4
立陶宛	488	(2.8)	-12	7	-1
俄罗斯联邦	479	(3.7)	-17	4	1
“运用科学证据”和“识别科学问题”上表现较为逊色的国家或地区					
捷克共和国	513	(3.5)	-12	15	-12
匈牙利	504	(2.7)	-21	14	-7
斯洛伐克	488	(2.6)	-13	13	-11
约旦	422	(2.8)	-13	16	-17
阿塞拜疆	382	(2.8)	-30	30	-38

图 5.4 展示了香港学生在三种科学素养能力上的相对优劣情况。这一优劣情况可归因于香港的科学教学模式。在香港的科学教学中，学生通常都是根据特定配方完成实践课，即要遵循详细的指示按部就班地完成实践活动。学生很少有自主设计或计划科学调查的机会，而这些机会对于发展识别科学问题的能力非常重要。科学教学可以设计更多在调查中识别问题和设立假设的机会，从而弥补学生在识别科学问题能力上发展的不足。这样的转变可以使教学重点从菜单型的实验，转为让学生自主开动的实践活动。

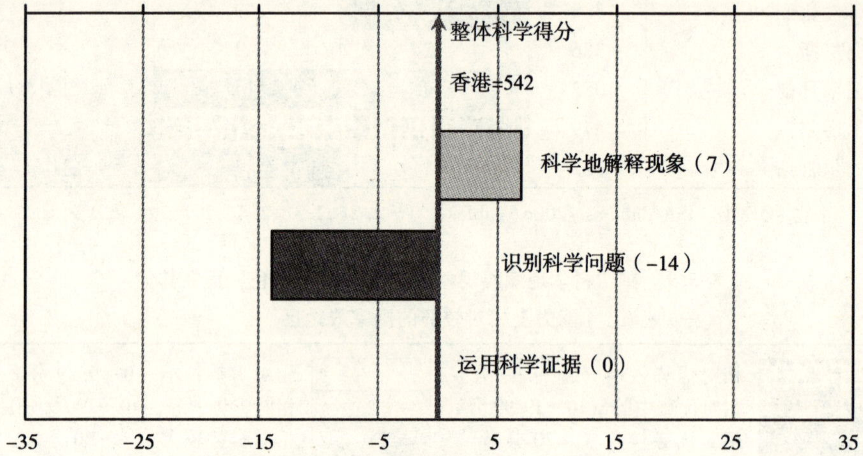

图 5.4　香港学生在三种科学素养能力上的相对优劣情况

5.8　香港学生在科学素养上的性别差异

5.8.1　香港和其他国家或地区在科学素养上的性别差异

图 5.5 显示了 PISA 2006 参与国家或地区在科学素养成绩上的性别差异。PISA 2006 中，有 8 个国家男生的表现在统计学上优于女生（智利、英国、卢森堡、巴西、丹麦、荷兰、墨西哥和瑞士）。有 12 个国家女生的表现在统计学上优于男生（卡塔尔、约旦、保加利亚、泰国、阿根廷、土耳其、希腊、立陶宛、斯洛文尼亚、阿塞拜疆、拉脱维亚和吉尔吉斯共和国）。其余 37 个国家或地区的科学成绩在统计学上并无性别差异，其中包括中国香港。

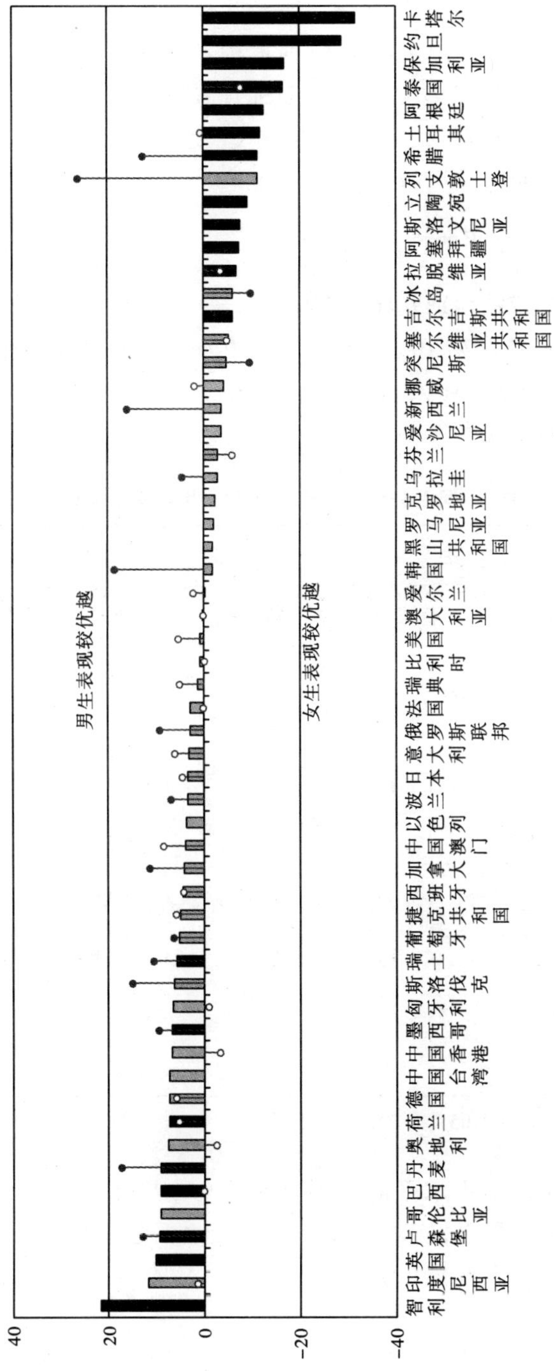

PISA 2006 的性别差异：■ 统计学上显著　■ 统计学上不显著

PISA 2003 的性别差异：• 统计学上显著　∘ 统计学上不显著

图 5.5　PISA 2006 和 PISA 2003 科学素养的性别差异

不同国家或地区之间的性别差异，似乎并没有一致的倾向。比如“高分”与“低分”的国家之间，或亚洲与西方国家之间，性别差异并没有固定的倾向。科学素养的性别差异可能是多种背景因素造成的，比如教育政策、学习环境、社会文化背景，甚至问题形式，这些因素可能对其中一个性别更为有利（Yip，Chiu，Ho，2004）。

5.8.2 不同能力水平的性别差异

香港的整体科学成绩性别差异并不显著（见表5.10）。在最低的两个能力水平（第5百分位数和第10百分位数），女生表现略优于男生，而在其余百分位数上，男生表现则优于女生。但是这些差异（除了在第95百分位数上的差异）在统计学上都并不显著。

表5.10 PISA 2006不同百分位数香港男生和女生科学素养成绩的比较

百分位数	男生		女生		差异（男生-女生）
	得分	标准差	得分	标准差	
第5	376	(7.8)	384	(5.9)	-8
第10	414	(7.6)	421	(6.1)	-7
第25	483	(5.1)	481	(4.7)	2
第50	554	(3.6)	544	(4.3)	10
第75	614	(3.8)	603	(4.2)	11
第90	661	(5.1)	650	(3.8)	11
第95	689	(5.1)	675	(4.3)	14
总计	539	(3.5)	546	(3.5)	7

* 显著性检验水平小于0.05。

图5.6显示了不同能力水平的性别差异的总体趋势。在较低百分位数上，女生表现略为优于男生，而在较高百分位数水平上，男生表现则略为优于女生，但是整体上性别差异并不显著。

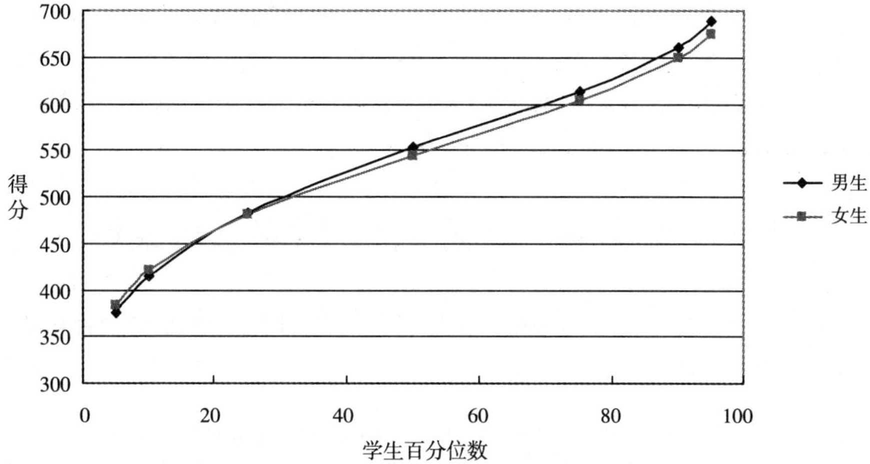

图 5.6　PISA 2006 不同百分位数香港男生和女生科学素养成绩的比较

5.8.3　科学素养能力的性别差异

香港学生整体科学素养得分在统计学上虽然并无显著的性别差异，但是女生和男生在科学素养架构中的各种能力上，或许有不同表现。从表 5.11 可看到，男生在"科学地解释现象"和"运用科学证据"方面优于女生，在"识别科学问题"方面表现则相对较弱。但是，在 PISA 2000+和 PISA 2003 中这些差异在统计学上都并不显著。

表 5.11　PISA 2006 不同科学素养能力范畴中香港男女生的成绩比较

能　力	性　别	答对率
科学地解释现象	男生	66.6
	女生	62.9
识别科学问题	男生	58.9
	女生	61.2
运用科学证据	男生	59.2
	女生	57.7

从上文的分析可看到，在几轮 PISA 研究中，男生和女生在科学素养中各种同上的成绩，在统计学上并无显著差异。但这提醒了我们在设计一个可以有效评估女生和男生科学素养的测验时，要考虑测验应包括什么类型的题

目。如果一个测验有大部分题目都是评估对科学知识的理解，这个测验可能对男生有利；如果一个测验中既要评估学生对科学知识的理解，又要考查学生的科学探究过程，并且两类题目的比例亦均衡，那么科学素养的性别差异又可能不一样（Yip，Chiu，Ho，2004）。

5.9 香港学生历届 PISA 科学素养成绩

表 5.12 列出了在三轮 PISA 中，科学题目在不同能力和不同题目格式上的分布情况。

表 5.12 PISA 2000+、PISA 2003 和 PISA 2006 科学题目的分布情况

能力	封闭题（项）	开放题（项）	总计（项）	比例（%）
PISA 2000+				
科学地解释现象	12（13）	4（4）	16（17）	43
识别科学问题	6（6）	3（4）	9（10）	26
运用科学证据	5（5）	5（7）	10（12）	31
总计	23（24）	12（15）	35（39）	100
PISA 2003				
科学地解释现象	11（11）	5（6）	16（17）	47
识别科学问题	4（4）	3（3）	7（7）	20
运用科学证据	6（6）	5（6）	11（12）	33
总计	21（21）	13（15）	34（36）	100
PISA 2006				
科学地解释现象	37（38）	16（17）	53（55）	47
识别科学问题	19（19）	5（6）	24（25）	22
运用科学证据	16（16）	15（20）	31（36）	31
总计	72（73）	36（43）	108（116）	100

注：括号内的数字为相应的分数。

PISA 考查的三个能力领域中，“科学地解释现象”占大概一半的分数，这个领域与“科学知识”及其运用有关。而另外一半的分数则被分配给了其他两个能力领域（即“识别科学问题”以及“运用科学证据”），这两个领域与“关于科学的知识”相关。评估经常用到封闭题（比如多选题和简答题），同时也采用大量的开放题，这些题目对学生的交流技能以及分析和组织能力有较高要求。开放题主要评估“关于科学的知识”。

由于科学是 PISA 2006 的重点评估范畴，所以与前两轮 PISA 相比，PISA 2006 中关于科学素养评估的题目量大大增加。而 PISA 2000+与 PISA 2003 的重点评估范畴分别是阅读素养和数学素养。同时，PISA 2006 比前两轮评估更强调“按科学的方法解释现象”。

尽管三轮 PISA 的题目数量以及重点强调的能力领域有所不同，但是在这一阶段，仍然值得检视学生从 PISA 2000+到 PISA 2006 的科学素养表现。在5.9这一小节，将对香港学生在三轮 PISA 中的成绩作出初步的比较，以回答下面的问题。

(1) 在这三轮 PISA 评估中，香港学生的科学素养是否有显著的变化?

(2) 在这三轮 PISA 评估中，香港学生在不同科学素养能力领域的表现是否有所不同?

5.9.1 比较的方法

我们可以通过几种方法来比较香港学生在三轮 PISA 中的成绩。其中一种方法是比较在三轮 PISA 中所得的标准分。这种方法的优点是，学生的成绩可以与国际标准作对比，从而使我们可以从国际角度来评价我们学生的成绩。但是，运用这种方法须假设三轮评估都使用相同的标准，而实际情况可能并非如此。此外，一个国家或地区的分数，可能会受其他国家或地区的表现的影响，这会引致所作的比较更易受到外界因素的影响。

另外一种方法是比较学生在三轮 PISA 共有题目上的得分情况，这似乎可以更为有效地比较一个特定的国家或地区中不同学生群体的能力，因为这种方法是对不同组别的学生在共有题目上作更为直接的比较。这种方法的另一优点是，可以更加明确地分析学生在科学素养架构中不同能力领域的成绩，尽管分析的效度可能会受到三轮 PISA 共有题目数量的限制。在下面的讨论中，将采用这种分析方法。

5.9.2 中四学生的整体成绩

香港学生参加第一轮 PISA 研究（PISA 2000+）的时间是 2002 年 2—3 月，参加 PISA 2003 的时间是 2003 年的 5—6 月，而参加 PISA 2006 的时间是 2006 年的 5—6 月。因为三轮评估在不同年份和月份进行，15 岁学生在不同学龄段的分布都会有所不同，特别是在 PISA 2000+。比较不同群体学生的成绩时，需要特别考虑这一点。

如表 5.13 所示，学生样本在三轮 PISA 评估中的年级分布是不同的。而不同的年级构成比例可能会影响学生的整体分数。特别值得关注的是，PISA 2000+的年级分布与其他两轮 PISA 评估大不相同。具体来讲，与另两轮评估相比，PISA 2000+的样本中，中五学生所占的比例较高，而中一到中三学生所占的比例相对较少。由于中一到中三以及中五的学生，在 PISA 2000+中的比例与其他两轮评估很不对应，因此在此选择中四（10 年级）的学生作为分析对象，三轮 PISA 的学生样本亦大多数是中四学生。

表 5.13　PISA 2000+、PISA 2003 和 PISA 2006 中香港学生的年级分布

年　级	PISA 2000+		PISA 2003		PISA 2006	
	人数	百分比	人数	百分比	人数	百分比
7/中一	135	3.1	211	4.7	104	2.3
8/中二	280	6.4	439	9.8	421	9.1
9/中三	524	11.9	1 132	25.3	1 134	24.4
10/中四	2 695	61.2	2 692	60.1	2 978	64.1
11/中五	767	17.4	4	0.1	5	0.1
12/中六	4	0.1	0	0.0	0	0.0
总计	4 405	100.0	4 478	100.0	4 645	100.0

表 5.14 列出了中四学生在三轮 PISA 共有题目上的成绩。三轮 PISA 评估中有 14 项共有题目，其中 7 项题目与“科学地解释现象”有关，5 项题目与“识别科学问题”有关，另外 2 项题目与“运用科学证据”有关。

表 5.14 香港中四学生在 PISA 2000+、PISA 2003 和 PISA 2006 共有题目上的成绩

题号	能力	题目类型	难度指数（%）			难度差异(%)(2003-2000+)	p-value(2003-2000+)	难度差异(%)(2006-2003)	p-value(2006-2003)	难度差异(%)(2006-2000+)	p-value(2006-2000+)	整体 p-value
			PISA 2000+	PISA 2003	PISA 2006							
S131Q02	科学地解释现象	开放题	65.7	67.0	68.9	1.3	0.634	1.9	0.489	3.2	0.233	0.344
S213Q02	科学地解释现象	多选题	87.9	90.7	93.7	2.8	0.107	3.0	0.023	5.9	0.000	0.000
S256Q01	科学地解释现象	多选题	92.5	92.6	94.0	0.1	0.958	1.4	0.244	1.5	0.262	0.389
S268Q06	科学地解释现象	多选题	55.4	59.9	61.9	4.5	0.197	2.0	0.510	6.5	0.056	0.040
S269Q01	科学地解释现象	开放题	80.8	81.9	83.3	1.0	0.618	1.5	0.467	2.5	0.210	0.381
S269Q03	科学地解释现象	开放题	78.9	84.0	88.3	5.1	0.014	4.2	0.017	9.4	0.000	0.000
S269Q04	科学地解释现象	多选题	60.8	70.7	72.9	9.9	0.000	2.2	0.397	12.1	0.000	0.000
S114Q05	识别科学问题	开放题	23.4	29.2	34.1	5.8	0.219	4.9	0.223	10.7	0.024	0.000
S131Q04	识别科学问题	开放题	16.2	53.7	52.4	37.6	0.000	-1.3	0.686	36.2	0.000	0.000
S213Q01	识别科学问题	多选题	41.3	57.4	70.1	16.1	0.000	12.7	0.000	28.8	0.000	0.000
S268Q01	识别科学问题	多选题	68.9	73.8	74.8	4.9	0.086	1.0	0.677	5.9	0.033	0.031
S268Q02	识别科学问题	开放题	59.6	47.6	54.5	-11.9	0.001	6.8	0.044	-5.1	0.138	0.000
S114Q03	运用科学证据	开放题	70.3	78.5	79.4	8.2	0.003	0.9	0.698	9.1	0.001	0.000
S114Q04	运用科学证据	开放题	54.9	58.0	59.6	3.2	0.375	1.6	0.611	4.7	0.173	0.192
		整体	68.8	71.9	74.4	3.0	0.000	2.6	0.000	5.6	0.000	0.000

从 PISA 2000+到 PISA 2003，再到 PISA 2006，学生在 14 项共有题目上的平均成绩有稳步的增长态势。整体成绩在 PISA 2003 和PISA 2000+之间的增加在统计学上为显著（2003-2000+：p-value<0.001），同时PISA 2006和PISA 2003 之间的增加在统计学上也为显著（2006-2003：p-value<0.001）。

5.9.3 不同能力领域的成绩比较

为了对学生的科学素养成绩变化进行更为详细的历时比较，下面将对学生在连续两轮 PISA 中共有题目上的成绩作出比较。在 PISA 2000+和 PISA 2003 中有 25 项共有题目，PISA 2003 和 PISA 2006 有 22 项共有题目，但是在三轮评估中只有 14 项共有题目。由此可见，连续两轮评估中的共有题目数量是比较多的，使得我们可以比较学生在科学素养架构中每个能力领域的成绩。

表 5.15 列出了 PISA 2000+和 PISA 2003 中中四学生在科学测验共有题目上的成绩。在“科学地解释现象”方面有 10 项共有题目，“识别科学问题”方面有 7 项共有题目，在“运用科学证据”方面有 8 项共有题目。在这两轮 PISA 评估中，平均分最高的是“科学地解释现象”，其次是“运用科学证据”，平均分数最低的是“识别科学问题”。三种能力领域的成绩差异表明，学生在“科学知识”方面的表现要强于“关于科学的知识”，而“关于科学的知识”与理解科学知识的本质以及科学探究的过程相关。这一分析结果与国际的成绩一致，这有可能是因为科学课程主要强调获得科学知识，而并非对于科学本质的理解。

在三种能力领域，学生在 PISA 2003 中的表现都要显著优于 PISA 2000+（2003-2000+：p-value<0.001）。在“科学地解释现象”的 10 项共有题目上，PISA 2003中学生在其中 9 项题目上的表现都要优于 PISA 2000+。这 9 项题目中有 4 项题目的 PISA 2003 成绩高出 PISA 2000+4%，其中两项题目的成绩差异在统计学上显著。

表 5.15 香港中四学生在 PISA 2000+和 PISA 2003 共有题目上的成绩

题号	能力	题目类型	难度指数(%)		难度差异(%)（2003-2000+）	p-value（2003-2000+）
			PISA 2000+	PISA 2003		
S128Q01	科学地解释现象	多选题	71.7	76.0	4.3	0.083
S128Q02	科学地解释现象	多选题	56.1	59.9	3.8	0.224
S129Q01	科学地解释现象	多选题	49.4	49.9	0.5	0.891

续表

题　号	能　力	题目类型	难度指数(%) PISA 2000+	难度指数(%) PISA 2003	难度差异(%)(2003-2000+)	p-value (2003-2000+)
S129Q02	科学地解释现象	短答题	30.3	27.5	-2.8	0.541
S213Q02	科学地解释现象	多选题	87.9	90.7	2.8	0.107
S256Q01	科学地解释现象	多选题	92.5	92.6	0.1	0.958
S268Q06	科学地解释现象	多选题	55.4	59.9	4.5	0.197
S269Q01	科学地解释现象	开放题	80.8	81.9	1.0	0.618
S269Q03	科学地解释现象	开放题	78.9	84.0	5.1	0.014
S269Q04	科学地解释现象	多选题	60.8	70.7	9.9	0.000
		加权平均值	71.3	74.7	3.4	<0.001
S114Q05	识别科学问题	开放题	23.4	29.2	5.8	0.219
S128Q03	识别科学问题	多选题	47.8	57.7	9.9	0.003
S131Q04	识别科学问题	开放题	16.2	53.7	37.6	0.000
S133Q01	识别科学问题	多选题	43.9	53.1	9.3	0.018
S213Q01	识别科学问题	多选题	41.3	57.4	16.1	0.000
S268Q01	识别科学问题	多选题	68.9	73.8	4.9	0.086
S268Q02	识别科学问题	开放题	59.6	47.6	-11.9	0.001
		加权平均值	49.0	56.1	7.1	<0.001
S131Q02	运用科学证据	开放题	65.7	67.0	1.3	0.634
S114Q03	运用科学证据	开放题	70.3	78.5	8.2	0.003
S114Q04	运用科学证据	开放题	54.9	58.0	3.2	0.375
S133Q03	运用科学证据	多选题	32.1	27.4	-4.7	0.300
S133Q04	运用科学证据	多选题	69.6	75.2	5.6	0.047
S252Q01	运用科学证据	多选题	56.9	65.9	9.1	0.003
S252Q02	运用科学证据	多选题	65.1	62.0	-3.2	0.283
S252Q03	运用科学证据	多选题	61.7	67.6	5.9	0.042
		加权平均值	62.0	66.2	4.2	<0.001
		整体加权平均值	64.0	67.5	3.6	0.000

在 7 项评估“识别科学问题”能力的共有题目中，PISA 2003 的学生成绩在其中 6 项题目上都优于 PISA 2000+，并且 6 项题目的成绩差异都达到了 4% 以上。而其中 5 项题目的成绩差异在统计学上显著。

在 8 项评估“运用科学证据”能力的共有题目中，PISA 2003 的学生成绩在其中 6 项题目上都优于 PISA 2000+。其中 4 项题目的成绩差异超过了 4%，并达到了统计意义上的显著性差异。

表 5.16 列出了中四学生在 PISA 2006 和 PISA 2003 中相类似的成绩比较。在这两轮 PISA 评估中，“科学地解释现象”方面有 11 项共有题目，“识别科学问题”方面有 6 项共有题目，而“运用科学证据”方面有 5 项共有题目。

在“科学地解释现象”（p-value<0.01）以及“识别科学问题”（p-value<0.005）方面，PISA 2006 的学生成绩要显著优于 PISA 2003。但是在“运用科学证据”方面并没有统计学上的显著差异。尽管 PISA 2006 的学生成绩在“运用科学证据”方面的 4 项题目上要高于 PISA 2003，但是在 1 项题目上又大大低于 PISA 2003（即编号为 S326Q03 的题目）。而且在 PISA 2006 的学生成绩较高的 4 项题目中，只有 1 项达到了统计学上的显著差异。因此，在“运用科学证据”方面，两轮 PISA 中学生的平均分数只有很小的差异。

表 5.16 香港中四学生在 PISA 2003 和 PISA 2006 共有题目上的成绩

题 号	能 力	题目类型	难度指数（%）		难度差异（%）	p-value
			PISA 2003	PISA 2006	（2006－2003）	（2006－2003）
S213Q02	科学地解释现象	多选题	90.7	93.7	3.0	0.023
S256Q01	科学地解释现象	多选题	92.6	94.0	1.4	0.244
S268Q06	科学地解释现象	多选题	59.9	61.9	2.0	0.510
S269Q01	科学地解释现象	开放题	81.9	83.3	1.5	0.467
S269Q03	科学地解释现象	开放题	84.0	88.3	4.2	0.017
S269Q04	科学地解释现象	多选题	70.7	73.3	2.6	0.314
S304Q01	科学地解释现象	开放题	55.1	53.6	−1.4	0.662
S304Q02	科学地解释现象	多选题	79.0	78.1	−1.0	0.665
S304Q03a	科学地解释现象	开放题	43.5	41.7	−1.7	0.633
S304Q03b	科学地解释现象	开放题	73.0	77.3	4.4	0.070

续表

题　号	能　力	题目类型	难度指数(%) PISA 2003	难度指数(%) PISA 2006	难度差异(%)(2006-2003)	p-value (2006-2003)
S326Q04	科学地解释现象	多选题	38.6	44.9	6.3	0.090
		加权平均值	74.3	76.3	2.0	0.007
S114Q05	识别科学问题	开放题	29.2	34.1	4.9	0.223
S131Q04	识别科学问题	开放题	53.7	52.4	-1.3	0.686
S213Q01	识别科学问题	多选题	57.4	70.1	12.7	0.000
S268Q01	识别科学问题	多选题	73.8	74.8	1.0	0.677
S268Q02	识别科学问题	开放题	47.6	54.5	6.8	0.044
		加权平均值	56.3	60.8	4.5	0.002
S114Q03	运用科学证据	开放题	78.5	79.4	0.9	0.698
S114Q04	运用科学证据	开放题	58.0	59.6	1.6	0.611
S131Q02	运用科学证据	开放题	67.0	68.9	1.9	0.489
S326Q01	运用科学证据	开放题	81.4	84.4	3.0	0.138
S326Q02	运用科学证据	开放题	76.8	81.8	5.0	0.023
S326Q03	运用科学证据	多选题	60.0	49.6	-10.4	0.001
		加权平均值	71.5	72.8	1.3	0.196
		整体加权平均值	70.2	72.4	2.1	<0.001

5.9.4　从 PISA 2000+到 PISA 2006 香港学生科学素养的变化趋势

以上对学生在三轮 PISA 中连续两轮的共有题目上的成绩进行了比较分析。分析结果表明，香港学生的科学素养从 2002 年初期一直到 2006 年中期，有稳步提高的趋势。而且在科学素养的三个能力领域（即“科学地解释现象”、“识别科学问题”以及“运用科学证据”）都能看到这种提高。图 5.7 用图示呈现了这一趋势，并且图中也比较了连续两轮 PISA 评估（即 PISA 2000+和 PISA 2003 之间，PISA 2003 和 PISA 2006 之间）中学生在以上三个能力领域的平均分数。

有很多理由可以解释近几年香港学生在科学素养上的进步。香港于

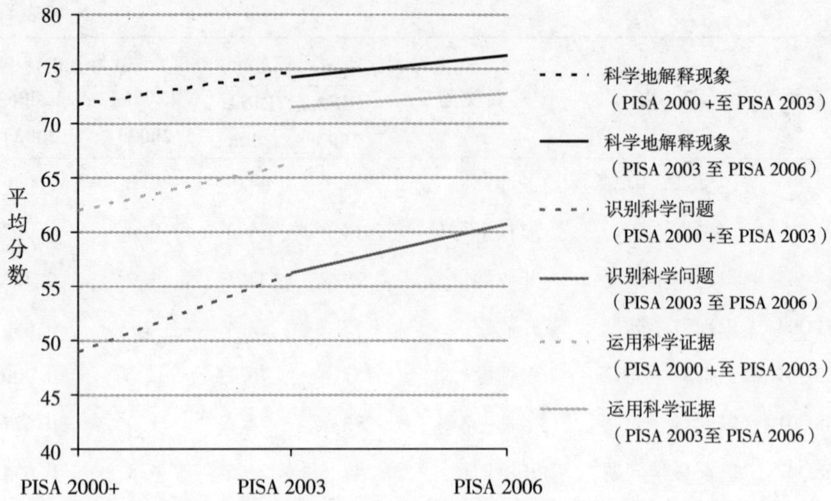

图 5.7　香港中四学生在连续两轮 PISA 中不同能力领域上的平均分数

2000 年起在初中阶段（中一到中三）实施新的科学课程（CDC，1998），并于 2003 年起在高中阶段（中四到中五）实施物理、化学、生物的新课程（CDC，2002）。在这些新的科学课程中，科学知识的涵盖量降低了。同时，新课程开始更为强调科学探究的过程，科学—技术—社会的联系，以及科学的本质和历史。由此，香港的科学课程改变了将科学视为需要记忆的知识收藏的做法，而更加注重以探究的方法学习科学。这种转变更加有助于学生科学素养的发展。

为了帮助科学课教师掌握新课程的教学技能，教师教育协会与教育当局都为教师筹备了很多专业发展研讨班和工作坊。自从新的初中科学课程实施以来，香港大学和香港中文大学，这两个香港主要的教师教育提供者，也在其所提供的研究生教育文凭/证书课程中，增加了科学本质和科学史方面的内容单元（Yip，2006）。

从 2002 年开始，有关机构为香港科学教师组织了许多宣传与评价 PISA 结果的工作坊和研讨班，再加上有关 PISA 本身的研究，这些都大大促进了科学教师对于科学素养的理解和认识。他们意识到了科学素养的重要性，即科学素养是科学教育的中心目标，也认识和理解了在科学课程中教授以及评估科学素养的策略。

香港学生在三轮 PISA 科学素养评估中取得进步的原因是什么？以上只是作了初步的分析。其他很多可能的因素，比如学校的科学实践活动是如何组织和履行的（Yip，2005），科学教学中的教学手段，以及公开考试的范围和重点等因素，都会通过科学教学而影响学生科学素养的发展。更深入的分析，比如了解学生对PISA科学题目的反应，并对学生问卷进行分析，这些都可以让我们更进一步了解学生成绩进步的因素，并且也会为科学课程的教与学提供更多有价值的反馈。

5.10 总　结

根据PISA 2006的成绩，香港学生在57个参与国家或地区中排名第2，平均分数为542分，标准差为2.0。香港的分数在统计学上低于芬兰（平均分数为563分），但是却高于其他国家或地区。这一结果表明，从PISA 2000+到PISA 2003，再到PISA 2006，香港学生的科学素养一直位居前列。

在PISA 2006中，学生的科学得分被划分为六个能力等级。这六个能力等级代表学生在完成不同难度水平任务上的能力，其中第6等级代表最高分数（也就是最难的任务），而第1等级代表最低分数（即最简单的任务）。香港的教育系统成功地让大多数学生发展了基本科学素养（91%的学生处于第2等级及以上）。此外，相对于OECD国家，香港已经培养了大量处于第5和第6等级的学生（15.9%）。如果这些学生有接受高等教育的机会，且劳动力市场也提供与科学相关的工作，那么这些学生就很有发展成为科学家的潜质。

在科学素养三个能力领域中，香港学生的分数都高于OECD平均分数。这三个能力领域分别是：(1) 科学地解释现象；(2) 识别科学问题；(3) 运用科学证据。此外，香港学生在“科学地解释现象”方面表现尤为突出。香港学生在PISA 2006中所表现出的这种成绩模式，与前两轮PISA成绩是一致的。与香港整体平均分数542分相比，香港学生在“科学地解释现象”方面高于整体平均分7分，在“识别科学问题”方面低于整体平均分14分，而在“运用科学证据”方面则与整体平均分持平。

这些结果表明，香港的科学教育能有效地帮助学生获得科学知识，但是在发展学生对于科学探究方法的理解力方面则略显不足，比如如何界定科学问题，以及如何形成检验假设等。我们可以为学生创设更多识别问题和形成假设的学习机会，并将教学重点从菜单型实验转为更多让学生自主开展的实践活动，从而弥补学生在“识别科学问题”能力上发展的不足。

科学成绩上的性别差异方面，PISA 2006的结果表明，香港学生整体科学素养分数的性别差异并没有达到统计学上的显著水平。而女生和男生在科学素养架构中的不同能力领域则有一定的差异。男生在“科学地解释现象”以及“运用科学证据”方面的表现优于女生，而在“识别科学问题”方面的表现却不如女生。这些发现提醒我们，要设计一个可以有效地评估男生和女生科学素养的测验，我们需要考虑不同能力领域的题目比例。

在考察过去三轮PISA中科学素养成绩的变化趋势时，我们发现，香港学生从2002年早期到2006年中期（也就是从PISA 2000+到PISA 2006）的科学素养，一直表现出持续进步的态势。并且这种进步表现在科学素养的所有三种能力领域中，即“科学地解释现象”、“识别科学问题”以及“运用科学证据”。从2000年开始，香港的科学课程开始更多地强调科学本质和科学史。这种课程转变可能对学生科学素养的发展起了积极的影响。如果积极影响确实存在，那么伴随着2009年新高中课程的实施，这种积极影响将很有希望持续下去。

从分析中可以看到，PISA的评估题目在科学素养三种能力领域上的分布很均衡。这种均衡的分布与香港的科学评估所强调的重点大不相同。香港的科学评估往往强调“科学地解释现象”，并主要针对学科知识的记忆和运用。如要配合旨在培养学生的科学素养的科学课程，那么我们的评估目标不仅要包括对学科知识的记忆和运用，还应该包括在真实的情境中识别科学问题的能力，以及运用科学证据的能力。

参考文献

Curriculum Development Council [CDC]. 1998. Science: Secondary 1 - 3. Hong Kong: Curriculum Development Council.

Curriculum Development Council [CDC]. 2002. Biology curriculum guide (Secondary 4-5). Hong Kong: Curriculum Development Council.

Hanushek E A, Woessmann L. 2007. Education quality and economic growth. Washington, DC: World Bank.

OECD. 2001. Knowledge and skills for life: first results from PISA 2000. Paris: Organisation for Economic Co-operation and Development.

OECD. 2007. PISA 2006-Science competencies for Tomorrow's world: Vol. 1: analysis. Paris: Organisation for Economic Co-operation and Development.

Yip D Y. 2005. Analysis of laboratory manuals for an investigative approach. Teaching Science, 51 (3): 34-38.

Yip D Y. 2006. Using history to promote understanding of nature of science in science teachers. Teaching Education, 17 (2): 157-166.

Yip D Y, Chiu, M M , Ho E S C. 2004. Hong Kong student achievement in OECD-PISA study: gender differences in science content, literacy skills, and test items formats. International Journal of Science and Mathematics Education, 2 (1): 91-106.

第6章

PISA 2003解难能力评估及启示

何瑞珠
香港中文大学教育学院
教育行政与政策学系

6.1 前 言

解难能力（problem solving）是2003年学生能力国际评估计划（PISA 2003）的其中一项评估范畴，香港与全球40多个国家或地区的15岁学生参加了这项国际评估。香港学生在本次解难能力评估中的表现相当理想，以平均分548分的成绩在参加的国家或地区中名列第2。本章将首先根据PISA 2003的解难能力评估架构及数据，探讨解难能力评估题目的特点，包括疑难的类型、疑难所处的情境和疑难解决的过程，然后分析香港学生在解难能力范畴的表现，以及他们的强项和弱项。最后讨论研究发现，即在课程与教学方面的一些启示，包括香港新高中课程的通识教育科，以及培养学生在真实生活中解决问题的能力。

6.2 PISA解难能力评估范畴

解难能力是个人终身学习和有效参与社会的重要基础能力（OECD, 2004）。Klieme（2004）界定“解难”为认知历程，该历程包含在缺乏可用例行解决程序的情境中目标导向的思考及行动。在真实生活中，解决难题的主要历程包括：(1) 搜寻资料；(2) 界定和统整难题；(3) 情境模式中的推理；(4) 规划行动与步骤；(5) 执行解决行动和评鉴行动；(6) 持续处理外在的信息和回馈；(7) 充分学习并及时运用新习得的策略。

要评估解难能力，评估设计首先必须能让学生运用和结合各种深度思维（或认知)，以解决具体而真实的问题。其次，评估设计须考验学生能否想出新颖的方法，以应付不常见的疑难（Mayer，1992)。Mayer 更进一步指出，要以真实的难题去评估解难能力，测试题目要达到一定数量，并能反映学生的思维。解难能力的评估更应要求学生在不同情境下运用所知，融会学科内容，并结合不同的理念、知识和思考过程。

大多数人认为，在说明学生如何解难时，无论是以研究还是以实践为取向去研习解难能力，重点都在于描述他们如何理解问题、解决问题以及表达解决方案。因此，PISA 2003 把“解难能力”界定为：

> 运用认知思维来应付和解决真实而跨学科的疑难。解难的过程可能不是立即显而易见，而所需应用的学科知识也不限于数学、科学或阅读范畴。(OECD，2004)[26]

OECD/PISA 指出，在建构解难能力评估架构时，须注意以下几点。

- 认知过程——解难能力包括解难行动及过程中的认知思维，过程中要理解疑难，整理和构思对策，尝试解决问题，反思和沟通解难方案。解难过程既需个人知识，也需推论能力。例如，理解问题需要分辨事实和意见，构思对策需要分析变数，挑选策略需要考虑因果，表达意见需要清楚合理。解难过程中，学生要分析、量化、整合和比较资料，这都是解难的元素。
- 跨学科性——PISA 2000 的评估只审视单一基础素养范畴的解难能力，在阅读、数学及科学三个素养范畴的题目中，都包括了解难能力的评估。PISA 2003 中评估学生解难能力的题目更广泛，范围不受传统课程限制，并包罗真实生活的情境。
- 真实生活——强调要解决真实生活的问题。要解决这些难题，学生需要把不同学科的知识融会贯通、学以致用。根据 PISA 2003 对解难能力的定义，测试题目必须涉及特定的情境、特定范畴的知识和策略。为了反映学生解决真实生活疑难的能力，PISA 解难范畴涉及的学科很广，包括数学、科学、文学、社会、科技、商业等。然而，解难能力只是 PISA 在数学、科学和阅读以外加入的补充范畴，因此要避免重复。

基于上述几点，解难能力的评估必须仔细挑选疑难范畴和情境。PISA 2003 主要考虑以下三个主要元素。

- 疑难类型（problem type）——解难能力的定义涉及的范围甚广，PISA 根据研究运作所需把疑难分为三种类型：决策（decision making）、系统分析及设计（system analysis and design）、疑难排解（trouble shooting），下一节会对此详加讨论。这三类疑难已涵盖大部分解难范围的思维过程，然而 PISA 对解难能力的评估，并不包括人际相处或辩论的分析。
- 疑难情境（problem context）——疑难的情境不应与学生的经验脱节。要特别指出的是，PISA 2003 所设计的疑难不会直接来自课室及学校课程，而是源自个人生活、学校生活、工作与余暇、社区与学校。这些情境适用于 PISA 的评估，既包含课程学习，也有课外学习的经验，从而全面勾画出个人所思，以至公民意识。
- 解难过程（problem-solving process）——学生如何分析疑难？又如何解决疑难？哪些行动能显示学生理解问题、想出对策、挑选策略、修正方案、反省思量和表达意见？这些行动可以证明学生在不断变化的环境中监控自己的活动，并且不断处理信息和回馈。

由此可见，在解决疑难的过程中，学生需要协调不同的认知能力以达成目的。这明显不是单凭运用某一学科的公式、常规和模式便可以解难。解难能力是指学生为应付不同情境而运用的创造力和监察力。解难能力的评估，就是要尽力找出学生应用于不同情境和学科内容的思维过程，描述这一过程，并尽力把成果的素质量化出来。

PISA 2003 解难能力评估的元素见图 6.1 所示。图 6.1 显示的解难能力包括情境因素、学科知识和相关能力，以及作为独立范畴的解难过程。由此可见，解难能力并不排除学科知识，反而是跨学科知识融会贯通的应用。

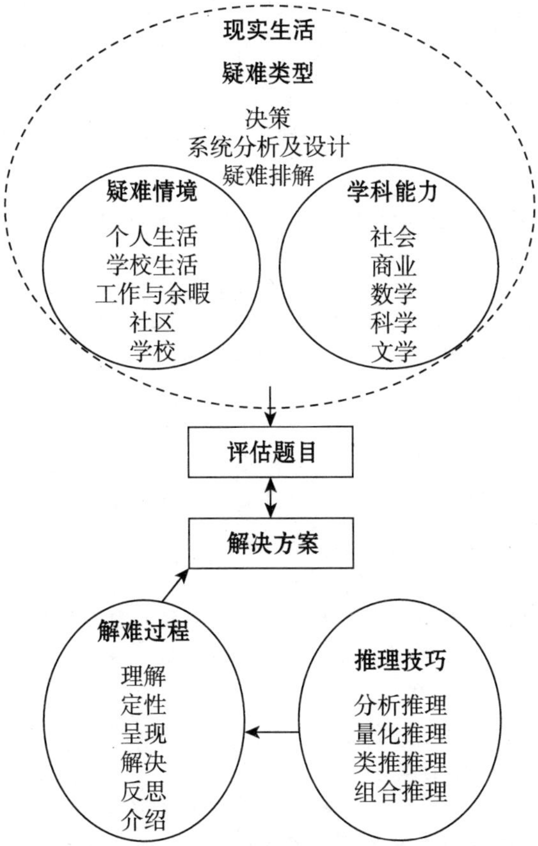

图 6.1　解难能力评估架构的重要元素

6.3　疑难类型

PISA 2003 的跨学科解难能力评估，规限于三大范围的疑难类型，包括：决策、系统分析及设计、疑难排解。

这三大疑难类型有共通的解难结构，涵盖了日常现实生活中主要的分析性推理能力，而这正是 PISA 计划要评估的方向。PISA 评估可以在现有阅读、数学及科学等学科的评估以外，另行设计解难能力的评估。在学科范畴的评估中，知识领域明确，为评估定出了所需的结构；但是，解难能力的评估强调解难过程，而非学科知识，因此十分重视对过程的评估。上述建议采用的三种疑难类型，就为评估解难的过程提供了共通的结构。

PISA 对解难能力的评估，要求学生以新的模式运用多元的知识和技能，把能力由一个情境转移到另一个情境，并运用多元的知识进行决策、系统分析及设计和疑难排解。因此，跨学科解难能力的评估作业，通常探讨“生活技能”的课题设计，疑难通常是现实生活的情境，跟个人生活、工作和余暇，以及社区和社会关系密切。

表 6.1 总结了三种疑难类型的基本特性，包括目标、解难过程及增加疑难题目难度的缘由。

表 6.1　解难类型一览

项　目	决　策	系统分析及设计	疑难排解
目标	● 在一定限制的情况下，从多种可能性中作出选择	● 识别系统中不同部分的关系和/或设计可以表达各部分关系的系统	● 剖析和修正有毛病或表现欠佳的系统或机制
解难过程	● 理解存在着多种可能性和受到限制的情境以及特定任务 ● 识别相关的限制 ● 介绍可行的解决方案 ● 从多种可行方案中作出选择 ● 检视方案是否可行 ● 陈述方案为何恰当	● 理解属于系统特征的资料和与特定任务有关的要求 ● 识别系统中相关的部分 ● 介绍系统中各部分的关系 ● 分析或设计可以表达各部分关系的系统 ● 检视分析或系统设计是否恰当 ● 陈述分析或建议的设计为何恰当	● 理解系统或机制的主要特征及其弊端和特定任务的各种要求 ● 识别有因果关系的变数 ● 介绍系统的功能 ● 剖析系统的弊端和/或提议解决方案 ● 检视剖析和解决方案是否恰当 ● 陈述剖析或解决方案为何恰当
增加疑难题目难度的缘由	● 限制的数量 ● 可使用的陈述方式的数量和类型（言语的、图像的、数字的）	● 相互关联的变数的数量和关系的性质 ● 可使用的陈述方式的数量和类型（言语的、图像的、数字的）	● 系统或机制中相互关联部分的数量和它们相互作用的方式 ● 可使用的陈述方式的数量和类型（言语的、图像的、数字的）

6.3.1　决策

用来评估决策的题目，会要求学生了解某情境中牵涉的各种可能性和限制，并下决定消除限制。要回答决策题目，首先要理解题目的资料，明白题目的要求，然后找出疑难的特色或限制，界定问题和解决方案，最后检视方案是否可行，并陈述方案为何恰当。这类题目要求学生从各种可行方案中选取一个。在此过程中，学生必须把来自多方面的资料加以综合分析（结合推理），以选出最佳解决方法。

决策题目越复杂，作决策便越困难。例如，如果需要分析的资料增多，学生就必须把多元的资料加以综合，以及应付更多限制。有些学生可以应付简单的决策题目，但当问题越来越复杂时便会被难倒。

若决策任务复杂，外来的资料便会有用。例如“假期”一题中，有一项资料是用图表列出的（见下列样题）。学生如何理解图表的资料，或者如何创作图表，例如诠释或制作一个图表，都会影响他们的决策表现。学生必须选择图表上的资料，加以联系、比较，然后选出最好的方法。

作出决策后，学生必须评估决策，解释决策，并向人介绍决策方案，而决策能力评估的重要目标，就是学生解释和表达决策的能力。总而言之，决策任务要求学生理解资料，分析不同方案的利弊，运用外界信息，从各方案中挑选最佳方案，最后衡量决定、提出理据，向他人介绍自己所选的决策。

假　　期

这条问题要你编排假期的行程，选出最好的路线。

图一是一张地图；图二则显示了不同城镇之间的距离。

图一：城镇之间的道路地图

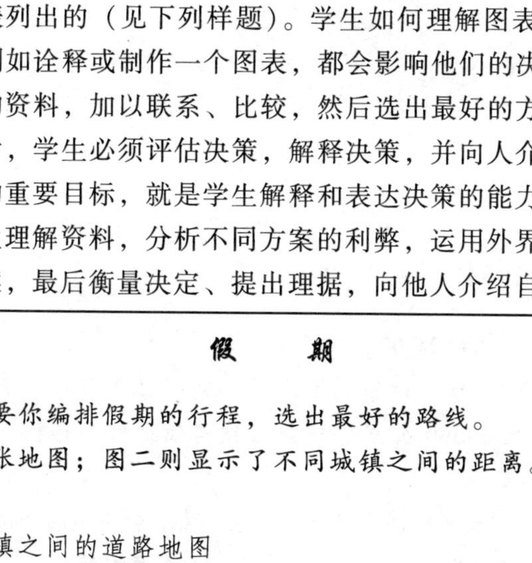

图二：两个城镇之间的距离（以最短的路程计算，量度单位为公里）

	安格斯	卡道	纳斑	米格尔	奈尔砵	柏拉斯
安格斯						
卡道	550					
纳斑	500	300				
米格尔	300	850	550			
奈尔砵	500		1000	450		
柏拉斯	300	850	800	600	250	

假期-问题1（X602Q01）

试计算奈尔砵与卡道之间最短路程的距离。

距离：________公里

评分

满分

代号1：1 050公里。

零分

代号0：其他答案。

◆ 奈尔砵—安格斯—卡道，没有写出距离。

代号9：没有作答。

假期-问题2（X602Q02）

素素住在安格斯镇。她想到卡道镇和纳斑镇游览。一天之内素素所能够走的路程最多只是300公里。她会在镇与镇之间的任何一个地方扎营度宿，然后继续旅程。

为了能够有一整天的时间去游览每个镇，素素会在该两个镇分别住上两晚。

下面是素素的日程表。试写出素素每晚度宿的地点。

日　数	度宿地点
1	位于安格斯镇与卡道镇之间的营地
2	
3	
4	
5	
6	
7	安格斯镇

评分

注意：答案如“在 XYZ 游览”应被视为代表在“XYZ”镇度宿。

满分

代号 2：答案如下：

日　数	度宿地点
1	位于安格斯镇与卡道镇之间的营地
2	卡道镇
3	卡道镇
4	纳斑镇
5	纳斑镇
6	位于纳斑镇与安格斯镇之间的营地（或只是“营地”）
7	安格斯镇

部分分数

代号1：一个错处，即其中一天的度宿地点写错。

- 第 3 天为“在纳斑镇游览”。
- 第 6 天的度宿地点写了一个镇名。
- 第 6 天的度宿地点漏空了。

零分

代号 0：其他答案。

代号 9：没有作答。

6.3.2　系统分析及设计

系统分析及设计的题目要求学生分析复杂的情境，理解其中的逻辑，从而设计可行的系统去达成目标。例如“数位设计”一题中，学生需要分析指令与图像的关系（见下列样题）。系统分析及设计的题目跟决策的题目最少有两方面的分别：（1）前者要求学生分析资料系统，或者设计解决方案，而不是在多个可能方案中选择一个；（2）前者情境的变数大多复杂而相互关联，且变数会互相影响，但解决方案却不明显。换言之，变数之间的关系多变，以及解决办法不局限于一个，都是系统分析及设计题目的特色。这样的题目类型常见于经济和环境科学等学科。反观决策类型的任务，变数的关系并不如此复杂，限制亦较明显，要下决策比较容易。

系统分析及设计任务通常要求学生分辨相关变数，并找出变数之间如何互相影响。学生必须有能力分析复杂情境，找出影响系统的关键因素，或者设计可以满足不同因素的系统，以达成目标。应付这类题目时，学生要评估方案，为方案辩护，向他人介绍方案信息，这些能力在整个过程中都不可缺少。

就上文探讨决策的题目所见，系统分析及设计题目的困难程度，取决于题目的复杂程度。情境越复杂（即变数越多，关系越多变），任务便越难。解决问题的过程必须包括创造知识，或运用所提供的信息，或运用已有知识。

这类题目的解难过程包括衡量方案、为方案辩证、介绍方案的主要内容。解决方案通常不止一个，亦不明显，而且每个方案都各有优劣。

总括而言，系统分析及设计的任务，要求学生理解多个相关变数之间的复杂关系，找出变数的关键特性，创造或运用信息，分析复杂情境，或设计系统，以达成目标。学生分析问题或设计系统时，要经常查核每个步骤，衡量做法是否恰当。

数位设计①

“数位设计”程序是一套电脑绘图设计的工具。利用这套程序可以在电脑上设计图表。只要把一组指令输入程序，图像便会产生。

下面是一系列的指令及图像。请细心阅读这些例子，然后回答问题。

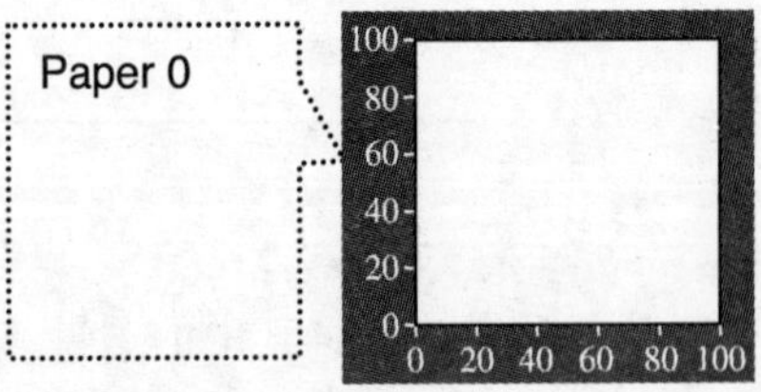

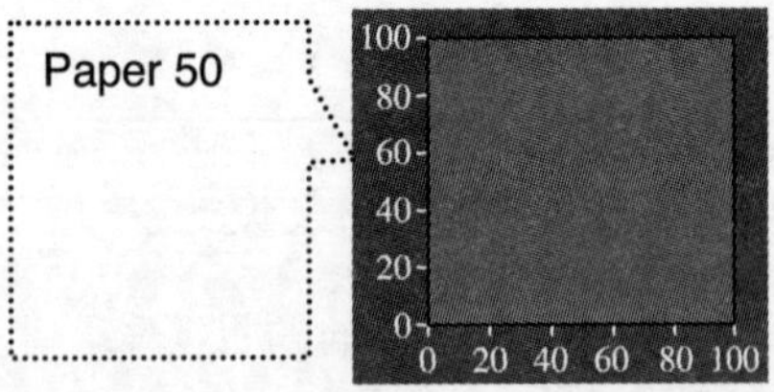

① “数位设计”程序由麻省理工学院媒体实验室的美学与运算组设计（版权属麻省理工学院所有，©1999）。这套程序可在以下网址下载：http://dbn.media.mit.edu.

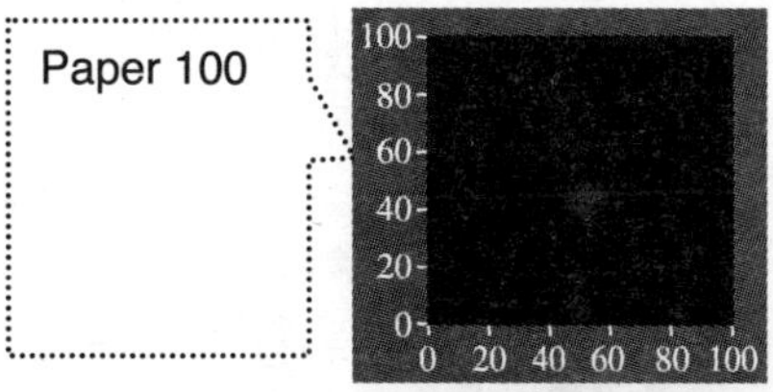

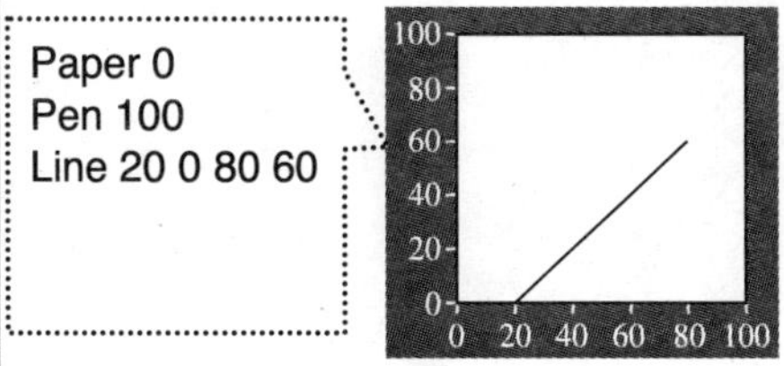

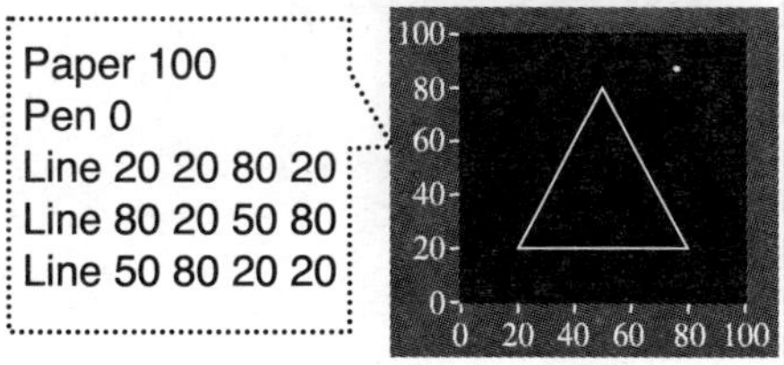

数位设计-问题 1（X412Q01）

输入以下哪个指令会产生下列图像？

A　Paper 0

B　Paper 20

C　Paper 50

D　Paper 75

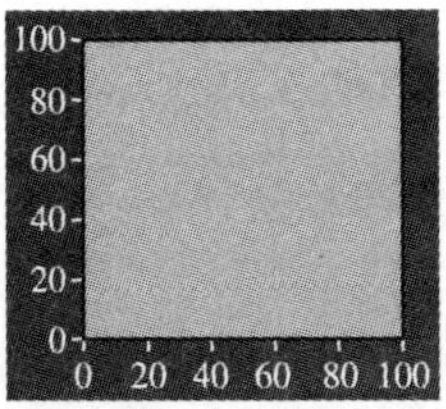

评分

满分

代号 1：B　Paper 20

零分

代号 0：其他答案。

代号 9：没有作答。

数位设计-问题 2（X412Q02）

输入以下哪一组指令会产生下列图像？

A　Paper 100　　Pen 0　　Line 80 20 80 60

B　Paper 0　　Pen 100　　Line 80 20 60 80

C　Paper 100　Pen 0　　Line 20 80 80 60

D　Paper 0　　Pen 100　　Line 20 80 80 60

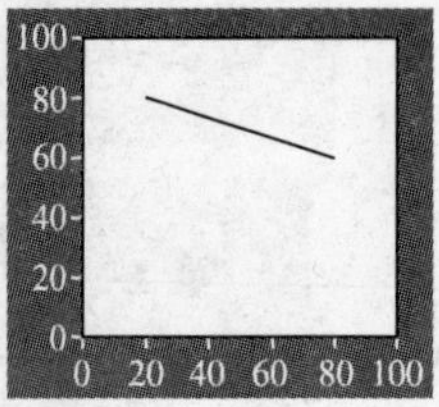

评分

满分

代号 1：D　Paper 0　　Pen 100　　Line 20 80 80 60

零分

代号 0：其他答案。

代号 9：没有作答。

数位设计－问题 3（X412Q03）

下图显示的例子是

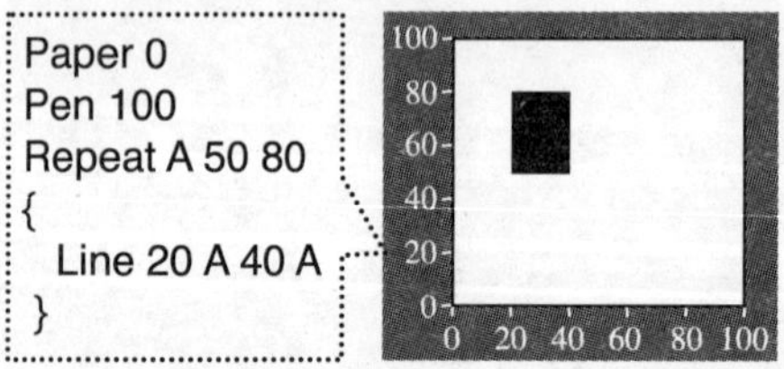

输入“Repeat A 50 80”这个指令后，程序便会重复括号｛｝里面的动作，而 A 的数值会由 A=50 连续递增至 A=80 为止。

试写出产生下列图表的指令。

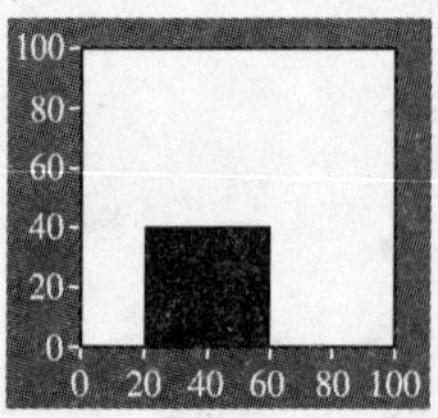

评分

注意：同一行可写多于一个指令，指令的首个字母不用以大楷书写，而曲括号 { } 可以不写，或以圆括号 ( ) 或方括号 [ ] 代替。另外，在“Repeat”指令中的“A”亦可用其他字母取代，只要与“Line”指令中的字母相同便可。

满分

代号 2：正确指令。

注意：“Repeat”指令中的“0”和“40”的位置可以互换（即 Repeat 40 0）。而在“Line 20 A 60 A”的指令中，“20”和“60”的位置也可以互换（即 Line 60 A 20 A）。

```
Paper 0
Pen 100
Repeat A 0 40
{
  Line 20 A 60 A
}
```

注意：“Repeat”指令中的“20”和“60”的位置可以互换（即 Repeat 60 20）。而在“Line A 0 A 40”的指令中，“0”和“40”的位置也可以互换（即 Line A 40 A 0）。

```
Paper 0
Pen 100
Repeat A 20 60
{
  Line A 0 A 40
}
```

（简言之，“0”和“40”应在“Y”轴之上，而“20”和“60”应在“X”轴之上。）

部分分数

代号 1：所用的指令正确，但在 Line 指令中的数字有错。

```
Paper 0
Pen 100
Repeat A 20 60
{
  Line 0 A 40 A
}
```

指令正确，但在 Repeat 或 Line 的指令中有一个数字错误。注意：如果数字并非 0 或 20 或 40 或 60（例如：用了 50 或 80），或同一数字在一句指令中重复了，应给予代号 0。

```
Pen 100
Paper 0
Repeat A 0 40
{
  Line 0 A 60 A
}
```

写对了“Repeat”指令，但遗漏了或写错了“Paper”或“Pen”指令。

```
Repeat y 0 40
{
  Line 20 y 60 y
}
```

正确数字，但在 Line 或 Repeat 指令中出现一个小错误。

```
Paper 0
Pen 100
Repeat A 20 60
{
  A 0 A 40
}
```

零分

代号 0：其他答案。

```
Paper 0
Pen 100
```

```
  Line 20 0 60 40
Paper 0
Pen 100
Repeat A 20 60
{
  Line A 20 A 60
}
```

代号 9：没有作答。

6.3.3 疑难排解

疑难排解的题目需要学生理解系统的特征，找出系统或机制的毛病或表现欠佳的部分。例如在“冰箱”一题中，珍珍买了一个新的柜形冰箱，并根据说明书上的指引接上电源，8 个小时之后，红色警告灯仍然亮着，学生要找出什么地方做错了（见下列样题）。

疑难排解的题目跟前两个类型的题目有明显分别，它不需要学生选择最好的方案，也不需要作出符合一定要求的设计，而是要求学生理解机制的内在逻辑，例如电脑程序人员需要找出程序出错的源头。

学生应付疑难排解任务时，必须理解物体如何运作，或有什么程序（即了解其操作），分析问题的要点，创造或应用知识，剖析问题，提议解决方案，甚至在必要时执行解决方案。

由于疑难排解的题目经常要求学生解读不同格式的资料，因此掌握列表知识非常重要。例如“冰箱”一题中，必须把文字和列表资料结合起来。是否有能力灵活运用各种格式的资料，是疑难排解的重要环节。而评估能力、辩证能力和沟通能力在疑难排解题目中的重要性，也正如同它们在其他疑难类型中的重要程度。

总而言之，疑难排解题目包含剖析问题、提议解决方案，以及在需要时执行方案。学生要了解物体如何运作及运作的过程，找出题目的相关特色，并绘制图像或运用图像资料。

冰　　箱

珍珍买了一个新的柜形冰箱，说明书上有以下指引：

- 插上电源，然后开启电源：
  - 你会听到摩打①转动的声音。
  - 显示板上的红色警告灯（液晶体）会亮起。
- 把温度调节器扭至适当的位置，2号是正常温度。

位　置	温　度
1号	-15 ℃
2号	-18 ℃
3号	-21 ℃
4号	-25 ℃
5号	-32 ℃

  - 红色警告灯会一直亮着，直至冰箱的温度够低才会熄灭。这大约需要1至3个小时，视乎你所设定的温度。
- 4个小时之后，便可以把食物放进冰箱。

珍珍按照指引去做，但是她把温度调节器扭至4号。4个小时之后，她把食物放进冰箱。

8个小时之后，红色警告灯仍然亮着。虽然如此，冰箱的摩打仍在转动，而冰箱里面也是冰凉的。

冰箱-问题1（X423Q01）

珍珍再次翻阅说明书，看看有什么地方做错了。她看到下面的6项警告：

1. 切勿把电器接驳到没有地线的电源。

2. 除非有特别需要，否则切勿把冰箱的温度调得过低（-18 ℃为正常温度）。

3. 切勿把仍然温热的食物放进冰箱。

① “摩达”即电动机，在内地的用语多为“马达”。

4. 切勿把生菜、红菜头、提子、整个的苹果和梨子，或者肥肉放进冰箱。
5. 切勿把新鲜食物在冷藏前加上盐或其他腌料。
6. 切勿经常打开冰箱的门。

不理会以上哪项警告可能会延长警告灯亮着的时间？
试就各项警告，圈出“会”或“不会”。

警告	不理会此项警告会否延长警告灯亮着的时间？
警告 1	会/不会
警告 2	会/不会
警告 3	会/不会
警告 4	会/不会
警告 5	会/不会
警告 6	会/不会

评分

满分

代号 2：不会，会，会，不会，不会，会，相同次序。

部分分数

代号 1：一个错处。

零分

代号 0：其他答案。
代号 9：没有作答。

冰箱－问题 2（X423Q02）

珍珍怀疑警告灯出了问题。以下哪些行动和发现能够证明警告灯的操作正常？

行动和发现	这项发现能否证明警告灯的操作正常？
她把温度调节器扭至 5 号；红灯熄灭了。	能/不能
她把温度调节器扭至 1 号；红灯熄灭了。	能/不能
她把温度调节器扭至 1 号；红灯继续亮着。	能/不能

评分

满分

代号1：不能，能，不能，相同次序。

零分

代号0：其他答案。

代号9：没有作答。

6.4　解难过程

解难能力的评估是要找出学生解决问题的过程，可是解决问题的模式并没有标准，不同的人会有不同的方法，因此发展解难理论架构并不容易。根据上述对于三种疑难类型的分析，以及认知心理学家对解难和推理的研究成果（如 Mayer，Wittrock，1996；Pólya，1945；Sternberg，1995；Sternberg，Frensch，1991），可以归纳出解难的过程。这些学者提议的解难模式提供有系统的结构，以检视学生的习作，以及组织评估解难能力的题目。要注意的是，这里没有假设解难过程一定有主次之分，又或一定是解决问题所必需的，因为每个人面对、组织、理解和解决多变又即时的问题时，可能要采用超越现有模式的解决方案。事实上，信息处理系统同时处理不同信息。PISA 2003 提出解难的过程包括以下方面。（OECD，2004）[27-28]

- 理解疑难——要求学生理解文字、图表和方程序，并根据资料作出推断，找出来源不同的资料的关系，由此表现对有关概念的认识，并运用知识去了解题目所提供的资料。
- 辨别疑难的特色——要求学生辨别问题的变数及其相互关系，找出变数是否与问题有关，构思假设，并搜寻、组织、衡量和评估相关情境的信息。
- 图像表达——要求学生把资料用表格、图表、符号或语言表达出来，或运用图像资料去解决问题，让学生善用不同的表达方式。
- 解决疑难——要求学生作决定（即决策），分析和设计系统，以达成目标（即系统分析及设计），或介绍和建议方案（即疑难排解）。
- 反思方案——要求学生检视自己的方案，搜寻更多资料或澄清混淆；

从多方面评估方案，尝试用不同方法重组方案。

- 表达解决方案——选取适合的媒介表达方案，使其为人所了解和接受，并且为方案辩解。

6.5 香港学生解难能力概况

6.5.1 整体表现

表6.2显示，中国香港学生在PISA 2003中解难能力方面的平均分为548分，仅次于韩国的550分，与芬兰同分，在参与的地区或国家中排名第2。香港高分者和低分者的表现优于其他参与国家或地区，而高分者和低分者之间的差距也小于OECD的平均值。

表6.2 PISA 2003参与国家或地区解难能力的平均成绩

国家/地区	平均值	标准差	第5百分位数（a）		第95百分位数（b）		相差
			分数	标准差	分数	标准差	（b−a）
韩国	550.00	（3.10）	404.00	（4.60）	686.00	（5.50）	282.00
芬兰	548.00	（1.90）	409.00	（4.70）	677.00	（3.60）	268.00
中国香港	548.00	（4.20）	376.00	（10.50）	690.00	（3.70）	314.00
日本	547.00	（4.10）	362.00	（8.30）	705.00	（6.00）	343.00
新西兰	533.00	（2.20）	370.00	（3.80）	682.00	（2.80）	312.00
中国澳门	532.00	（2.50）	395.00	（6.40）	659.00	（6.50）	264.00
澳大利亚	530.00	（2.00）	371.00	（4.10）	672.00	（3.40）	301.00
加拿大	529.00	（1.70）	379.00	（2.40）	669.00	（2.40）	290.00
列支敦士登	529.00	（3.90）	369.00	（14.90）	672.00	（12.00）	303.00
比利时	525.00	（2.20）	340.00	（5.00）	681.00	（2.00）	341.00
瑞士	521.00	（3.00）	358.00	（5.70）	666.00	（5.20）	308.00
荷兰	520.00	（3.00）	372.00	（5.90）	662.00	（3.70）	290.00
法国	519.00	（2.70）	358.00	（6.10）	662.00	（4.50）	304.00
丹麦	517.00	（2.50）	369.00	（5.00）	655.00	（3.70）	286.00
捷克共和国	516.00	（3.40）	356.00	（8.60）	663.00	（4.00）	307.00
德国	513.00	（3.20）	351.00	（5.90）	658.00	（3.20）	307.00
瑞典	509.00	（2.40）	360.00	（6.40）	647.00	（3.60）	287.00
奥地利	506.00	（3.20）	357.00	（5.10）	651.00	（4.60）	294.00

续表

国家/地区	平均值	标准差	第 5 百分位数（a）		第 95 百分位数（b）		相差
			分数	标准差	分数	标准差	（b-a）
冰岛	505.00	(1.40)	358.00	(5.50)	634.00	(3.60)	276.00
匈牙利	501.00	(2.90)	343.00	(5.80)	653.00	(5.40)	310.00
爱尔兰	498.00	(2.30)	364.00	(4.50)	625.00	(3.20)	261.00
卢森堡	494.00	(1.40)	339.00	(3.70)	640.00	(3.40)	301.00
斯洛伐克	492.00	(3.40)	337.00	(7.10)	638.00	(4.20)	301.00
挪威	490.00	(2.60)	322.00	(5.50)	645.00	(4.40)	323.00
波兰	487.00	(2.80)	338.00	(5.60)	632.00	(4.50)	294.00
拉脱维亚	483.00	(3.90)	326.00	(7.00)	628.00	(4.90)	302.00
西班牙	482.00	(2.70)	322.00	(4.80)	629.00	(3.30)	307.00
俄罗斯联邦	479.00	(4.60)	314.00	(7.70)	637.00	(5.60)	323.00
美国	477.00	(3.10)	312.00	(5.60)	635.00	(4.20)	323.00
葡萄牙	470.00	(3.90)	311.00	(7.90)	614.00	(3.50)	303.00
意大利	469.00	(3.10)	289.00	(8.70)	627.00	(3.60)	338.00
希腊	448.00	(4.00)	283.00	(5.60)	607.00	(5.60)	324.00
泰国	425.00	(2.70)	293.00	(3.90)	565.00	(6.00)	272.00
塞尔维亚和黑山	420.00	(3.30)	279.00	(4.20)	560.00	(5.10)	281.00
乌拉圭	411.00	(3.70)	224.00	(5.70)	589.00	(5.70)	365.00
土耳其	408.00	(6.00)	257.00	(7.80)	577.00	(18.60)	320.00
墨西哥	384.00	(4.30)	227.00	(5.40)	542.00	(6.50)	315.00
巴西	371.00	(4.80)	211.00	(7.50)	538.00	(8.30)	327.00
印尼	361.00	(3.30)	245.00	(4.20)	487.00	(5.90)	242.00
突尼斯	345.00	(2.10)	213.00	(4.30)	474.00	(5.00)	261.00

注：由于英国的样本太少，不符合 OECD 的国际标准，因此英国的数据不包括在 PISA 2003 的数据分析之内。

6.5.2　学生在三个解难能力等级上的表现

PISA 2003 将学生的解难能力分为三个等级；最高层次为第 3 层次，分数在 592 分以上，被称为“反思性和沟通性的解难者”（reflective and communicative problem solver）；其次为第 2 层次，分数介乎 499—592 分，被称为“理性和决策水平的解难者”（reasoning and decision-making problem solver）；第 1 层次的分数介乎 405—498 分，被称为“基本水平的解难者”（basic problem solver）。得分低于 405 分，即为低于基本水平，对解难问题难以掌握并无从解决。

整体而言，香港学生达第 3 层次者占 35%，远高于 OECD 的 18%；达到第 2 层次者占 36%，与 OECD 的 34% 相近；第 1 层次或以下者则占 29%（21% +8%），远低于 OECD 的 47%（30% +17%）（见表 6.3）。

表 6.3 PISA 2003 香港学生达到不同解难水平的比例与 OECD 的比较（%）

解难水平	香　港	OECD（平均值）
3	35	18
2	36	34
1	21	30
第 1 层次以下	8	17

PISA 2003 采用了 19 项难题，图 6.2 显示了各题所属的疑难类型，各题对应的 PISA 分数的分布，以及其所属的解难层次。从图 6.2 可见，在第 3 层次的难题中，“运输系统”一题全答对的分数最高，可获 725 分，亦即是最高难度的题目。其次是“图书馆系统”的第二题（Q2），全答对可获 693 分，以及“儿童宿营”的第一题（Q1），全答对可获 650 分①。

这三种类型的题目中，决策题分数的差异幅度最大，由最高分的 725 分至最低分的 361 分；其次为系统分析及设计题，由最高分的 693 分至最低分的 437 分；而疑难排解题则大部分属于第 2 层次的难度，分数的分布十分集中。整体而言，第 2 层次及第 3 层次的题目难度差异幅度较大，第 1 层次或以下的则较小。

表 6.4 详细列出了 PISA 2003 所采用的 19 项题目的单元名称、题目形式、难度系数、PISA 调整分数及解难水平。题目类型包括多项选择题、短答题和长答题。从解难水平看，多项选择题一般较容易，长答题一般较困难。

① 19 项难题的详细内容，可参考：何瑞珠．PISA 2003 解难能力评估及启示//教育政策研讨系列：第 70 卷．香港：香港中文大学教育学院，香港教育研究所．

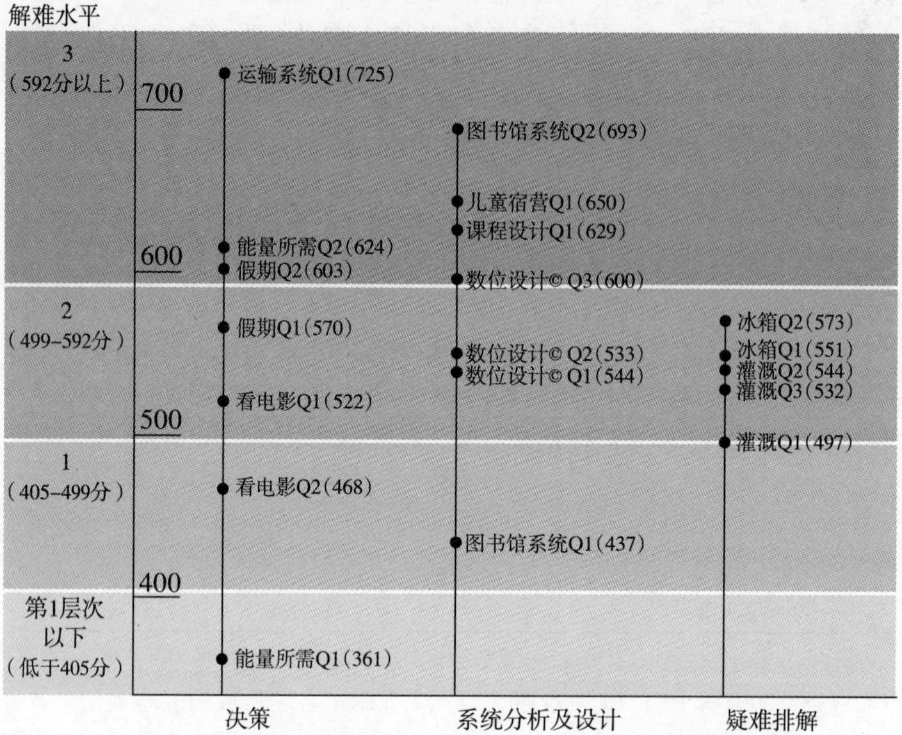

图 6.2 19 项难题所属的题目类型及其对应的 PISA 分数分布和所属的解难水平

来源：由学生能力国际评估计划—香港中心翻译自 OECD（2004）[101]。

表 6.4 PISA 2003 不同疑难类型的项目难度及题目类型（OECD）

疑难类型	题 目	单元名称	题目类型	OECD 难度系数	香港难度系数	PISA 调整分数	解难水平
决策							
1.	X415Q01	运输系统	长答题	1.419	0.880	608/725	3/3
2.	X430Q01	能量所需	短答题	−1.996	−2.484	361	<1
3.	X430Q02	能量所需	长答题	0.745	0.140	587/624	2/3
4.	X601Q01	看电影	多项选择题	−0.640	−1.401	442/522	1/2
5.	X601Q02	看电影	多项选择题	−0.859	−1.878	468	1

续表

疑难类型	题目	单元名称	题目类型	OECD 难度系数	香港难度系数	PISA 调整分数	解难水平
决策							
6.	X602Q01	假期	短答题	0.289	0.243	570	2
7.	X602Q02	假期	长答题	0.630	0.198	593/603	3/3
系统分析及设计							
8.	X402Q01	图书馆系统	短答题	-1.291	-1.579	437	1
9.	X402Q02	图书馆系统	长答题	1.498	0.670	658/677/693	3/3/3
10.	X412Q01	数位设计	多项选择题	-0.016	-0.779	544	2
11.	X412Q02	数位设计	多项选择题	0.094	-0.615	553	2
12.	X412Q03	数位设计	长答题	0.384	-0.479	571/600	2/3
13.	X414Q01	课程设计	长答题	0.733	0.173	602/629	3/3
14.	X417Q01	儿童宿营	长答题	0.510	-0.312	529/650	2/3
疑难排解							
15.	X423Q01	冰箱	多项选择题	0.665	-0.046	551	2
16.	X423Q02	冰箱	多项选择题	0.371	0.888	573	2
17.	X603Q01	灌溉	长答题	-0.531	-0.683	497	1
18.	X603Q02	灌溉	多项选择题	0.062	-0.523	544	2
19.	X603Q03	灌溉	长答题	-0.093	-1.323	532	2

表 6.4 中第五栏显示了 OECD 平均难度系数，三大疑难类型均包含不同难度的题目。10 个单元共有 19 项，其中，“决策”类型共有 4 个单元 7 项题目，分别为“运输系统”1 题、“能量所需”2 题、“看电影”2 题和“假期”2 题。“系统分析及设计”类型亦包括 4 个单元共 7 项题目，包括“图书馆系统”2 题、“数位设计”3 题、“课程设计”1 题和“儿童宿营”1 题。“疑难排解”类型则只有 2 个单元共 5 项题目，分别为“冰箱”2 题和“灌溉”3 题。表 6.4 显示：决策题难度差异最大，难度系数由-1.996 至

1.419；系统分析及设计题的难度系数由-1.291至1.498；疑难排解题的难度系数则由-0.531至0.665。难度系数（delta）越高，PISA调整分数（PISA scale score）亦越高，而能成功解答该题者所达到的解难水平（proficiency level）亦越高。同一单元，可以有两个不同的难度，例如“假期”问题2属第3层次的难度，全对得603分；而“假期”问题1属第2层次难度，全对获570分（详细解读请参阅表6.4）。

通过比较表6.4第五栏和第六栏OECD与香港的难度指数，可以看出，对于香港学生来说，19题中只有一道题目的难度显著高于OECD，即“冰箱”单元问题2（多项选择题）。出现此种情况的原因，可能与香港学生遇到电器故障时很少动手自己处理，多由家长聘电器技师修理有关，因此大多没有这方面的常识，加上这是一道复杂多选题，必须三个问题同时答对才可获满分，因此更增加了题目的难度。这道题目，香港学生的答对率为32.5%，显著低于OECD学生的平均答对率45.0%。

表6.5比较了OECD及香港学生的答对率。结果显示，在大部分题目中，香港学生的答对率均高于OECD平均值，只有在“冰箱”单元问题2和“假期”单元问题1上，香港学生的表现稍逊于OECD平均值。表6.5的倒数第二栏显示了香港中四学生的答对率；若教师在中四通识科的测试中采用这些题目，这一比率便可作为教师的参照指标，以比较学校与全港中四学生平均答对率的差异。若教师在初中通识科的测试中采用这些题目，表6.5最后一栏的答对率则可作为教师的参照指标。

表6.5 PISA 2003 OECD平均答对率与香港学生答对率的比较（%）

疑难类型	题　目	单元名称	题目形式	答对率			
				OECD	香港	香港中四学生	香港初中学生
决策							
1.	X415Q01	运输系统	长答题	24.7	31.0	35.5	24.1
2.	X430Q01	能量所需	短答题	85.2	89.0	90.7	86.6
3.	X430Q02	能量所需	长答题	32.8	47.0	55.9	33.4
4.	X601Q01	看电影	多项选择题	66.6	79.1	84.3	71.3
5.	X601Q02	看电影	多项选择题	67.2	82.5	88.5	73.3
6.	X602Q01	假期	短答题	46.0	44.7*	50.8	36.0

续表

疑难类型	题　目	单元名称	题目形式	答对率			
				OECD	香港	香港中四学生	香港初中学生
7.	X602Q02	假期	长答题	35.5	44.6	53.5	31.3
系统分析及设计							
8.	X402Q01	图书馆系统	短答题	74.1	78.1	83.9	69.4
9.	X402Q02	图书馆系统	长答题	14.2	30.1	38.1	18.0
10.	X412Q01	数位设计	多项选择题	51.3	65.8	70.6	59.0
11.	X412Q02	数位设计	多项选择题	48.5	62.6	68.5	53.3
12.	X412Q03	数位设计	长答题	40.0	63.5	71.2	52.1
13.	X414Q01	课程设计	长答题	31.6	45.6	52.5	35.6
14.	X417Q01	儿童宿营	长答题	40.6	57.4	64.1	47.0
疑难排解							
15.	X423Q01	冰箱	多项选择题	36.2	51.5	54.8	46.3
16.	X423Q02	冰箱	多项选择题	45.0	32.5	35.9	27.8
17.	X603Q01	灌溉	长答题	61.2	63.1	67.9	55.9
18.	X603Q02	灌溉	多项选择题	49.9	60.0	65.7	51.6
19.	X603Q03	灌溉	长答题	52.3	73.8	80.3	63.9

注：在第 16 项题目（X423Q02）上，香港学生的平均答对率比 OECD 的平均答对率稍低。

6.6　试题剖析

从这次测试的数据来看，香港学生在解难能力上名列前茅，但在个别题目上，香港学生亦有表现欠佳之处。

以下是其中三项代表不同疑难类型的题目（“假期”、“数位设计”及“冰箱”单元）。这三类难题显示了题目的设计并不是要求学生单纯应用学校的学科知识，而是要求学生运用逻辑思维及解决生活情境中可能出现的困难。

6.6.1　假期

这个难题单元是属于决策类型的问题，目标是评估学生在指定的限制下作出适切决定的能力。解决这类型问题通常有以下步骤：（1）了解难题的情况；（2）辨认限制；（3）在指定的限制下作出选择或决定；（4）检查并且评估决定，然后把必要的答案表达出来。

在“假期”单元中（详细题目内容见疑难类型的样题），要求学生编排假期的行程，选出最好的路线。学生需要有解读地图和分析距离图表的能力，以计划旅行路线和在哪里度宿。这个难题单元有两道问题，问题 1 要求学生根据地图和距离图表解读资料，估计从一地到另一地的最短距离。问题 2 要求学生编排假期的行程，而作决定时需要同时依从各地指定的逗留限制。

在这个单元中，香港学生在问题 1 上的平均答对率为 44.7%，比 OECD 的平均答对率 46.0% 稍低（表 6.5）。实际上，香港 15 岁学生很少有计划假日旅行的实际经验；在欧洲和美国，假日旅行则多由学生及他们的家庭成员一起计划，因此旅途中学生有机会看地图来决定驾车路线。在香港，旅行通常由旅行社代理人包办，很少有机会由学生及家人规划，因此香港学生在这项难题上表现稍逊于欧美国家也就不难理解了。

6.6.2　数位设计

这个难题单元属于系统分析及设计类型的问题。解决这一类型的问题通常有以下步骤：（1）了解问题，辨认系统之间各部分的关系；（2）呈现固有的关系，从而发展一个操作模式；（3）根据个体或系统的相关特点或要求，测试系统或设计的适切性；（4）辩解自己的分析或设计。

在“数位设计”单元中共有三道问题（详细题目内容见疑难类型的样题），学生需要为图解设计使用一种编程语言。首先，学生需要了解一套有关纸的颜色、线的颜色、在屏幕上绘画线条坐标的命令程序。学生需要分析命令、写命令并预计所设计的命令可能产生的结果。建基于这些早前定下的命令，最后一道问题增加了一个“重复”（REPEAT）的命令，要求学生以重复线条，建构正方形的图像。从 OECD 成员国的表现来看，问题 3 颇为困难，答对率只有 40.0%，但香港学生的答对率则达到 63.5%（表 6.5）。

6.6.3　冰箱

这个难题单元属于疑难排解类型的问题，目标是评估学生诊断疑难或故障的可能方法或原因的能力。解决这一类型的问题通常有以下步骤：（1）了解系统的主要特点和机制的反应；（2）理解及辨认机制的整体作用或系统各部分的交互关系；（3）诊断当前问题的源起和提出补救的行动或方案；（4）评估行动或方案是否合理和有效；（5）以文字或图像表达自己的方案或计划。

“冰箱”单元有两道问题（详细题目内容见疑难类型的样题），问题 1 要求学生根据说明书的资料，分析冰箱有什么地方出错而令红色警告灯仍然亮着；问题 2 要求学生鉴定哪些行动能够证明警告灯的操作正常。学生需要有解读说明书和诊断当前问题的能力。香港学生在问题 1 上的答对率（51.5%）远高于 OECD 的平均答对率（36.2%），但在问题 2 上的答对率（32.5%）则显著低于 OECD 的平均答对率（45.0%）（表 6.5）。正如“假期”单元一样，香港 15 岁学生很少有修理电器用品的实际经验，因此在这道难题上的表现稍逊于欧美国家也就不难理解了。

6.7　对改革课程及培养学生“解难能力”的启示

比较 PISA 解难评估的架构，以及香港课程发展处（Curriculum Development Institute，2007）和香港考试及评核局公布的“通识教育科”公开考试的参考资料（Hong Kong Examinations and Assessment Authority，2008），发现两者有以下异同。

就评估的内容架构而言，两者均要求学生应用跨学科的知识来厘清问题的本质，分析问题可能涉及的各种因素。并且，解答问题的论点必须建基于证据，而证据的来源包括了问题内提供的资料及学生多元的学科知识。由此观之，PISA 的解难要求与通识教育科考试，均十分强调问题处理过程的适切性及清晰度、论点建构的证据及逻辑性。但两个评估亦有相异之处。首先，PISA 解难评估强调“决策”、“系统分析及设计”和“疑难排解”这三种疑难类型，而通识教育科并没有强调问题的类型，却尝试涵盖“自我与个人成长”、“社会及文化”及“科学科技与环境”三个学习范围的实质议题。其次，表达论点的“表达方式”亦不同，通识教育科以文字为主，但

PISA 的解难则既重文字，也重图像表达。最后，通识教育科重视学生的“价值判断”及准则，而 PISA 中的解难题目均不涉及价值问题。

就评定学生表现而言，两个测试均为学生设定能力水平：解难有三个水平，而通识教育科则有五个水平。就香港新高中通识教育科的评估架构而言，学生通识能力的最基本层次为“第 1 级”，学生显示的能力为：（1）在“简单”的情境中能“应用部分”有关知识；（2）界定及收集有关的基础资料；（3）从“个人观点”出发考虑简单的资料/信息；（4）列出观点及“提出一些相应”的意见及建议；（5）表达简括的意念/意见；（6）从“个人观点”出发界定及描述相关资料；（7）在教师紧密监察下完成探究学习过程及反思。通识能力的最高层次为“第 5 级”，学生显示的通识能力包括：（1）在“复杂”的情境下“联系”相关的议题及知识；（2）“系统地”界定及收集和组织相关的资料；（3）从“多角度”解读及分析不同而复杂的资料；（4）根据“逻辑推论”及“充足的证据”评估不同观点，并综合个人意见及建议；（5）以“精确”、具逻辑性、“平衡而有系统”的方式表达/沟通观点（ideas）；（6）以“开放心灵及包容的态度”处理不同的观点及价值，并尊重证据，根据证据引申出概念；（7）能“独立执行”及全面反思探究学习过程。

从这个能力水平的界定可见，评分的标准有三大范畴：第（1）至第（5）点为认知与思考逻辑性及多元程度的范畴；第（6）点为态度开放及包容程度的范畴；第（7）点为操作或解答问题的过程中独立自主程度的范畴。由此观之，“第一级通识能力”与“基本解难能力”的水平相近，而“第五级通识能力”与“反思性和沟通性的解难能力”比较相似。

其实把融会贯通的“通识能力”或“解难能力”当作教学的重要目标，是近二十年教育界的趋势。由于现代资讯传输技术发达、生活情境变迁迅速，使得教育的路向由以往注重死记硬背、“知识为本”，转向培养“解难能力”和“终身学习”的态度与能力。这些改变都显示出人们在面对生活环境变迁后的迫切需求（Lam，Ho，2006）。

培养学生“解难能力”最有效的办法是在教学活动中，让学生自主地发掘问题，不断为解决自己的问题而努力，仔细反思和提出新的策略来克服工作过程中的困难，负责自行解决问题。有些研究者提倡“合作学习”的教学方式，认为这样可以达到同侪相互激励、分工合作的效果。这种合作学习的方式，对整体学生及个别学生的学习成效都有正面的影响（Ho，2004，2007）。香港新高中的通识教育科提倡“专题探究”，强调通过专题研习、资料收集、撰写报告及汇报的教学方式，以养成学生研究和反思的能力及交流切磋的习惯。相信这些教学策略会有助于培养学生解决问题的能力。

整体而言，当学习者能以自主和自我负责的态度，运用跨学科的知识来处理问题及构思活动方案时，自然会不断增强其解难能力。教师将扮演鼓励、协助以及咨商的角色，激发学生思考，评量学习进程，协助学生克服困难，以及评鉴学习成果。相信这种互动的教学活动模式最能够培养学生融会贯通的解难能力。

参考文献

何瑞珠. 2009. PISA 2003 解难能力评估及启示//教育政策研讨系列：第 70 卷. 香港：香港中文大学教育学院，香港教育研究所.

Curriculum Development Institute. 2007. Liberal studies: curriculum and assessment guide (Secondary 4–6). Final version. Hong Kong: Education and Manpower Bureau.

Ho E S C. 2004 . Self–regulated learning and academic achievement of Hong Kong secondary school students. Education Journal, 32 (2): 87–107.

Ho E S C. 2007 . Association between self-related cognition and mathematics performance: the case in Hong Kong. Education Journal, 35 (2): 59–76.

Hong Kong Examinations and Assessment Authority. 2008. Hong Kong diploma of secondary education examination: liberal studies briefing session: public examination information. Hong Kong: Author.

Klieme E. 2004. Assessment of cross-curricular problem-solving competencies//Moskowitz j H, Stephens M. Comparing learning outcomes: international assessment and education policy. London; New York: Routledge Falmer: 81–107.

Lam C C, Ho E S C. 2006. Problem-solving performance of Hong Kong students in the PISA 2003 test and its implications (in Chinese). Educational Research, 1: 78–83.

Mayer R E. 1992. Thinking, problem solving, cognition. 2nd ed. New York: W. H. Freeman.

Mayer R E, Wittrock M C. 1996. Problem solving transfer//Berliner D C. Calfee R C. The handbook of educational psychology. New York: Macmillan: 47–62.

Organisation for Economic Co-operation and Development. 2004. Problem solving for tomorrow's world: first measures of cross-curricular competencies from PISA 2003. Paris: Author.

Pólya G. 1945. How to solve it: a new aspect of mathematical method. Princeton, NJ: Princeton University Press.

Sternberg R J. 1995. Expertise in complex problem solving: a comparison of alternative conceptions//Frensch P A，Funke J. Complex problem solving：the European perspective. Hillsdale，NJ：Lawrence Erlbaum Associates：295-321.

Sternberg R J，Frensch P A. 1991. Complex problem solving：principles and mechanisms. Hillsdale，NJ：Lawrence Erlbaum Associates.

第7章

香港中学生的阅读能力与阅读习惯及阅读态度的关系

何瑞珠
香港中文大学教育学院
教育行政与政策学系

7.1 前　言

本章根据第一届学生能力国际评估计划（PISA）的结果，分析香港中学生在阅读方面的素养、习惯和态度以及三者之间的关系。结果显示，香港15岁学生在阅读方面表现不俗，然而，从学生们的自述来看，香港学生在阅读方面的自我形象却低于其他国家。这种偏低的自我形象与其在阅读方面的高能力表现很不相称。总体而言，在阅读方面的高分数者大多是女生；高分数者大多就读于生源素质较高的学校，对阅读兴趣较高并且对阅读持正面的态度；每天会花最少30分钟时间阅读课外书以及不同种类的读物。研究结果对如何从家庭、学校及社会方面提高青少年的阅读风气，具有重要的启示作用。

7.2 阅读习惯及阅读态度

本节将会讨论阅读的两个层面：动机及行为。动机是指对阅读的兴趣和态度，行为则指阅读时的投入感及阅读的多元性。PISA 的研究以学生问卷量度学生的“阅读兴趣”（interest in reading），要求学生对一些有关阅读的说法，以利克特四分量表（4-point Likert Scale）表达他们的同意程度，从而得出相应的指数。那些说法的例子包括：“由于阅读是件乐事，所以我不会放弃它”、“空闲时我会阅读”以及“当我阅读时，我有时会完全投入”等。

同样，“阅读方面的自我形象”（self-concept in reading）也是以利克特四分量表的自评问卷来量度，而有关指数则是根据学生对以下说法的同意程度得出，如“我在中文课堂上的学习，是无望的了”、“我在中文课堂上，学得很快”以及“我在中文科，取得好成绩”等。

“阅读投入感指数”（index of reading engagement）是根据学生对以下说法的同意程度而得出，例如“我喜欢和别人谈论书籍内容”、“阅读是我的爱好之一”等。“阅读的多元性”（reading diversity）则是以学生阅读杂志、漫画、小说、一般书籍、电子邮件及网页的频密程度来计算。

表 7.1 显示了每个国家在阅读态度及习惯方面的四个指数。每个指数的 OECD 平均值是 0，而标准差是 1。总的来说，香港在阅读的多元性以及阅读兴趣两方面的指数分别排行第 1 和第 4，而在阅读投入感方面则排行第 13，稍高于 OECD 平均值。虽然香港在阅读兴趣方面排行第 4，但在阅读方面的自我形象上，却在四十多个国家或地区当中排倒数第 2。

表 7.1　各国有关阅读习惯及阅读态度的四个指数

国家/地区	阅读兴趣	阅读的自我形象	阅读投入感	阅读的多元性
阿尔巴尼亚	0.57	0.14	0.51	-0.10
阿根廷	N/A	N/A	-0.12	-0.16
澳大利亚	-0.02	-0.03	-0.07	0.06
奥地利	-0.09	0.04	-0.04	-0.02
比利时	-0.32	-0.18	-0.25	-0.19
巴西	0.31	-0.02	0.15	-0.16
保加利亚	0.18	0.01	-0.01	0.27
加拿大	N/A	N/A	0.00	0.06
智利	-0.01	0.06	-0.05	-0.18
捷克共和国	0.11	-0.26	0.17	-0.21
丹麦	0.19	0.36	0.00	0.59
芬兰	0.19	-0.06	0.20	0.58

续表

国家/地区	阅读兴趣	阅读的自我形象	阅读投入感	阅读的多元性
法国	N/A	N/A	-0. 06	-0. 19
德国	-0. 06	-0. 11	-0. 09	-0. 26
希腊	N/A	N/A	-0. 01	-0. 26
中国香港	0. 33	-0. 30	0. 07	0. 62
匈牙利	-0. 06	-0. 14	0. 07	-0. 07
冰岛	-0. 06	-0. 05	0. 02	0. 39
印度尼西亚	N/A	N/A	0. 54	-0. 27
爱尔兰	0. 04	0. 27	-0. 07	-0. 29
以色列	-0. 03	-0. 08	0. 17	0. 00
意大利	-0. 11	0. 29	0. 00	-0. 17
日本	N/A	N/A	0. 09	0. 21
韩国	-0. 31	-0. 35	0. 02	0. 30
拉脱维亚	0. 24	0. 11	-0. 04	-0. 16
列支敦士登	-0. 08	-0. 11	-0. 08	-0. 08
卢森堡	-0. 07	0. 16	-0. 10	-0. 20
马其顿	0. 47	0. 35	0. 28	0. 22
墨西哥	0. 15	0. 00	0. 29	-0. 36
荷兰	-0. 17	0. 01	-0. 26	0. 07
新西兰	0. 07	-0. 11	0. 01	0. 14
挪威	0. 01	-0. 04	-0. 21	0. 44
秘鲁	N/A	N/A	0. 27	0. 11
波兰	N/A	N/A	-0. 01	-0. 29
葡萄牙	0. 23	-0. 07	0. 31	-0. 17
俄罗斯联邦	0. 15	0. 11	0. 05	0. 11
西班牙	N/A	N/A	-0. 04	-0. 34
瑞典	0. 09	0. 04	-0. 06	0. 34
瑞士	0. 04	-0. 05	0. 06	0. 01
泰国	0. 35	-0. 08	0. 12	0. 46
英国	-0. 06	0. 23	-0. 10	-0. 04
美国	0. 02	0. 26	-0. 13	-0. 07

注：“N/A”意指没有提供有关数据。

7.2.1 阅读兴趣

我们可以将阅读兴趣视为一项重要的学习成果，它让我们知道学生在课余阅读的可能性有多大。通过持续阅读，学生能进一步发展阅读技巧，学习未来人生所需的新知识。能够“从阅读中学习”，对终身学习极为重要。

图 7.1 显示了阅读兴趣与阅读表现之间的正面关系。图中根据学生阅读兴趣的等级把他们分为四个组别，并且计算每个组别的平均阅读表现。如图所示，当阅读兴趣增加，阅读表现亦会有平稳的增长。而且，根据相关分析结果，阅读兴趣指数与阅读表现是正相关的，相关系数为 0.26。

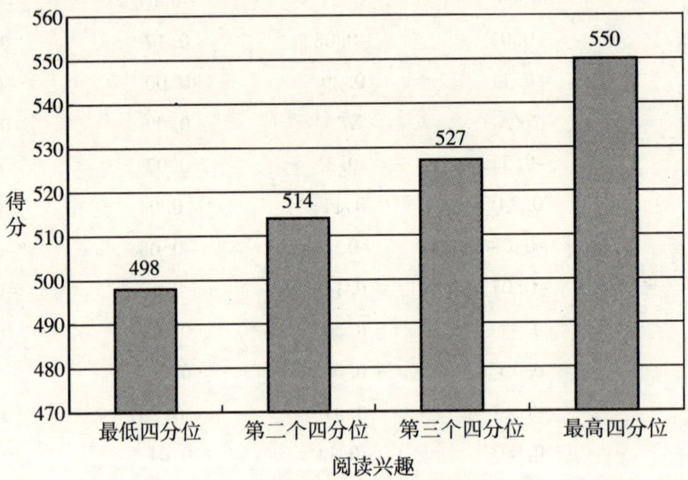

图 7.1 阅读兴趣与阅读表现的关系

7.2.2 阅读方面的自我形象

图 7.2 显示，香港中学生阅读方面的自我形象与阅读素养表现之间亦呈正面关系。阅读素养较高的学生相对地有较正面的阅读自我形象，然而阅读素养表现的增长幅度却低于阅读兴趣的提高情况。

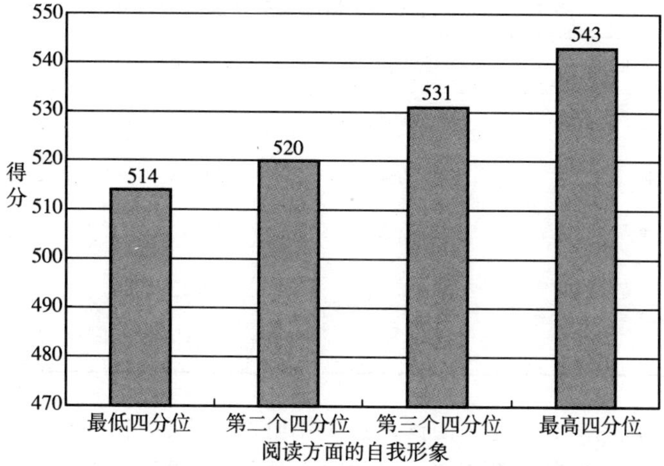

图 7.2　阅读自我形象与阅读表现的关系

7.2.3　阅读课外书的时间

表 7.2 显示了香港中学生每天阅读课外书的时间。总的来说，香港有 24.1% 的学生不会每天阅读课外书，另外有 59.0% 的学生每天阅读少于 1 小时，11.5% 的学生阅读 1 至 2 小时，5.4% 的学生则阅读超过 2 小时。

从表 7.2 也可以看到当中的性别差异。在“不阅读”课外书这个类别当中有较大的性别差异，男生比女生多出 8.2%，但在其余有看课外书的类别里，女生的百分率都稍稍高于男生。

为了探讨学生阅读课外书所花的时间与阅读表现的关系，研究人员计算了花不同时间阅读的男女生的平均阅读表现，结果显示，阅读表现与阅读时间两者之间的关系并非成直线（图 7.3）。整体来说，由“不阅读”到“阅读少于 30 分钟”，阅读表现有非常明显的增长，然后随着阅读时间越多，表现则趋向平稳，最后轻微下跌。这是一种典型的关系，其他参与PISA研究的国家或地区（如澳大利亚）也往往有此情况（Lokan，Greenwood，Cresswell，2001）。

表 7.2　学生每天阅读课外书所花的时间（%）

时　间	女　生	男　生	整　体
不阅读	20.0	28.2	24.1
少于 30 分钟	37.4	34.2	35.8
31 至 60 分钟	24.0	22.4	23.2
1 至 2 小时	12.7	10.3	11.5
多于 2 小时	5.9	4.9	5.4

然而，从图 7.3 可见，阅读超过 2 小时的男生，其阅读表现有所上升，而且高于女生。在其他低于 2 小时的阅读时间类别里，女生的表现均明显优于男生。关于阅读表现下跌，其中一个可能的解释是，花太多时间阅读的学生可能并不善于阅读。另一个可能的因素是与学生所选读物的品质、种类及多元性有关。

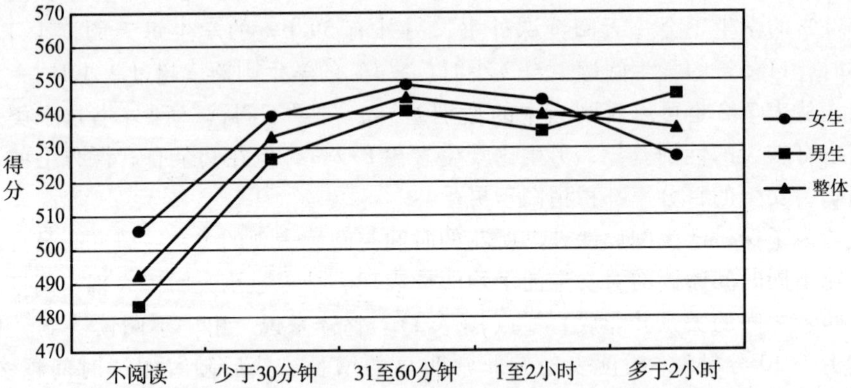

图 7.3　学生每天阅读课外书的时间与阅读表现的关系

7.2.4　阅读投入感

学生对阅读的态度，可以让我们了解他们实际上有没有（或者在他们预期中会不会有）一些正面的阅读经验。图 7.4 列出了九项有关阅读经验的说法，PISA 研究通过学生对这些说法的回应，来量度他们对于阅读的态度。

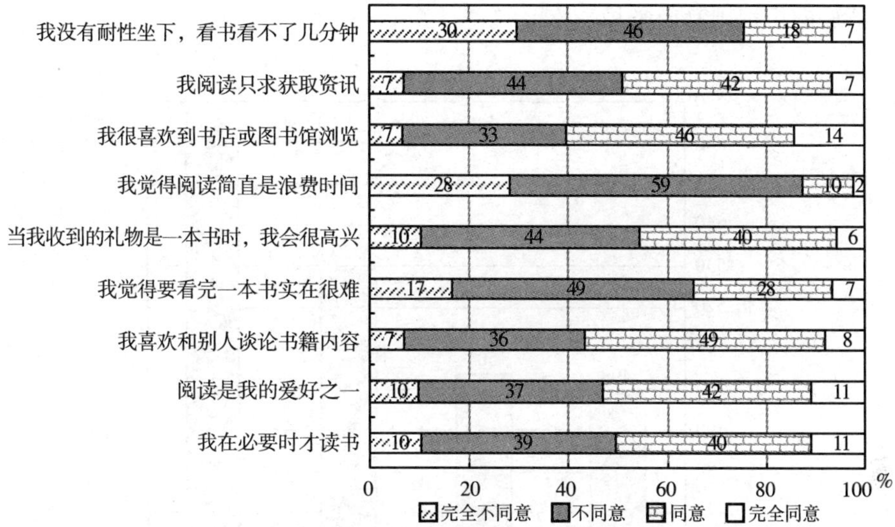

图 7.4　阅读态度题目的回应百分率

一般来说，香港学生对阅读的态度是正面的。有五至六成学生对“我很喜欢到书店或图书馆浏览”、“我喜欢和别人谈论书籍内容”的说法都表示同意或完全同意，即可证明这一点。对其他一些说法，例如“阅读是我的爱好之一”及“当我收到的礼物是一本书时，我会很高兴”，也有四至五成学生表示同意。可是，亦有超过五成学生表示“我在必要时才读书”。

图 7.5 显示了阅读投入感与阅读表现呈正面关系。根据学生的阅读投入感，可将他们分为四个组别。在计算了每个组别的平均阅读表现后，可以看到，最低四分位和第二个四分位组别的阅读表现差别不大，但第三个四分位和最高四分位组别的表现却比前两个组别高出许多。

7.2.5　阅读的多元性

阅读多元性指数是以阅读每种读物的频密程度来计算。图 7.6 显示了香港中学生阅读不同读物的频密程度：最常阅读的是报纸，其次是电子邮件及网页，而最少阅读的则是一般书籍（非小说类型）。图 7.7 把学生分为四个组别，计算每个组别的平均阅读表现。结果显示，无论是哪个性别，阅读多元性与阅读表现都有正面关系。在阅读多元性的同一组别里，女生的表现似乎优于男生。由最低四分位至第二个四分位组别，阅读表现有显著的上升，在其后的组别则趋向平稳。

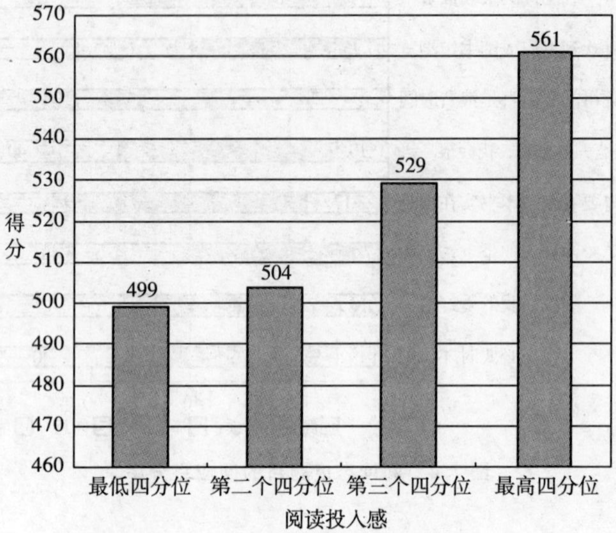

图 7.5 阅读投入感与阅读表现的关系

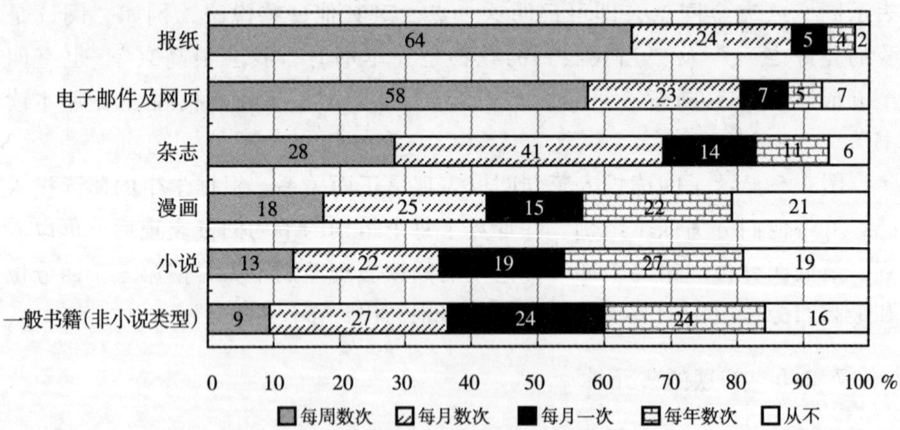

图 7.6 学生阅读不同读物的频密程度

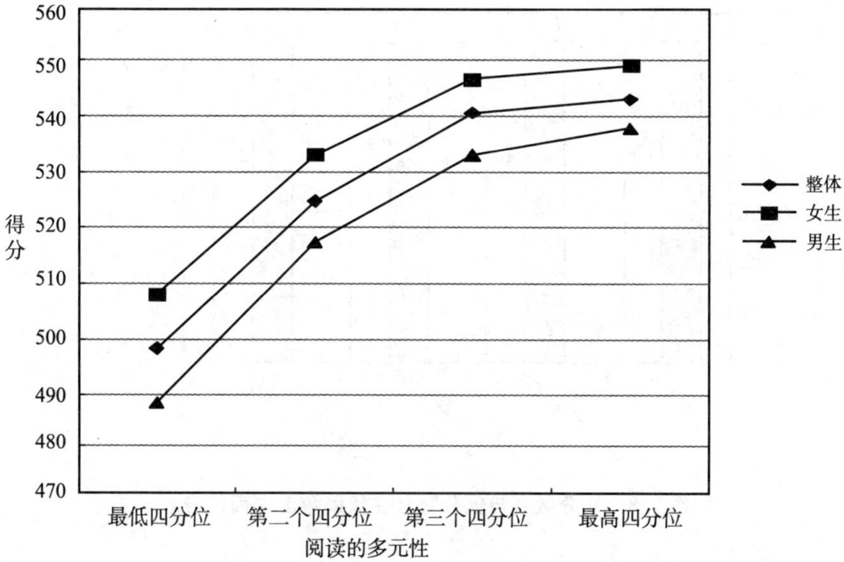

图 7.7　阅读的多元性与阅读表现的关系

7.3　高分数者与低分数者的特点

本节要探讨的问题是："高分数者有哪些阅读素养方面的特点是与低分数者不同的?"这一节将根据学生的阅读表现、学校的收生素质、学生性别、阅读习惯及态度、阅读的投入感、课外阅读的时间等各个层面，比较高分数者与低分数者在阅读素养方面的差异。低分数者与高分数者分别指在所有接受测试的学生当中，综合阅读素养分数最低 15% 及最高 15% 的学生。

7.3.1　阅读表现

图 7.8 显示了高分数者和低分数者在综合阅读及其三个阅读角度（包括检索信息、解释文本、反思和评价文本）上的表现。高分数者与低分数者的阅读成绩差异很大。在三个素养范畴里，香港学生一般在"解释文本"这个素养范畴上表现较弱，而低分数者在当中的表现（384 分）似乎相对高于在其余两个素养范畴上的表现（368 分及 379 分）。

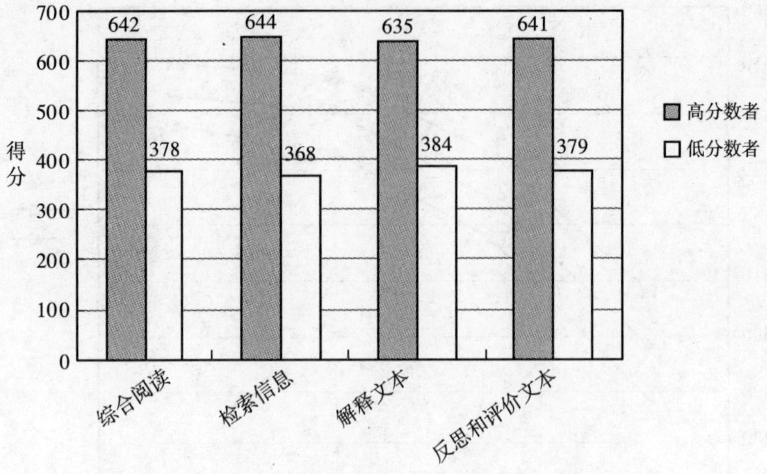

图 7.8　高分数者与低分数者在阅读角度方面的表现

7.3.2　学校的收生素质

香港中学的收生素质各有不同。教育当局会根据小学毕业生的学业成绩把他们分为不同等级，而第 1 等级学生的学业成绩被视为胜过第 2 等级的学生。图 7.9 显示了收生素质不同的学校当中，高分数者与低分数者的分布情况。

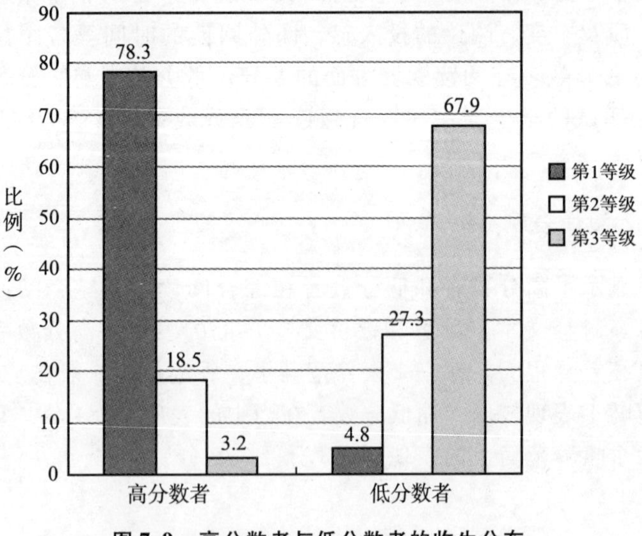

图 7.9　高分数者与低分数者的收生分布

高分数者大部分就读于收生等级较高的中学，占 78.3%，而只有 3.2% 的高分数者就读于收生等级低的中学。比较不同收生等级的学校时，我们发现在收生等级低的学校里，低分数者的比例非常高，达 67.9%。

7.3.3　学生性别

表 7.3 显示了高分数者与低分数者的性别分布。参与这次测试的男女生人数相近，所占比例分别为 49.9%（2 197 人）及 50.1%（2 208 人），但低分数的男生远比女生多（分别为 62.2% 及 37.8%），而高分数者当中的男女生比率则相近（49.8% 及 50.2%）。这样的分布情况，正好呼应了有关女生在阅读素养方面的整体表现优于男生的研究结果。也就是说，在尖子当中，女生及男生的人数差异不大，因此男生平均成绩较低的原因，主要是低分数的男生显著多于女生。

表 7.3　高分数者与低分数者的性别分布（%）

	男　生	女　生
高分数者	49.8	50.2
低分数者	62.2	37.8

7.3.4　阅读习惯与阅读态度

正如上文所述，PISA 评估除了研究阅读表现，亦探讨阅读的动机和行为。上文已讨论过这些因素与阅读表现的关系，这里则进一步分析这些因素与高分数学生及低分数学生的关系，以找出这些学生的一些个人特点。所探讨的四个因素包括：阅读投入感、阅读的多元性、阅读兴趣和阅读方面的自我形象。图 7.10 显示了高分数者与低分数者在这四个方面有何不同。

高分数者与低分数者在这四个方面均有很大差异。首先，在阅读投入感方面，高分数者对阅读有较正面的态度，他们的指数是 0.44，而低分数者的指数则是-0.24。高分数者也比低分数者阅读更多不同种类的读物。另外，高分数者比低分数者有更浓厚的阅读兴趣。至于阅读方面的自我形象，高分数者与低分数者的指数均是负值，而低分数者的阅读自我形象又比高分数者更低。这意味着，对于自己阅读的素养，香港学生的自我形象整体来说是很低的。这是值得教育者深思的问题。

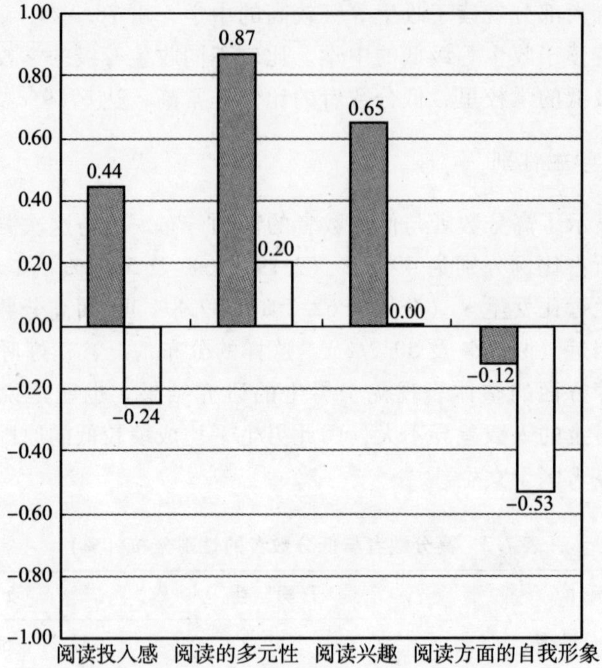

图 7.10　高分数者和低分数者的阅读习惯与态度

7.3.5　阅读投入感

表 7.4 比较了高分数者与低分数者对阅读的态度。

表 7.4　高分数者与低分数者对阅读的态度（%）

阅读的态度	高分数者 同意百分比	低分数者 同意百分比
我很喜欢到书店或图书馆浏览	73.4	47.0
阅读是我的爱好之一	68.5	39.6
我喜欢和别人谈论书籍内容	65.3	47.4
当我收到的礼物是一本书时，我会很高兴	59.2	40.7
我在必要时才读书	34.8	64.3

续表

阅读的态度	高分数者 同意百分比	低分数者 同意百分比
我阅读只求获取资讯	34.4	58.1
我觉得要看完一本书实在很难	22.7	47.8
我没有耐性坐下来，看书看不了几分钟	12.5	42.2
我觉得阅读简直是浪费时间	3.9	27.2

高分数者及低分数者对阅读有不同的看法，高分数者视阅读为正面和有益的活动。在同意有关阅读的正面说法的学生当中，高分数者多于低分数者。举例来说，有 68.5% 的高分数学生视阅读为他们的爱好之一，而只有 39.6% 的低分数学生是这样。此外，有 73.4% 的高分数学生说喜欢到书店或图书馆，但只有 47.0% 的低分数学生是这样。相反，在同意有关阅读的负面说法的学生当中，以低分数者较多。举例来说，有 42.2% 的低分数学生认为自己没有耐性坐下来看完一本书，而只有 12.5% 的高分数学生有这样的想法。

两组学生在两个说法上的差异基本上很少，它们是“我喜欢和别人谈论书籍内容”和“当我收到的礼物是一本书时，我会很高兴”，同意这两个正面说法的低分数学生也达到四成。

7.3.6　课外阅读的时间

图 7.11 显示，高分数学生花在课外阅读上的时间要多于低分数学生。在高分数学生当中，39.1% 的学生表示每天阅读平均少于 30 分钟，另外 29.9% 则每天花 31 至 60 分钟阅读。低分数学生在这两项阅读时间上的比例分别是 28.5% 和 14.4%。而表示不会每天阅读的，低分数者当中有 42.4%，高分数者当中则只有 10.9%。

即使是高分数学生，也不会花太多时间阅读课外书，只有 7.4% 阅读多于 2 小时，而阅读 1 至 2 小时的则有 12.7%。

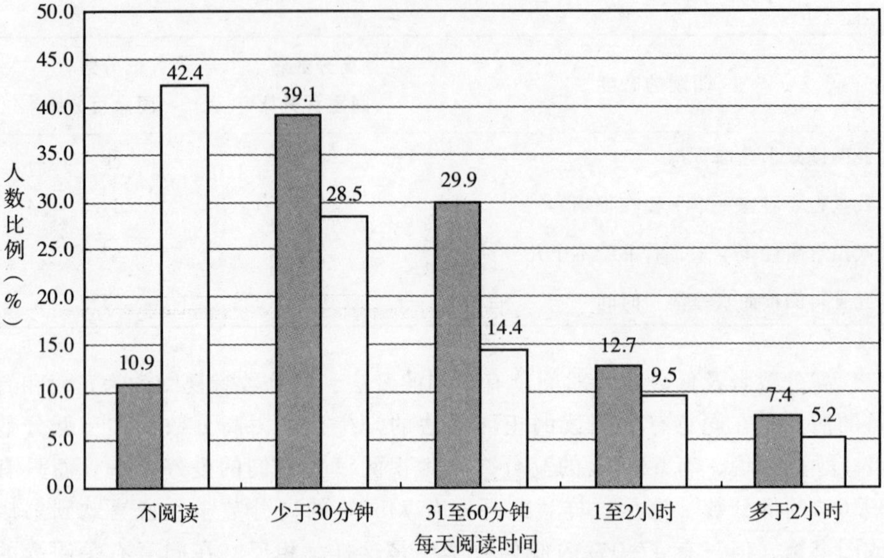

图7.11　高分数者与低分数者用于课外阅读的时间

7.4　阅读习惯与阅读表现的关系

最后我们进行多层次模型分析，以了解上述各种阅读习惯因素对阅读素养表现的相对影响。多层回归方法首先将阅读素养表现差异分为学校之间的差异（between-school variance）和校内的差异（within-school variance），然后加入背景因素（包括学校的收生素质、学校的平均社会经济地位、学生性别、父母的社会经济地位、家庭结构、家庭中的子女人数等）作为控制变量，最后加入上述各种阅读习惯因素，以解释这些差异。表7.5中的阅读习惯包括各种因素，例如每天花多少时间阅读课外书、阅读投入感、阅读的多元性、阅读功课时间，还有以分钟计算的语文课。阅读投入感指数是以学生对“我喜欢和别人谈论书籍内容”、“阅读是我的爱好之一”等说法的同意程度计算。阅读多元性指数是以学生阅读杂志、漫画、小说、一般书籍、电子邮件及网页的频密程度计算。阅读功课时间指的是学生每周花多少时间为了功课而阅读。以分钟计算的语文课则是指学生每周校内语文课的时间。

表 7.5　阅读习惯及态度对学生阅读素养的影响（多层回归分析）

	阅读成绩	
	系数	标准差
阅读课外书的时间		
少于 30 分钟	10.34***	0.94
31 至 60 分钟	11.47***	1.04
1 至 2 小时	9.90***	1.15
多于 2 小时	6.81**	2.22
阅读投入感	14.79***	0.41
阅读的多元性	4.52***	0.50
阅读功课时间	3.36***	0.17
以分钟计算的语文课	0.03	0.09
校间差异	67.13***	
校内差异	2 945.78***	
校间可解释的差异	83%	
校内可解释的差异	18%	
可解释的差异总和	58%	

注：上述结果已对背景因素（包括学校的收生素质、学校的平均社会经济地位、学生性别、父母的社会经济地位、家庭结构、家庭中的子女数目等）加以控制。

** 显著性检验水平小于 0.01。*** 显著性检验水平小于 0.001。

分析结果显示，除了以分钟计算的语文功课（不是上课，是课后要完成的功课）的时间外，所有阅读习惯因素均对阅读素养有不同程度的显著正面影响。在这些因素当中，阅读课外书的时间和阅读投入感对阅读素养有最大的影响。以阅读课外书的时间来说，每天阅读课外书少于 30 分钟的学生，比不会阅读课外书的学生的综合阅读成绩高出 10.34 分；但如果学生每天阅读课外书超过 1 小时，其阅读表现的增益则会开始下降。以阅读投入感来说，指数每上升 1 个单位，综合阅读成绩则会有约 15 分的上升。阅读多元性和阅读功课时间的回归系数均呈显著正数。这些结果显示，协助学生从阅读中得到乐趣、让他们投入地阅读，都是很重要的。

7.5 总 结

本章首先概述了一些有关学生阅读习惯及阅读投入感的情况，然后以图表方式显示香港学生对阅读的兴趣、态度及投入感等因素与阅读表现的关系，最后以多层回归方法分析上述各种阅读习惯因素对阅读素养表现的相对影响，显示这些因素与阅读表现有不同程度的关联。分析结果表明，不阅读的学生与每天阅读少于30分钟的学生之间的阅读表现有很大差异；而阅读投入感与学生的阅读表现相关性最大，这一结果与其他OECD国家的发现一致（OECD，2002）。

整体来看，香港中学生里阅读方面的高分数者有以下特点：大多是女生；就读收生素质高的学校；对阅读有正面的态度；对阅读有兴趣；每天花最少30分钟阅读课外书；会阅读不同种类的读物。与OECD的平均值比较，香港15岁学生对阅读的兴趣相当高，然而从他们的自述来看，他们在阅读方面的自我形象却比其他国家低。香港学生偏低的阅读自我形象，与他们阅读素养的高水准表现不太对应。

值得注意的是，从第一届PISA的表现来看，香港只有小部分（不足10%）学生在阅读素养上取得第5等级水平。在高分数者当中，男女生的比例相若（男生占49.8%，女生占50.2%）。可是，在低分数者当中，男生人数远高于女生（男生占62.2%，女生占37.8%）。“如何让学生在阅读方面有所改进”、“如何培养孩子（尤其是男生）享受阅读的过程”这两个问题应受到重视。笔者期望在近年的课程改革及推广阅读的改革下，香港能在家庭、学校及社区各层面改善学生的阅读风气。

家庭方面，家长应在家中尽力营造有利于阅读的文化环境。教育工作者宜指导家长培养孩子的阅读习惯。家长教育有助于提升家长对阅读的态度和技巧，而家长本身亦应阅读，并在家中做子女的榜样。家长主动协助学校图书馆的工作，例如协助进行不同的阅读活动，或者收集各种文体，并在现时的阅读材料中选取不同情境的文章，这些对学生都会有所裨益。

学校方面，近年香港教育改革也强调在学校培养阅读风气。为了提高“学会阅读”（Learning to Read）和“从阅读中学习”（Reading to Learn）的风气，阅读课程和阅读评估方面的设计均需要革新。例如对课程和评估文章的选择，应照顾青年在不同情境（包括离开学校、进入社会之后）下所需要和将会接触到的文学运用情境（汤才伟，2004）。在教导学生阅读的技巧和知识，以及培养学生对阅读的自信心这两方面，教师担当的角色尤其重要。教师须了解男女同学在阅读上的性别差异。再者，教师应该明白，帮助学生阅读并非只是语文教师的责任，所有教师都应以身作则，喜欢阅读、并给予学生协助，让学生享受阅读的过程和有效地阅读。

在课程改革方面，政府于 2002 年 9 月正式在中学落实推行《中国语文教育学习领域课程指引》（香港课程发展议会，2002），指引文件就阅读提出了阅读策略、阅读过程、不同阶段的阅读和阅读风气四项重点关注领域。而且，对阅读素养的要求特别重视语文的社会功能和实用价值。这一改革的方向，与 PISA 评估的阅读素养不谋而合。

在提倡阅读风气方面，政府可以扮演更为主动的角色。借鉴瑞典、芬兰、澳大利亚等地的经验，香港也许可以对阅读政策作以下的考虑：(1) 检讨现时香港的图书馆政策，例如其设立位置、开放时间、借书量、藏书的质和量，并检讨现时提供的阅读活动是否配合学童、家长及社区人士的需要；(2) 在学校的课时里设立 15 至 30 分钟的“齐齐读”时段，每天恒常地让孩子享受阅读的乐趣；(3) 在家庭层面，鼓励家长每天与孩子共读 15 至 30 分钟；(4) 鼓励本地作者为孩子创作本土化又多元化的读物；(5) 由婴儿期至三年级是语言学习的关键时刻，故应及早开始培养阅读的兴趣，在社区内提供有关阅读的家长教育，培养家长与孩子共同学习阅读的基本素养；(6) 最后，可参考新西兰、澳大利亚、瑞典及芬兰等地，提供适切的阅读课程，有系统地在学校里培养学生掌握阅读的技巧。

如何营造良好的阅读环境，让孩子体会阅读的乐趣？据笔者初步的观察，有两个障碍必须处理：(1) 学童需要有天天阅读的时间，不要让做功课或上补习班侵占孩子所有的课余时间；(2) 阅读本身就具有终极价值，不要让做读书报告等另类功课扭曲了阅读的意义。笔者认为，培养阅读习惯不是为了在国际测试中争取佳绩，而是要让阅读来丰富生命；若能与其他人分享交流，将更能促进生命间的沟通。

参考文献

香港课程发展议会．2002．中国语文教育学习领域课程指引（小一至中三）．香港：政府印务局．

汤才伟．2004．从国际学生阅读评估计划看本港中文科的语义教学（教育政策研讨系列之 55）．香港：香港中文大学教育学院，香港教育研究所．

谢锡金，林伟业，林裕家，罗嘉怡. 2005. 儿童阅读能力进展：香港与国际比较. 香港：香港大学出版社.

Chun C K W, Tong C W, Sze P M M. 2003/2004. Reading performance of Hong Kong's 15-year-old students in PISA 2000. Education Journal, 31 (2)-32 (1): 57-89.

Ho S C, Chun C K W, Yip D Y, Wong K M, Chiu M M, Sze P M M, et al. 2003. The first HKPISA report: monitoring the quality of education in Hong Kong from an international perspective. Hong Kong: HKPISA Centre, The Chinese University of Hong Kong.

Johnson R K, Cheung Y S. 1995. Reading literacy in Hong Kong: An IEA world literacy project on the reading proficiency of Hong Kong students in Chinese and English. Hong Kong: Department of Chinese and Bilingual Studies, Hong Kong Polytechnic University.

Lokan J, Greenwood L, Cresswell J. 2001. How literate are Australia's students? Melbourne, Victoria: Australian Council for Educational Research.

Organisation for Economic Co-operation and Development. 1999. Measuring student knowledge and skills: a new framework for assessment. Paris: Author.

Organisation for Economic Co-operation and Development. 2002. Reading for change: performance and engagement across countries. paris: Author.

Organisation for Economic Co-operation and Development, UNESCO. 2003. Literacy skills for the world of tomorrow: further results form PISA 2000. Paris: OECD & UNESCO Institute for Statistics.

第 8 章

香港中学生的学习策略与学习成效的关系

何瑞珠

香港中文大学教育学院

教育行政与政策学系

8.1 前 言

教育的目标不仅仅是要使学生获取知识，更要使学生成为有素养、有热忱的终身学习者（Organisation for Economic Co-operation and Development, 2003）。以往的研究发现，若学生在学习过程中担当主动的角色，他们会学习得更有效。这种主动的学习过程，包括了学生的主动性及其所采用的策略，通常被称为自主学习（self-regulated learning）。本章旨在从 PISA 的国际研究计划来剖析香港中学生的自主学习程度，并采用多层线性模型分析（Hierarchical Linear Modeling）来了解自主学习与学习成效的关系。研究发现，在 9 个自主学习指数中，有 6 个与学生的阅读、数学及科学成绩呈显著的正相关，其中以“控制策略”及“自我效能感”的相关性最强；反之，“工具性动机”及“记忆策略”则与学习成绩呈负相关。此外，研究也发现，除了“竞争学习”这个指数外，香港中学生采用自主学习策略的程度，均低于其他国家或地区。假如使学生具有终身学习的内在动力是教育改革的其中一项重要目标，那么我们必须进一步研究怎样的学习环境才能培育学生达至这个自主学习的目标。

传统学习的主要目标是期望受过基础教育的人拥有基本的算术（numeracy）及语文（literacy）的知识和技能，以便处理日常生活的大小事务。这个关于基础教育的看法十分普遍，但却未能回应时代的不断转变及知识的不断更新。因此，近年教育界已开始对这一狭隘的看法作出修正，以期教育达至使人终身学习的目标。许多有关认知过程的研究均显示，能有效地终身学习的人，不但拥有数学及语文知识，而且更会使用不同的学习策略（Greeno，Collins，Resnick，1996）。这些研究还发现，绝大部分成功的学习者都不是在被动地学习，而是在学习过程中积极处理资料并建构对资料的理解。一些研究比较了擅长学习和不擅长学习这两类学习者，结果显示，两者之间学习的认知过程很不相同。擅长学习者会组织、领略和结合他们的知识，例如，他们在阅读时会建立一个有关文本的情景（Kinstch，1986），又会进一步在学习时向自己解释所学的知识（Chi，Bassok，Lewis，Reimann，Glaser，1989），并会在写作时使用转化知识的策略（Scardamalia，Bereiter，1992）。相反，不擅长学习的人则较少使用这些学习策略。Johnston 和 Afflerbach（1985）发现，不擅长学习的儿童，虽然会留意读本文字上的意思，但却不会将其转化为自己的文字。

简单来说，学习者并非被动地接收资讯。相反，有效的学习者会广泛使用多种学习策略，使外在的信息内化为学习者的知识。教导学童使用有效的学习策略正是装备他们主动学习的基础，而这一目标也与现时香港教育改革所宣扬的“学会学习”及“终身学习”的诉求相一致。

8.2 自主学习的概念

有关学习的研究显示，熟练的学习者会调节其思考与表现，灵活协调各种解决问题的方法，并选择适当的策略以应付不同的学习活动（例如 Chi，Glaser，Farr，1988）。孩子不但需要知道“如何”运用策略，也需要知道“何时”运用。Palincsar 和 Brown（1984）建构了“告知式教学法”（informed instruction），他们认为，这种教学法能帮助儿童理解和评估一些学习策略是怎样进行的，以及这些策略为何有用。这样，孩子就能更有效地决定在何种情况下使用哪种学习策略，从而学会为自己的学习负责。换言之，孩子可以调节自己的学习情况，而不是纯粹机械化地运用学习策略。要做到这点，孩子需要发展他们对自己学习过程的“后设认知”（metacognitive）知识，并且要能够反思及调整策略的运用，亦即掌握后设认知的过程。学习不同领域的知识需要不同的学习策略，后设认知知识就是指有关这些学习策略的有效性和限制的知识，以及有关学习者自己在学习和应用这些策略时的长处及短处的知识。“后设认知”过程则是指对这些限制的自我监察和变化。任何自主学习者都必须了解学习领域及学习者本身的特质，并懂得这些自我监察的过程。

在自主学习（self-regulated learning）的基本概念下，不同的理论观点强调不同的学习层面。举例来说，社会认知观点（social cognitive perspective）强调自我效能感（self-efficacy）（Bandura，1977；Zimmerman，1989）；信息处理观点（information processing perspective）强调自我监察（self-monitoring）的过程（Winne，2001）；维果斯基的观点（Vygotskian perspective）强调自我规管（self-regulation）在社群相互作用中的内化；而建构主义的观点（constructivist perspective）则强调策略的运用以及个人的后设认知层面（Paris，Paris，2001）。此外，各种观点亦各有侧重的研究方向，例如在自主学习的研究当中，动机是个重要的元素；而在自我规管理论中，通常则包括认知、动机、社会及后设认知等元素，这些元素均有助于我们了解学生如何进行自主学习（Zimmerman，1986）。有关自主学习的研究所探讨的课题包括如下方面。

- 学生是通过什么过程懂得自觉地学习的？
- 社会和实际环境如何影响学生的自主学习？
- 学生如何获得自主学习的能力？
- 自主的学生运用了哪些关键程序，以达到学业上的目标？

8.3　自主学习的理论范畴

自主学习是一个整全的架构，涵盖认知方法、动机、后设认知及社会认知等元素。值得注意的是，它们在大多数情况下都是互有关联的。

认知方法是指学生为处理学习问题而运用的策略。举例来说，孩子或许会在阅读时从文本中作出推理，并且推敲文本的意思。他或许会使用动机策略，例如在完成了部分艰巨工作后，给自己买一个冰激凌，以保持自己的学习动力，继续完成余下部分。认知方法也包括学生主动地改变学习环境以增进学习效果，例如当孩子发觉日间有许多事情令他或她分心时，或许会选择在大清早或深夜学习。

Zimmerman（1989）以 Bandura（1986）的社会认知理论为基础，提出社会认知的三元理论来解释自主学习（Schunk，1989，2001）。三元理论提出，自主学习涉及个人、环境及行为之间的相互影响，而这种相互影响的具体表现，可参照 Bandura 理论的一个主要概念——个人所意识到的“自我效能感”。自我效能感是指个人对自己有没有能力学习和达至理想表现的想法。Bandura 认为，个人的自我效能感以及对结果的预测都是影响学习动力的主要因素。这里必须指出，自我效能感仅指对特殊任务表现的预测（相关概念的讨论参看 Zimmerman，2000）。基于这种“特殊任务”的本质，学生可以在不同方面有不同程度的自我效能感。举例来说，同一名学生可以对数学考试的效能感很高，但却对公开演说的效能感很低。自我效能感是一个很重要的概念，因为它能影响动机的不同元素，包括：“选择的活动”、“付出多少努力”、“坚持的能耐”和“情绪反应”等（Bandura，1997）。以选择的行动来说，有自我效能感的学生较能随时承担困难和富挑战性的任务，同时也比欠缺自我效能感的学生更有毅力。此外，Schunk（1989）也发现，自我效能感能令学生更坚毅，从而直接或间接影响学生在技巧方面的掌握。至于在情绪方面，学生对应付任务的效能感越高，其承受压力的能耐便越大，而焦虑和抑郁的程度亦较低（Bandura，1997）。简言之，自我效能感能给予学生原动力，并且让他们感觉自己有控制能耐。这有助于激发他们订立自己的目标，自我监察，并且对自己的学习情况作出评估。

8.4 自主学习与学习成效的研究回顾

研究显示，自主学习策略的使用，很大程度上与学业成绩有关（Bandura，Schunk，1981；Zimmerman，Martinez-Pons，1990）。一般来说，高效能学习者较为自主及自足，在学习时向成人求助的频密程度较低（Zimmerman，Martinez-Pons，1990）。也就是说，高效能的孩子能更独立地学习。

自我效能感与学习成效有非常密切的关系（Zimmerman，Martinez-Pons，1990）。效能感尤其影响自我监察、自我评估和学习策略，对学习成绩有直接或间接的影响。然而，对口语和数学效能感的性别差异，现时尚未有定论，例如 Zimmerman 和 Martinez-Pons（1990）在美国的研究发现，在口语效能感方面，男生竟远胜于女生，但在数学效能感方面则两性之间并无显著差异。这些研究结果跟“女生语言能力优于男生”的说法并不一致（Maccoby，Jacklin，1974；Organisation for Economic Co-operation and

Development，2003）。因此，口语和数学效能感当中的性别差异还需进一步的研究。

自主学习策略的使用也有文化差异。Purdie、Hattie 和 Douglas（1996）发现，日本学生比澳洲学生更倾向于使用熟记（memorization）的方法，尽管前者较少视学习为熟记。这似乎与人们一般认为亚洲学生善于死记硬背的想法一致。总体而言，自主学习的性别差异及文化差异均是有待探索的有趣课题。

根据以上的文献回顾，可以发现，有关香港学生学习策略的全面性研究相当少（Rao，Moely，Sachs，2000），因此以下问题值得探索。

（1）香港学生在学习上有哪些独特的模式、强项和弱点？

（2）自主学习中的哪些策略，与学生的阅读、数学和科学科平均表现有最密切的关系？

（3）香港的教育系统如何能有效地发展和提升学生自主学习的能力？

8.5　PISA 对自主学习概念的界定及操作

在 PISA 的研究里，学生问卷共有 44 个跨课程能力（cross-curriculum competencies）的项目，而所有参与测试的香港学生，均需要就不同的陈述（例如："我肯定我有能力去明白文章中最艰深的内容"），在利克特四分量表上表达其频密或同意程度。这些项目旨在量度 9 个自主学习策略的指数（indices），包括：控制策略（control strategies）、努力与毅力（effort and persistence）、记忆策略（memorization strategies）、学生所体会的自我效能感（self-efficacy）、控制期望（control expectation）、联系策略（elaboration strategies）、工具性动机（instrumental motivation）、竞争学习（competitive learning），以及合作学习（cooperative learning）（表 8.5.1）。每一项以 3—5 个项目量度，继而计算出每个策略的指数。各指数是以 OECD 国家的平均分数来标准化，设定的平均值为 0，而标准差则设定为 1。若指数为正数，则表示该国家或地区使用这些策略的频密程度高于 OECD 平均值；若指数为负数，则表示该国家或地区使用这些策略的频密程度低于 OECD 平均值。

(1) 控制策略：指数由学生采用以下学习策略的频率推算出来："当我温习时，我会先找出我要学的是什么"；"我会检查自己是否已熟记温习过的内容"；"尝试找出不明白的概念"；"肯定自己已熟记最重要的资料"；"温习时遇到艰深内容，我会收集其他资料以弄个明白"。

(2) 努力与毅力：指数由学生报告以下学习策略的频率推算出来："即使遇到艰深的内容，我仍会努力不懈"；"我会全力以赴"；"我尽力掌握课堂上所教授的知识和技巧"；"我尽力学习"。

(3) 自我效能感：指数由学生报告以下学习策略的频率推算出来："我肯定我有能力去明白文章中最艰深的内容"；"我肯定我可以掌握已学技能"；"我自信能在作业和测验中取得好成绩"。

(4) 控制期望：指数由学生采用以下学习策略的频率推算出来："当我投入地学习时，即使内容艰深，我也有能耐去了解它"；"假如我决心不想成绩低劣，我真的可以达到目标"；"假如我决心不答错任何一条问题，我可以做到"；"如果我想学好一些事情，我一定能做到"。

(5) 工具性动机：指数由学生所持以下学习原因的频率推算出来："我学习，为了增加将来的工作机会"；"为了将来在经济方面有所保障"；"能找一份理想工作"。

(6) 联系策略：指数由学生报告以下学习策略的频率推算出来："我尝试把新知识和在其他科目中学到的知识贯通起来"；"我会把内容和以前所学的知识联系起来，以求明白更多"；"我会想想学习内容如何能应用于现实生活"；"我会把内容和以前所学的知识联系起来，以求明白更多"。

(7) 记忆策略：指数由学生采用以下学习策略的频率推算出来："我会尽量熟记一切"；"我会熟记所有新的内容，好使我能够把它们背诵出来"；"我会重复诵读内容"。

(8) 竞争学习：指数由学生对以下说法的同意程度推算出来："我希望成绩比其他同学好"；"希望胜过别人，是驱使我做得好的原因"；"我希望能在一些科目取得佳绩"；"我想做得比别人好时，我会学习得更快"。

(9) 合作学习：指数由学生对以下说法的同意程度推算出来："我喜欢和其他同学一起学习"；"和别的同学一起学习时，我学得最多"；"我喜欢协助组内同学争取佳绩"；"从事计划（project）时，集思广益很有帮助"。

表 8.1 显示了各指数的定义、样本项目及可信度系数。9 个指数的可信度系数均介乎 0.64 与 0.86 之间，在统计上而言，各项目可算具备内在一致性（internal consistency）。

表 8.1　自主学习概念的定义及可信度

指　数	定　义	样本项目	可信度系数
控制策略	显示学生对自己的学习执行控制的程度	• 我会先找出我要学的是什么 • 我会检查自己是否已熟记温习过的内容	0.76
努力与毅力	显示努力在学习当中的重要性	• 即使遇到艰深的内容，我仍会努力不懈 • 我会全力以赴	0.83
自我效能感	显示学生对自己的能力的看法	• 我肯定我有能力去明白文章中最艰深的内容 • 我肯定我可以掌握已学技能	0.68
控制期望	显示学生对自己应付学习任务是否有信心	• 当我投入地学习时，即使内容艰深，我也有能耐去了解它 • 假如我决心不想成绩低劣，我真的可以达到目标	0.73
工具性动机	显示合乎现实的考虑在学习动机当中的重要性	• 为了增加将来的工作机会 • 为了将来在经济方面有所保障	0.86
联系策略	显示联系当前所学东西与原有知识的重要性	• 我尝试把新知识和在其他科目中学到的知识贯通起来 • 我会把内容和以前所学的知识联系起来，以求明白更多	0.81
记忆策略	显示学习时熟记和背诵的重要性	• 我会尽量熟记一切 • 我会熟记所有新的内容，好使我能够把它们背诵出来	0.76
竞争学习	显示与别人竞争是学习的重要推动力	• 我希望成绩比其他同学好 • 希望胜过别人，是驱使我做得好的原因	0.72
合作学习	显示学生有多喜欢与他人一同学习	• 我喜欢和其他同学一起学习 • 和别的同学一起学习时，我学得最多	0.64

8.6 研究结果与讨论

8.6.1 香港学生的学习策略特点

整体来说，香港学生在 9 个学习策略指数中有 6 个呈负值，即低于 OECD 的平均值。在控制策略、努力与毅力、自我效能感、控制期望、联系策略、工具性动机这 6 个指数的排名上，位居 40 多个参与 PISA 的国家或地区中的倒数第 2 至第 6；而其记忆策略和合作学习的指数，则与 OECD 的平均值相若。最令人注意的是，在所有参与国家或地区当中，香港的竞争学习指数最高。

图 8.1 比较了香港及其他四个亚太国家或地区的自主学习指数。香港及韩国的控制策略指数分别是-0.28 及-0.44，在 PISA 中的排名分别为倒数第 6 和倒数第 3，这反映了香港及韩国的学生对自己学习情况的控制感相对较低。在努力与毅力指数方面，香港排名是倒数第 3（-0.25），而韩国则排行榜末（-0.39）。香港的记忆策略指数跟 OECD 的平均值差不多。这跟人们一般认为香港学生普遍使用熟记方法的观念并不一致。在自我效能感指数方面，三个亚洲国家或地区（包括泰国、韩国及香港）排名最低，而泰国和香港的控制期望指数亦是最低。香港的联系策略指数是-0.21，而全球的最高值是 0.57，这显示香港学生也甚少把他们正在学习的东西与已有的知识联系起来。在工具性动机指数方面，大部分亚太国家或地区的平均值都是偏低的（-0.18 至-0.42，只有泰国的数值是正数）。在参与 PISA 的国家或地区当中，香港的平均竞争学习指数最高（0.67），而绝大部分欧洲国家（包括芬兰）的则十分低。在合作学习指数方面，香港亦只是 0.04。这些数字反映，香港学生甚少使用大部分的学习策略，唯一的例外是竞争学习。

图 8.1 也显示韩国的所有指数都是负值；换言之，根据问卷上的回应，韩国学生使用任何一种自主学习策略的频密程度都比 OECD 的平均值低，若考虑韩国学生在阅读、数学和科学这三个范畴均有出色表现，这确实是个很有趣的现象。香港的情况与韩国的差不多，只有在记忆策略、竞争学习和合作学习这几方面不同。值得一提的是，根据问卷上的回应，澳大利亚和新西兰的学生，都比香港和韩国学生更倾向于使用熟记的方法，这也不同于人们一般认为亚洲学生多以死记硬背来学习的想法。

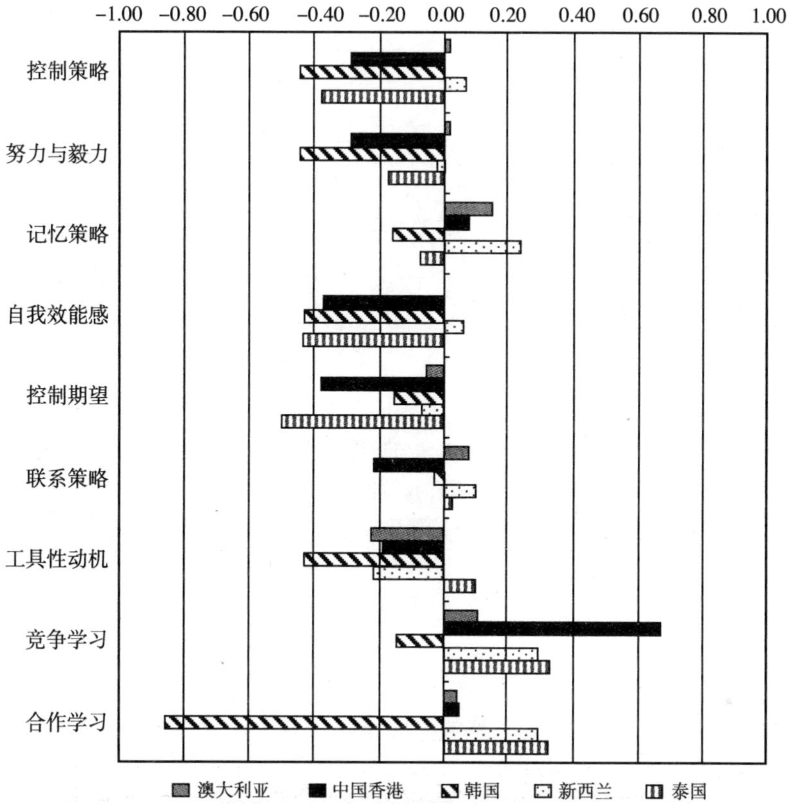

图 8.1　亚太国家或地区的自主学习指数

注：每个指数的 OECD 平均值是 0。印度尼西亚和日本没有进行跨课程能力问卷调查。

最后，自主学习策略的使用也有性别差异。图 8.2 显示，女生比男生显著较多地采用记忆策略及合作学习，但在自我效能感及联系策略上则显著较男生弱。至于在控制策略、努力与毅力、控制期望、工具性动机及竞争学习方面，则无显著的性别差异。总括来说，自主学习策略实存有显著的文化差异及性别差异，亚洲文化地区如中国香港、韩国及泰国较相近，而西方文化地区如澳大利亚及新西兰则较相近。

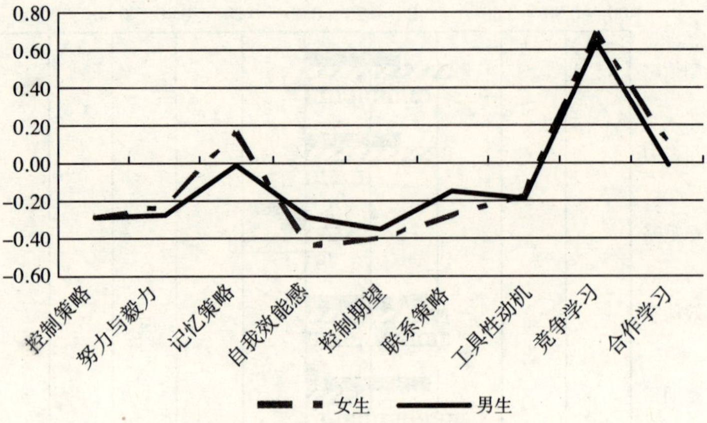

图 8.2　自主学习策略的性别差异

注：在“记忆策略”、“自我效能感”、“联系策略”与“合作学习”几项上，性别差异的显著性检验水平小于 0.001。

8.6.2　自主学习指数之间的关系

上文已概略地讨论了香港学生的学习方式，以下将会着重探讨各个自主学习层面跟阅读、数学和科学等各方面素养表现的关系。但在此之前，我们会首先探讨各个自主学习指数之间的关系。

表 8.2 显示，各个自主学习指数之间均有显著的正相关，而有些指数之间更有非常密切的关系，例如控制策略指数跟努力与毅力、记忆策略、自我效能感、控制期望和联系策略指数均有十分密切的关系，有关的相关系数分别是 0.75、0.63、0.67、0.66 及 0.69。换句话说，若控制策略的指数高，则表示学生比较容易也比较多地会使用其他学习策略。除了一般的控制策略，学生也可能使用联系和记忆策略。由于能够较容易和较有效地使用各种学习策略，他们对学习就会较有自信，比较能感觉到自己对学习的控制能力，自我效能感和控制期望指数也会较高。此外，努力与毅力和自我效能感亦跟其他指数有密切关系。然而，工具性动机和合作学习指数之间的关系不大，相关系数为 0.07。

表 8.2 自主学习指数之间的相关系数

	控制策略	努力与毅力	记忆策略	自我效能感	控制期望	联系策略	工具性动机	竞争学习
努力与毅力	0.75**							
记忆策略	0.63**	0.61**						
自我效能感	0.67**	0.64**	0.47**					
控制期望	0.66**	0.62**	0.47**	0.69**				
联系策略	0.69**	0.61**	0.41**	0.62**	0.59**			
工具性动机	0.33**	0.32**	0.36**	0.25**	0.29**	0.24**		
竞争学习	0.45**	0.44**	0.36**	0.41**	0.46**	0.35**	0.34**	
合作学习	0.31**	0.31**	0.20**	0.26**	0.25**	0.28**	0.07**	0.37**

**显著性检验水平小于0.01。

8.6.3 自主学习及素养表现的多层回归分析

为了探讨自主学习指数和阅读、数学及科学素养之间的关系，我们采用了多层线性模型分析（表8.3）。学生和家庭层面的背景变量也被包括在这一分析之内作为控制变量，控制变量包括年级、性别、社会经济地位、家长教育程度、移民地位、家庭结构、兄弟姐妹数目、学校收生情况，以及学生的组合［以校内学生家长的平均社会经济地位、平均教育程度与单亲或混合家庭（即有继父或继母的家庭）的百分比而评定］。

表 8.3 阅读、数学和科学成绩与自主学习指数的多层线性模型分析

	阅读		数学		科学	
	平均值	标准差	平均值	标准差	平均值	标准差
控制策略	5.1***	0.79	5.2***	0.78	5.3***	1.03
努力与毅力	2.6***	0.58	2.1	1.91	4.2***	1.10
自我效能感	3.9***	0.50	4.3**	1.63	3.3*	1.51
控制期望	0.8***	0.15	1.2	0.89	0.9	0.90

续表

	阅读		数学		科学	
	平均值	标准差	平均值	标准差	平均值	标准差
工具性动机	-0.5	0.54	-2.7**	0.85	-1.3	0.82
联系策略	-1.4*	0.67	1.9**	0.70	-0.16	1.14
记忆策略	-1.7	0.90	-5.3***	1.54	-4.3**	1.35
竞争学习	3.5***	0.47	4.3***	0.57	2.7*	1.22
合作学习	1.3***	0.34	0.9	1.00	3.3***	0.33
校间差异 (between-school variance)	590***		666***		431***	
校内差异 (within-school variance)	3091***		3889***		3394***	
已解释的校间差异 (between-school variance explained)	77%		74%		83%	
已解释的校内差异 (within school variance explained)	7%		18%		21%	
已解释的总差异 (total variance explained)	50%		52%		44%	

注：学生及家庭层面的背景变量亦包括在分析之内。然而，由于有关数据并非本章重点，因此并没有列于本表内。

*显著性检验水平小于0.05。**显著性检验水平小于0.01。***显著性检验水平小于0.001。

把这些学生背景变量纳入分析中，目的是为了剖析在尽量排除这些变量之后，自主学习对阅读、数学及科学素养有多重要。表中的回归系数平均值反映了，随着该变量改变，学生分数会有何改变。这里必须指出，回归系数不一定反映简单的因果关系，读者在理解这些结果时，应注意各种诠释以及持不同看法的解释或理论。

以 9 个自主学习指数与阅读之间的关系来说，表 8.3 第二栏的结果显示，其中 6 个指数对阅读有显著的正面影响，分别是：控制策略、努力与毅力、自我效能感、控制期望、竞争学习以及合作学习。它们与阅读素养之间的回归系数分别是 5.1、2.6、3.9、0.8、3.5 和 1.3。控制策略似乎是阅读当中最重要的学习策略，其系数 5.1 表示，当控制策略指数上升 1 个单位，则阅读素养上升约 5 分，而其他回归系数亦作如是的推算。对阅读成绩影响最大的学习策略是：首先想清楚自己要学什么（控制策略），并且尽力而为，在任务非常困难时亦能继续工作（努力与毅力），有信心获得好的成绩（自我效能感），并有决心应付学习任务（控制期望）。这些均与学生的阅读成绩有正面关系。此外，若学生能与其他人一起工作（合作学习），又能以跟别人的竞争作为学习的动力（竞争学习），他们也会有较佳的阅读成绩。工具性动机和记忆策略指数，跟阅读素养并没有明显的关系。而联系策略与学生阅读成绩呈负相关则较难理解，其中一个可能解释是，联系策略与上述多项学习策略均具有高度相关，因而在回归分析时可能因多项学习策略高度相关（multi-collinearity），而造成统计上的压制（statistical suppression）。

表 8.3 第四栏和第六栏，分别显示数学及科学素养与各个自主学习指数的关系，当中出现了不同的情况。以数学来说，控制策略、自我效能感、联系策略及竞争学习均与数学素养有显著的正相关，而工具性动机和记忆策略则有显著的负相关。换句话说，以死记硬背的方法及功利的动机来学习数学，可能效果更差。在科学方面，控制策略、努力与毅力、自我效能感、竞争学习和合作学习均与科学素养有显著的正相关，而记忆策略则有显著的负相关，即死记硬背对学习科学同样不理想。

整体来看，控制策略和自我效能感似乎与阅读、数学和科学素养的关联最强，这种情况在三个范畴中都是一致的。控制策略系数表示，当控制策略指数上升 1 个单位时，则三个学科范畴均会上升约 5 分。此外，学生若有信心掌握所学的新知识和技巧，他们在三个范畴都较可能有良好的表现。竞争学习也对三个学科范畴均有正面影响，而合作学习则只与阅读和科学有显著的正相关。这些结果可能是基于阅读和科学的学习本质：阅读和科学涉及较多的沟通和发现，所以学生在进行小组学习时可以互相讨论，因而可以学得更好。以科学来说，合作学习比竞争学习对成绩的影响更大，这显示学生一同学习科学会学得更有效。有趣的是，工具性动机和记忆策略均与数学及科学素养有负面关系。这或许表示，如果学生的学习动机太过功利，或太过着重记忆，他们较可能得到较差的成绩。换言之，兴趣与理解对学习数学和科学是更为重要的。

基本上，这些结果一致地反映出，自主学习策略与学习表现之间有显著的关联，尤其是控制策略、自我效能感及竞争学习，与三个学科范畴都有较强的正面关系，而合作学习与阅读及科学范畴亦有正面关系，但合作学习与数学的关系并不显著。虽然在自主学习指数中，控制策略与三种素养的回归系数都是最大的，但在 41 个参与国家或地区中，中国香港在控制策略指数方面的排名却是倒数第 6。

实际上，香港学生远比其他国家的学生较少使用各种自主学习策略，唯一例外的是竞争学习。这种情况可能会限制他们进行终身学习及全面发挥潜能。尽管香港学生在 PISA 中表现出色，但他们是否接受了足够的学习策略教育，实在值得关注。

再者，以往的研究显示，自主学习技巧及有关的态度是可以学习和培养的。这些研究所探讨的项目包括：教导阅读理解策略时所使用的“交互式教学”（Palincsar，Brown，1984）；以“互动方式”教授理解的策略（Pressley，Almasi，Schuder，Bergman，Kurita，1994）；从文本中学习时所使用的“引导提问”策略（King，1990；King，Staffieri，Adelgais，1998）；以及学习数学时所使用的建构活动（Webb，Troper，Fall，1995）。举例来说，交互式教学（reciprocal teaching）有助于学生学习各种策略，以掌握对文本的理解、解释及预测，从而促进学生对文本的整体理解；互动式教学（transactional instruction）和引导提问（guided questioning）策略则是交互式教学的延伸。虽然这些教学方式牵涉不同年级和科目，但研究结果显示，它们对提升学习成效很有帮助，而其中一个重点就是：无论对哪个年级的学生，只要教师能为孩子提供各种策略，他们便可将之运用于学业方面。因此，香港学生实在有很大的空间去学习有关的技巧和态度。最重要的问题是，教师如何帮助他们培养适当的技巧和态度以达至终身学习。Paris 和 Paris（2001）及 Paris 和 Turner（1994）的研究显示，减少规限式的测验（如多项选择题），增加开放式的问题，以及避免过多的竞争及学生之间的比较，均能促进学生的学习自主性。因此，以香港高度竞争的学习环境来看，可能短期来说会有优异的成绩，但长远来说却可能会扼杀学生终身学习的动力。

8.7 总　结

本章首先厘清了自主学习的概念，继而简述自主学习的理论范畴，回顾过往的研究，再探讨香港学生的自主学习情况与阅读、数学和科学成绩的关系。根据学生在问卷里的回应，香港 15 岁学生在使用自主学习策略方面有很独特的偏向。一方面，在所有参与 PISA 的国家或地区当中，香港学生的控制策略、努力与毅力、自我效能感、控制期望、联系策略和工具性动机指数都偏低；另一方面，他们视学习为竞争激烈的活动的程度，却名列全球之冠。虽然暂时未能确定香港学生的出色表现是否基于竞争这一态度，但我们不能否认，他们很依赖这种学习模式。香港学生甚少使用联系策略和合作学习策略，但这两种策略在讲求跨越专业领域的团队合作上是非常重要的。PISA 的数据显示，就香港学生而言，在各种自主学习策略当中，控制策略、自我效能感、竞争学习和合作学习，与阅读、数学和科学素养的表现有最大的正面关系。由于这些概念相互之间有不同程度的关联，读者应该谨慎诠释上述结果。

在这里笔者尝试提出本章研究的局限。首先，在整个讨论中，我们主要强调自主学习的心理过程，而以上的讨论只稍稍提及自主学习的性别及文化差异。其次，读者应注意，本章的分析多集中在香港的数据上，而不同国家或地区的学习策略及其对学习成效的影响差异很大。此外，本章采用的 9 个自主学习策略指数，是由 OECD 以其 30 多个成员国的学生数据建构的，其优点是方便作国际比较，但却未照顾到各国的文化差异，以及学童心理结构可能不尽相同的因素。若就 44 项自主学习策略，以香港的学生样本作因素分析，得出的因素已与 OECD 的分类略有出入。因此，宜按不同文化下的自主学习者的心理结构，以不同国家或地区的样本，进一步作个别的分析和比较。

整体来说，自主学习的研究结果反映，香港学生在自主学习上仍有待改善。香港教师仍有很大空间，通过不同的教学方式，提升学生的学习策略。此外，自主学习可视为终身学习的基本能力，对学生长远追求学问及发掘知识有自足的价值。问题是：现时的教育改革，有否为学生及教师创造这种自主的空间呢？

参考文献

Bandura A. 1977. Social learning theory. Englewood Cliffs, NJ: Prentice Hall.

Bandura A. (1986). Social foundations of thought and action: a social cognitive theory. Englewood Cliffs, NJ: Prentice Hall.

Bandura A. (1997). Self-efficacy: the exercise of control. New York: W. H. Freeman.

Bandura A, Schunk D H. 1981. Cultivating competence, self-efficacy, and intrinsic interest through proximal self-motivation. Journal of Personality and Social Psychology, 41 (3): 586-598.

Chi M T H, Bassok M, Lewis M W, Reimann P, Glaser R. 1989. Self-explanations: how students study and use examples in learning to solve problems, Cognitive Science, 13 (2): 145-182.

Chi M T H, Glaser R, Farr M J. 1988. The nature of expertise. Hillsdale, NJ: Lawrence Erlbaum Associates.

Greeno J G, Collins A M, Resnick L B. 1996. Cognition and learning//Berliner D C, Calfee R C. Handbook of educational psychology. New York: Macmillan; London: Prentice Hall: Z15-46.

Johnston P, Afflerbach P. 1985. The process of constructing main ideas from text. Cognition and Instruction, 2 (3-4): 207-232.

King A. 1990. Enhancing peer interaction and learning in the classroom through reciprocal questioning. American Educational Research Journal, 27 (4): 664-687.

King A, Staffieri A, Adelgais A. 1998. Mutual peer tutoring: effects of structuring tutorial interaction to scaffold peer learning. Journal of Educational Psychology, 90 (1): 134-152.

Kintsch W. 1986. Learning from text. Cognition and Instruction, 3 (2): 87-108.

Maccoby E E, Jacklin C N. 1974. The psychology of sex differences. Stanford, CA: Stanford University Press.

Organisation for Economic Co-operation and Development. 2003. Learners for life: student approaches to learning: results from PISA 2000. Paris: Author.

Palincsar A S, Brown A L. 1984. Reciprocal teaching of comprehension-fostering and comprehension-monitoring activities. Cognition and Instruction, 1 (2): 117-175.

Paris S G, Paris A H. 2001. Classroom applications of research on self-regulated learning. Educational Psychologist, 36 (2): 89-101.

Paris S G, Turner J C. 1994. Situated motivation//Pintrich P R, Brown D R, Weinstein C E. Student motivation, cognition, and learning: essays in honor of Wilbert J. McKeachie. Hillsdale, NJ: Lawrence Erlbaum Associates: 213-237.

Pressley M, Almasi J, Schuder T, Bergman J, Kurita J A. 1994. Transactional instruction of comprehension strategies: the Montgomery County, Maryland, SAIL program. Reading and Writing Quarterly: Overcoming Learning Difficulties, 10 (1): 5-19.

Purdie N, Hattie J, Douglas G. 1996. Student conceptions of learning and their use of self-regulated learning strategies: a cross-cultural comparison. Journal of Educational Psychology, 88 (1): 87-100.

Rao N, Moely B E, Sachs J. 2000. Motivational beliefs, study strategies, and mathematics attainment in high-and low-achieving Chinese secondary school students. Contemporary Educational Psychology, 25 (3): 287-316.

Scardamalia M, Bereiter C. 1992. Text-based and knowledge-based questioning by children. Cognition and Instruction, 9 (3): 177-199.

Schunk D H. 1989. Social cognitive theory and self-regulated learning//Zimmerman B J, Schunk D H. Self-regulated learning and academic achievement: theory, research, and practice. New York: Springer-Verlag: 83-110.

Schunk D H. 2001. Social cognitive theory and self-regulated learning//Zimmerman B J, Schunk D H. Self-regulated learning and academic achievement: theoretical perspectives. 2nd ed. Mahwah, NJ: Lawrence Erlbaum Associates: 125-151.

Webb N M, Troper J D, Fall R. 1995. Constructive activity and learning in collaborative small groups. Journal of Educational Psychology, 87 (3): 406-423.

Winne P H. 2001. Self-regulated learning viewed from models of information processing//Zimmerman B J, Schunk D H. Self-regulated learning and academic achievement: theoretical perspectives. 2nd ed. Mahwah, NJ: Lawrence Erlbaum Associates: 153-189.

Zimmerman B J. 1986. Becoming a self-regulated learner: which are the key subprocesses? Contemporary Educational Psychology, 11 (4): 307-313.

Zimmerman B J. 1989. A social cognitive view of self-regulated academic learning. Journal of Educational Psychology, 81 (3): 329-339.

Zimmerman B J. 2000. Self-efficacy: an essential motive to learn. Contemporary Educational Psychology, 25 (1): 82-91.

Zimmerman B J, Martinez-Pons M. 1990. Student differences in self-regulated learning: relating grade, sex, and giftedness to self-efficacy and strategy use. Journal of Educational psychology, 82 (1): 51-59.

第9章 香港中学生的科学态度与性别及年级的关系

张善培　廖　梁
香港中文大学教育学院
课程与教学学系

9.1 前　言

自从诸如空气污染、吸烟、基因食物、添加剂等社会问题不断在香港涌现，对公民科学素养的需求就显得越来越重要。科学教育的重要目标之一是希望公民能够对有关科学及科技方面的社会问题展开讨论，并且能对这些问题作出理智的判断。

科学素养包括科学知识、技能以及情意方面的发展。这三个方面对于发展学生的科学素养而言都是必不可少的。美国科学促进协会（AAAS，1989）指出，教师应该帮助学生提高对科学的积极态度，发展他们学习科学的自信心。

情意领域与公民科学素养有着密切的关系，它是形成公共政策的基石（Shen，1975）。在民主社会，公民应该显示对科学相关公共事务的兴趣，参与与科学有关的社会议题的辩论，支持政府资助纯科学和应用科学的研究。科学素养不仅仅是主修科学的学生的学习目标，也是所有即将成为有责任感的公民的学生共同的学习目标（Holbrook，Rannikmae，2007；Kolsto，2001）。

有科学素养的公民应对新科技显得更加自信（Jenkins，1990）。举个例子，一位女士要买一个可以录下自己喜欢的电视节目的录像机。她决定买一个传统的VHS磁带式而不是DVD式的，因为她听说操作DVD非常复杂，而她没有信心去学习怎样操作高科技产品。可见，科学素养的情意方面影响了人的行为以及生活素质。再举一个例子，在香港，用来处理垃圾的填堆区已经不够用了，政府建议造新型焚化炉以燃烧固体垃圾。针对这个建议，香港市民应该愿意讨论新型焚化炉的优点以及其他处理垃圾的方法。

根据Kolsto（2001）的观点，科学教师的重要职责之一在于培养学生能够批判性地对待当前的网络信息、报纸内容、其他传媒消息以及科学家的言论。此外，学生对科学和科学课的态度，将影响他们的选课和未来的职业选择。例如，Kelly（1988）追踪了英国1 472名中学生三年前后的选课情况，发现学生对物理、化学和生物课的喜欢程度是他们日后选课的一个重要预测因素。

一个具备科学素养的学生，应该拥有和展示哪些情意方面的表现？在PISA 2006中，情意方面的学习成为了科学素养的重要组成部分。它包括学生态度、价值观、动机和自我效能感（OECD，2007）。本章将报告香港学生情意发展方面的PISA数据，包括以下几项内容。

- 对科学的总体价值观——学生认为科学和技术在何种程度上促进了人类对世界的理解以及生活素质的提高。
- 个人对科学的价值观——学生认为科学在何种程度上促进了他们个人的发展。
- 对科学的自我效能感——学生对自身有效完成科学任务能力的评估。
- 对科学的自我概念——学生对自身学习科学课题能力的评估。
- 对科学的兴趣——学生对学习不同科学课题的兴趣。
- 对科学的喜爱——学生对参与科学任务的喜欢程度。
- 学习科学的工具性动机——学生认为学习科学对以后学习和工作的有用程度。
- 学习科学的未来发展动机——学生是否愿意日后继续学习科学。

在PISA中，学生情意方面的表现通过自评式问卷加以评估。问卷中的题目组成了8个量表，测定了学生各个方面的表现，回应方式采取的是4分制度量。根据四分制计算出学生表现的平均值，平均值越高，说明在情意方面的表现越佳。表 9.1 列出了对香港学生情意表现所得数据的信度测试情况。信度指数从 0.79 到 0.94 不等，这表明数据具有高的信度。

表 9.1 信度测试

量 表	题目数目(个)	信度指数（Cronbach's alpha）
1. 对科学的总体价值观	5	0.79
2. 个人对科学的价值观	5	0.80
3. 对科学的自我效能感	8	0.83
4. 对科学的自我概念	6	0.93
5. 对科学的兴趣	8	0.83
6. 对科学的喜爱	5	0.91
7. 学习科学的工具性动机	5	0.94
8. 学习科学的未来发展动机	4	0.93

9.2 情意测试的结果

表 9.2 反映了香港 15 岁学生对各个情意题的赞同或非常赞同的比例。结果显示学生对科学的总体价值观的赞同比例最高。有超过 90% 的学生相信科学和技术对人类及社会产生了积极影响。Laugksch（2000）曾指出："除非公众认为科学家所为之努力的科学是有价值的，否则科学不可能得到公众的财政支持。"然而 PISA 的结果显示，尽管香港大多数学生认为总体而言科学是有价值的，但较少有学生相信科学对他们以后的生活有用（参见表 9.2"个人对科学的价值观"部分）。例如，只有 65% 的学生同意或非常同意自己离校后依然有很多机会可以使用科学。

为了评估学生对科学的自我效能感，学生需要回答完成 8 个科学任务的自信心。结果显示香港学生的自我效能感仅仅是接近 OECD 的平均值，说明学生在面对科学任务的挑战时并没有信心。例如，只有 65% 的学生对诠释食品标签中的科学信息感到自信，只有 56% 的学生表示能够描述抗生素在应对疾病中的作用。

对科学的自我概念指的是学生对自身学习科学课题的能力的信念。PISA 结果表明，在自我概念方面，香港学生的表现落后于其他国家或地区的同龄人（OECD，2007）。通过表 9.2 可以看出，很多香港学生显示自己没有信心学习科学概念和科学课题。

为了评估学生对科学的总体兴趣，PISA 2006 调查了学生对不同科学领域的兴趣水平。表 9.2 显示的是对科学表现出中等或高兴趣学生的比例。有 75% 的香港学生显示出对生物学感兴趣，但是只有 43% 的学生对地质学的课题感兴趣，同时只有 44% 的学生对陈述科学解释感兴趣。

学生还报告了对学习科学的总体喜爱程度，85% 的学生表示喜欢获得科学方面的新知识，81% 的学生觉得通过学习科学获得了乐趣。但同时只有 65% 的学生喜欢科学阅读，54% 的学生喜欢解决科学问题。

学习科学的工具性动机，是影响学生选课、职业选择和学习成绩的重要因素。70% 的学生认为科学对他们未来的事业前景是有帮助的。但是，只有 60% 的学生相信学校中学到的科学可以帮助他们找到工作，或是对未来的学业有用。

PISA 2006 还调查了学生在未来学习科学的动机。例如，有一个问题问学生是否愿意在中学毕业后继续学习科学，令人沮丧的是，只有 41% 的学生回答了“同意”或“非常同意”。因此，有必要使得香港的科学学习变得更加有趣，更能激发学生的动机。

表 9.2　香港学生科学素养情意方面“同意”或“非常同意”的比例（%）

题　目	比　例
对科学的总体价值观	
就帮助我们了解自然界而言，科学是重要的	95
科学和科技的进步，通常会改善人类的生活条件	98
科学对社会是有价值的	97
科学和科技的进步，通常会有助于改善经济	93
科学和科技的进步，通常会带来社会效益	93
个人对科学的价值观	
我发觉科学帮助我理解身旁的事物	89
长大后，我将会在很多方面运用到科学	75
有些科学的概念，帮助我了解我和其他人怎样互动	78
离开学校后，我将有很多机会运用到科学	65
科学与我息息相关	93

续表

题目	比例
对科学的自我效能感	
解释为什么有些地方发生地震的频率较其他地方多	70
辨识报章所刊载的健康议题报道背后的科学问题	80
诠释食品卷标上的科学数据	65
预测环境的改变将会怎样影响某些物种的生存	69
识别出废物处理所涉及的科学问题	72
描述抗生素在疾病治疗中所扮演的角色	56
从两个酸雨成因的解释中，识别出哪一个较好	75
讨论新的证据如何改变你对火星可能存有生物的看法	44
对科学的自我概念	
对于理科课题的测验题目，我通常都答得很好	38
上理科课时，我能充分理解教师所教授的概念	56
我能很快地学会理科课题	48
我很容易明白理科的新概念	52
对我来说，学习高程度理科课题是容易的	35
理科课题对我来说是容易的	37
对科学的兴趣	
人类生物学	75
天文学的课题	62
化学的课题	55
物理学的课题	56
有关植物的生物学	56
科学家设计实验的方法	53
地质学的课题	43
科学解释所需要的条件	44
对科学的喜爱	
我喜爱得到科学的新知识	85
我学习科学课题的时候，通常都觉得有趣	81

续表

题　目	比　例
我对学习科学感兴趣	77
我喜欢科学方面的阅读	65
我乐意做科学习题	54
工具性动机	
我学习理科，是因为我知道它对我有用	72
努力学好理科是值得的，因为这对我未来想从事的工作有帮助	73
学习理科对我是值得的，因为所学到的知识将会对我的前途有帮助	72
我在理科中会学到很多有助于我将来找工作的东西	64
在理科所学到的东西对我很重要，因为我将来想修读的学科是需要这些知识的	63
未来发展动机	
我希望从事与科学有关的职业	46
中学毕业后，我希望修读科学	41
长大后，我希望从事科学的工作	37
我希望能终身从事尖端科学的研究	25

注：学生反应用 4 分制：1 = 非常不同意，2 = 不同意，3 = 同意，4 = 非常同意。但是，在自我效能感量度中，1 = 我做不到，2 = 我独立去做会很困难，3 = 我努力一点儿便可以做到，4 = 我很容易做到。在科学兴趣的度量中，1 = 没有兴趣，2 = 少量兴趣，3 = 中等兴趣，4 = 高度兴趣。

9.3　情意表现与学术成绩之间的关系

跟之前的研究一样（如 Mattern，Schau，2002），香港的 PISA 数据显示，学生的学术成绩与情意表现有显著的相关性。不管是男生还是女生，他们的情意表现都跟 PISA 评估结果呈正相关（表 9.3）。例如，香港 15 岁中学生对科学的喜爱与他们的 PISA 成绩呈正相关。当把香港中学生依照年级分成 8 个组，除了 4 个相关系数之外，其他所有相关系数都呈显著性相关（$p<0.05$）。

没有清楚的证据显示在此方面男生是否比女生表现出更高或更低的相关性。大部分相关系数皆属于中等强度（表 9.3），最强的相关（0.41）发生在中学三年级女生对科学的喜爱和学术成绩的关系上，最弱的相关（0.04）发生在中学一年级及二年级男生对科学的自我概念和学术成绩的关系上。这表明，不是所有在 PISA 评估中取得好成绩的学生，都可以相应地发展出高水平的情意表现。换句话说，一个取得好成绩的学生可能对科学持负面的态度。这说明了学校教育在认知和情意方面的结果是不一样的。有研究（Marsh et al.，2005；Valentine et al.，2004）表明，学生先前的情意表现会影响后来的学习成绩。

由于发展学生积极的科学态度是每一位教师的主要责任，因此，香港教师不能忽略与科学相关的情意方面的学习目标。不幸的是，教师忽视学生情意方面的学习，这在世界各地都十分普遍（Anderson，Bourke，2000；Popham，2005）。特别令人忧虑的观点是认为态度无法习得。教师不应该认为只要学生在测验中取得好成绩，他们就可以学得很好。正如 Popham（2003）指出的："一位打击学生学习积极性的教师，他所做的工作是糟糕的。"

表 9.3　香港不同性别和年级的学生有关情意表现和科学素养成绩之间的相关性

情意变量	性别	年级	相关系数
对科学的总体价值观	女	中一、中二	0.32
		中三	0.36
		中四、中五（文组）	0.23
		中四、中五（理组）	0.17
	男	中一、中二	0.28
		中三	0.24
		中四、中五（文组）	0.13
		中四、中五（理组）	0.14
个人对科学的价值观	女	中一、中二	0.34
		中三	0.29
		中四、中五（文组）	0.17
		中四、中五（理组）	0.12
	男	中一、中二	0.27
		中三	0.27
		中四、中五（文组）	0.12
		中四、中五（理组）	0.21

续表

情意变量	性　别	年　级	相关系数
对科学的自我效能感	女	中一、中二	0.33
		中三	0.40
		中四、中五（文组）	0.34
		中四、中五（理组）	0.25
	男	中一、中二	0.31
		中三	0.33
		中四、中五（文组）	0.28
		中四、中五（理组）	0.35
对科学的自我概念	女	中一、中二	0.12#
		中三	0.30
		中四、中五（文组）	0.26
		中四、中五（理组）	0.14
	男	中一、中二	0.04#
		中三	0.24
		中四、中五（文组）	0.19
		中四、中五（理组）	0.28
对科学的兴趣	女	中一、中二	0.26
		中三	0.40
		中四、中五（文组）	0.37
		中四、中五（理组）	0.18
	男	中一、中二	0.29
		中三	0.24
		中四、中五（文组）	0.26
		中四、中五（理组）	0.23

续表

情意变量	性 别	年 级	相关系数
对科学的喜爱	女	中一、中二	0.40
		中三	0.41
		中四、中五（文组）	0.33
		中四、中五（理组）	0.24
	男	中一、中二	0.37
		中三	0.34
		中四、中五（文组）	0.24
		中四、中五（理组）	0.30
工具性动机	女	中一、中二	0.18#
		中三	0.26
		中四、中五（文组）	0.14
		中四、中五（理组）	0.13
	男	中一、中二	0.25
		中三	0.22
		中四、中五（文组）	0.12
		中四、中五（理组）	0.24
未来发展动机	女	中一、中二	0.24
		中三	0.29
		中四、中五（文组）	0.13
		中四、中五（理组）	0.19
	男	中一、中二	0.07#
		中三	0.25
		中四、中五（文组）	0.11
		中四、中五（理组）	0.25

#未达统计显著度。

9.4　情意量度的性别差异和平均分

PISA 的结果可以为香港教育界人士指出哪些地方是学生的弱势环节，哪些在课程设计和班级教学中需要特别注意。表 9.4 总括了男女生情意表现的平均分。我们不应考虑这些平均分跟随年级的变化，因为从每个年级选出的学生并非是具有代表性的样本。此外，PISA 数据的获得是通过横向研究而非纵向研究。8 个情意维度的平均分从 1.89 到 3.46 不等。中四和中五文组学生的平均分最低，说明这组 15 岁的学生在情意维度上的科学素养最低。这一结果令人担忧，因为发展科学素养是每个个体的终身学习目标（Trowbridge，Bybee，Powell，2004）。虽然文组的学生较少有机会从事科学或技术相关的职业，例如，他们可能不会主动去阅读报纸中与科学相关的事务，但他们依然需要发展足够的科学情意来为日后成为公民作准备。

> 现在，随便哪天你翻开任何一张报纸，你都会发现一些与科学相关的议题。它们可能是有关全球气候变暖、未来能源、干细胞，没有人能够预测 10 年后这些问题会发展成怎样。但有一点我们可以确认，那就是无论这些问题占据人们多长时间，10 年、20 年或者 30 年，我们都需要一些基本的科学知识去理解它们。（Trefil，2008）

科学素养是普及教育的一部分。文组学生在科学情意方面的低素养是一个值得重视的问题，因为这些 15 岁的学生将占到未来香港公民人数的一半。课程发展议会（Curriculum Development Council，2003）设计了一门新课程，名称为科学与技术，目的在于扩展中四至中五年级非科学专业学生的学习经验。但是事实上却没有几所学校开设这门课程，课程发展议会应该去了解为什么科学与技术课程不能在香港成功实施。与此同时，香港在 2009 年 9 月正式实施通识教育课程，这是对所有中四至中六年级学生开设的必修科目，通识课程中的科学与技术课题，将有希望提高文组学生的科学态度。

表 9.4 显示，情意表现在性别差异上存在某些一致性。平均分显示女生对待科学的态度不如男生积极。相对于男生，女生学习科学的自信心低，并对科学持低的职业期待。一些性别差异，尽管不显著，依然显示男生的表现优于女生。在化学教育方面，Cheung（2009）的研究也显示四年级男生对待化学课比女生的态度更积极。

在 OECD（2007）的报告中，香港是性别差异显著的地区之一。这对香港教育界是一个警示，应该从中学一年级开始就设法让女生的科学态度至少与男生持平。其他也有显著性别差异的国家或地区分别是：德国、冰岛、日本、韩国、荷兰、英国、中国台湾和中国澳门。

如果根据中一学生的学术能力指数（AAI）的平均分，将所有参与学校分成高、中、低三个能力组，香港数据所显示学生的性别差异，在男女混合学校中存在，并不受学生能力的影响（表 9.5—9.7）。几乎所有情意维度都存在显著差异。η^2 即效应量，其数值范围从 0—1。值 0.01、0.06、0.14 依照惯例分别表示小、中、大效应量（Green，Salkind，2005）。从表 9.5—9.7 中可以看出，科学的自我概念、对科学的喜爱和未来发展动机这三项上的性别差异，已经达到中等效应量。香港的科学教育家应该采取措施减小这些性别差异。

许多因素会影响女生在科学情意方面的发展，例如科学领域职业内的性别成见、工作机遇、同辈影响、角色模范缺乏、父母影响等。然而，没有实证证据表明，科学教育内存在的性别差异源于人的生理差异。PISA 2006 没有调查为什么香港男女混合学校存在情意方面的性别差异。一个可能的原因是课堂内互动不平衡，较倾向于男生。在英国，Whyte（1984）发现在男女混合的实验课堂中，男生总是会“霸占”实验仪器，高声叫喊，猜测问题的答案。Grossman（1987）的研究显示，中学科学教师通常与男生的课堂互动较多。在美国，Baker（1987）观察了 18 个班的科学课，女生参与学习过程中的机会少于男生。在授课式的课堂，有关学术型问题，男生得到的提问机会多于女生。在生物和物理实验课上，教师问男生更多的程序性问题。同时，男生自己回答教师的问题比女生多 23 倍。Jones 和 Wheatley（1990）作过类似的研究，他们观察了 30 个班的科学课堂，发现科学教师与男女生的互动是不同的，相比之下，男生获得更多的、不同类型的课堂互动。

在男女混合学校中，教师应该在男女生身上花相同的时间。香港的科学教师可以尝试以下教学策略，以让女生获得更加积极的学习经验。

- 邀请女生回答问题，协助实验演示，做小组组长；
- 鼓励女生在课堂中猜测问题的答案；
- 建立同性别内的学习活动，使女生有机会与其他女同学一起工作；
- 将科学与人的生活关联起来，以引起女生的学习兴趣和关注；
- 鼓励女生参加课外科学活动；
- 使用另类的评价方法，例如需要用书写和口头报告的评价方法。

表9.4　香港学生科学素养情意维度的平均分

情意变量	年　级	女　生	男　生	显著性
对科学的总体价值观	中一、中二	3.35	3.39	
	中三	3.37	3.41	
	中四、中五（文组）	3.32	3.36	*
	中四、中五（理组）	3.43	3.46	
个人对科学的价值观	中一、中二	3.06	3.16	*
	中三	3.06	3.13	*
	中四、中五（文组）	2.88	2.97	* *
	中四、中五（理组）	3.17	3.19	
对科学的自我效能感	中一、中二	2.64	2.66	
	中三	2.74	2.85	* *
	中四、中五（文组）	2.70	2.77	* *
	中四、中五（理组）	2.98	3.02	
对科学的自我概念	中一、中二	2.39	2.60	* *
	中三	2.36	2.63	* *
	中四、中五（文组）	2.06	2.26	* *
	中四、中五（理组）	2.43	2.71	* *
对科学的兴趣	中一、中二	2.58	2.67	
	中三	2.57	2.79	* *
	中四、中五（文组）	2.39	2.48	* *
	中四、中五（理组）	2.83	2.89	*
对科学的喜爱	中一、中二	2.76	2.98	* *
	中三	2.81	3.04	* *
	中四、中五（文组）	2.62	2.79	* *
	中四、中五（理组）	3.13	3.22	* *

续表

情意变量	年　级	女　生	男　生	显著性
工具性动机	中一、中二	3.02	3.11	
	中三	2.87	3.01	＊＊
	中四、中五（文组）	2.38	2.49	＊＊
	中四、中五（理组）	3.11	3.12	
未来发展动机	中一、中二	2.24	2.49	＊＊
	中三	2.25	2.51	＊＊
	中四、中五（文组）	1.89	2.12	＊＊
	中四、中五（理组）	2.65	2.76	＊＊

注：平均分基于1—4分制。

＊显著性检验水平小于0.05。＊＊显著性检验水平小于0.01。

表9.5　香港男女混合学校高能力组男女生科学素养情意维度的差异

情意变量	平均分 女　生 (N=1085)	平均分 男　生 (N=947)	t值	显著性	η^2
1. 对科学的总体价值观	3.39	3.45	3.15	0.002	0.005
2. 个人对科学的价值观	3.02	3.18	7.14	0.000	0.025
3. 对科学的自我效能感	2.84	2.95	5.17	0.000	0.013
4. 对科学的自我概念	2.23	2.59	12.42	0.000	0.080
5. 对科学的兴趣	2.62	2.79	6.70	0.000	0.022
6. 对科学的喜欢	2.84	3.10	9.92	0.000	0.046
7. 工具性动机	2.69	2.95	7.56	0.000	0.031
8. 未来发展动机	2.17	2.54	10.83	0.000	0.055

表 9.6　香港男女混合学校中等能力组男女生科学素养情意维度的差异

情意变量	平均分		t 值	显著性	η^2
	女生 (N=674)	男生 (N=695)			
1. 对科学的总体价值观	3.38	3.41	1.24	0.214	0.001
2. 个人对科学的价值观	3.03	3.08	2.02	0.043	0.003
3. 对科学的自我效能感	2.71	2.87	5.51	0.000	0.022
4. 对科学的自我概念	2.22	2.51	7.46	0.000	0.049
5. 对科学的兴趣	2.51	2.71	5.82	0.000	0.024
6. 对科学的喜欢	2.76	3.00	7.12	0.000	0.036
7. 工具性动机	2.72	2.86	3.32	0.001	0.010
8. 未来发展动机	2.16	2.43	6.61	0.000	0.031

表 9.7　香港男女混合学校低能力组男女生科学素养情意维度的差异

情意变量	平均分		t 值	显著性	η^2
	女生 (N=503)	男生 (N=661)			
1. 对科学的总体价值观	3.26	3.38	4.64	0.000	0.018
2. 个人对科学的价值观	2.88	3.05	5.55	0.000	0.026
3. 对科学的自我效能感	2.57	2.71	4.22	0.000	0.015
4. 对科学的自我概念	2.16	2.52	7.63	0.000	0.069
5. 对科学的兴趣	2.33	2.62	7.35	0.000	0.045
6. 对科学的喜欢	2.60	2.93	8.87	0.000	0.064
7. 工具性动机	2.66	2.92	5.22	0.000	0.033
8. 未来发展动机	2.05	2.43	8.93	0.000	0.064

9.5　女校与男女混合学校中女生的情意表现比较

2006 年共有 15 所女校参加了香港的 PISA 测试。正如前面所提到的，男生在科学课上表现出比女生更积极的态度。那么，在女校与男女混合学校之间，女生的情意表现会有什么不同？香港的样本包括 9 所高能力女校和 6 所中等能力女校，但没有低能力女校参加测试。在高能力组学校中，尽管效应量小（表 9.8），但是两类学校的女生在 6 个情意维度上的表现均有显著性差异。而中等能力组学校，两类学校的女生则没有显著性差异（表 9.9）。本研究同样分析了男校和男女混合学校中男生的情意表现，发现两类学校之间没有显著性差异。这表明高能力组女校的学习环境可能与同等能力男女混合学校不同。

香港的研究发现，与过去一些同性别教学的研究结果类似。例如，在英国的男女混合学校，15—16 岁的学生认为同性别班的学习氛围比混性别班的要好（Younger，Warrington，2006）。学生认为在同性别班中学习更集中，感觉更自信。Robinson 和 Gillibrand（2004）调查了英国 13 岁中学生，发现高能力组的女生在同性别教学中更有利，因为她们可以获得更多的学习互动，更少地被男生干扰。男女混合学校中同性别班的女生在参与 GCSE 物理课上也取得了更积极的效果（Gillibarnd，1999）。在澳洲，Parker 和 Rennie（2002）发现，同性别女生班的学习环境比混性别班和男生班的要愉快。女生班的优势在于：学生的干扰少、实践性活动机会多、管理问题少、教师压力小。Kelly（1981）发现女校女生的学科学习态度好于男女混合学校的女生。Vockell 和 Lobonc（1981）发现相对于混校的女生，女校的女生较少认为科学是男性的职业。

表 9.8　香港高能力组女校与男女混合学校女生科学素养情意维度的差异

情意变量	平均分		t 值	显著性	η^2
	女校（N=557）	混校（N=1085）			
1. 对科学的总体价值观	3.39	3.39	0.33	0.739	0.000
2. 个人对科学的价值观	3.07	3.02	1.93	0.054	0.002
3. 对科学的自我效能感	2.92	2.84	3.08	0.002	0.006
4. 对科学的自我概念	2.36	2.23	3.92	0.000	0.011
5. 对科学的兴趣	2.70	2.62	2.83	0.005	0.005
6. 对科学的喜欢	2.94	2.84	3.17	0.002	0.006
7. 工具性动机	2.84	2.69	3.80	0.000	0.010
8. 未来发展动机	2.35	2.17	4.53	0.000	0.012

表 9.9　香港中等能力组女校与男女混合学校女生科学素养情意维度的差异

情意变量	平均分		t 值	显著性	η^2
	女校 (N=225)	混校 (N=674)			
1. 对科学的总体价值观	3.35	3.38	0.84	0.400	0.001
2. 个人对科学的价值观	3.05	3.03	0.60	0.546	0.000
3. 对科学的自我效能感	2.71	2.71	0.02	0.984	0.000
4. 对科学的自我概念	2.28	2.22	1.15	0.252	0.002
5. 对科学的兴趣	2.53	2.51	0.38	0.702	0.000
6. 对科学的喜欢	2.78	2.76	0.40	0.688	0.000
7. 工具性动机	2.75	2.72	0.57	0.572	0.000
8. 未来发展动机	2.25	2.16	1.66	0.098	0.003

9.6　对香港科学教育的启示

香港的当务之急在于尽快培养有科学素养、有责任感的公民。科学素养是对全民而言的，其中，科学情意是科学素养必不可少的成分。PISA 数据显示，香港 15 岁学生总体而言认为科学和技术对理解自然世界与人类世界是有价值的。但是，他们缺乏足够的动力和自信心来应对科学学习。更糟糕的是，占据学生总体人数一半的女生，在科学情意各个维度上的表现都低于男生。例如，相对于男生，女生对科学的自我概念水平更低，更不喜欢科学。此外，无论男生或女生，文组学生对待科学和科学课的态度相对较消极。

学校类型（同性和混性学校）与高能力组女生的情意发展的相关性令人担忧。尽管混性别班的教师可尝试之前提到的教学策略，但仅仅依靠教师一人提高女生的科学态度，局限颇多（Kelly，1981）。课程发展议会设计的科学课程和公开考试都加重了这些局限。研究已证实采取 STS 教学可以提高学生的科学学习态度（Lee，Erdogan，2007；Solbes，Vilches，1997；Yager，Akcay，2007）。最近，Bennett、Ludden 和 Hogarth（2007）的研究发现，基于情境的教学以及 STS 教学比传统教学更能促进学生积极态度的形成。更重要的是，他们发现这两种教学不仅可以同时促进男生和女生的态度，而且可以减少性别差异。

遗憾的是，STS教学在科学教育社群中被很多人认为仅仅是一个口号（Kumar，Fritzer，1998；Nashon，Nielsen，Petrina，2008）。在教学方法上，依然是用传统的掌握科学内容的方法而非依据真实情境的方法。Cheung（2000）分析了香港中一至中三科学课程（CDC，1998）的目标、内容、教学方法、学习活动和评价方法，发现科学教育课程主要是学术和认知过程取向，而人文、社会、技术方面的取向则被忽略了。现今，香港教师依然教授这一初中科学课程。因此，重新思考中学科学课程设计显得十分迫切。

那么我们应该怎样做？强调STS取向和探究为本的实验（Cheung，2008），是沿着正确方向探索的第一步。为了促进文组学生和女生的学习态度，我们建议课程发展议会回顾当今综合科学、物理、化学和生物课程，这些课程的内容需要重新再概念化和扩展，以满足学生以及社会的需要。与科学相关的人或社会事件，都应该作为课程的组织体（Cheung，Ng，2000）。有关STS的课程与教学，有以下10个基本特征需要注意（Yager，Akcay，2007）。

（1）由学生自己找出与本地有关的议题；
（2）使用本地资源（人力和物质）作为问题解答的信息来源；
（3）学生亲自参与信息的寻找，解决实际生活中的问题；
（4）将学习扩展到学校及课室之外；
（5）强调科学与科技对每个人的影响；
（6）科学内容不仅仅只是为了考试；
（7）不应该只是单方面强调过程技能的操练；
（8）让学生了解与科学及科技相关的职业；
（9）当学生有需要解决的问题时，提供机会帮助他们履行公民角色；
（10）讨论科学与科技可能影响未来生活的方式。

以上10项对课程和教学的修正，并不会仅仅影响男生或主修科学的学生的学习，所有学生都将从中获得益处，因为这些是高质素的科学课程的基本要素。

参考文献

American Association for the Advanced of Science. 1989. Science for all Americans. New York: Oxford University Press.

Anderson L W, Bourke S F. 2000. Assessing affective characteristics in the school. 2nd ed. Mahwah, NJ: Lawrence Erlbaum Associates, Publishers.

Baker D R. 1987. Sex differences in classroom interactions in secondary science. Journal of Classroom Interaction, 22 (2): 6-12.

Bennett J, Lubben F, Hogarth S. 2007. Bringing science to life: a synthesis of the research evidence on the effects of context-based and STS approaches to science teaching, Science Education, 91 (3): 347-370.

Cheung D. 2000. Analyzing the Hong Kong junior secondary science syllabus using the concept of curriculum orientations. Educational Research Journal, 15 (1): 69-94.

Cheung D. 2008. Facilitating chemistry teachers to implement inquiry-based laboratory work. International Journal of Science and Mathematics Education, 6 (1): 107-130.

Cheung D. 2009. Students' attitudes toward chemistry lessons: the interaction effect between grade level and gender. Research in Science education, 39 (1): 75-91.

Cheung D, Ng P H. 2000. Science teachers' beliefs about curriculum design. Research in Science Education, 30 (4): 357-375.

Crossman M. 1987. Teachers' interactions with girls and boys in science lessons//Kelly A. Science for girls?. Milton Keynes, England: Open University Press: 58-65.

Curriculum Development Council[CDC] (1998). Syllabuses for secondary schools: Science (Secondary 1-3). Hong Kong: Printing Department.

Curriculum Development Council[CDC] (2003). Science and technology curriculum and assessment guide (Secondary 4-5). Hong Kong: Printing Department.

Gillibrand E, Robinson P, Brawn R, Osborn A. 1999. Girls' participation in physics in single sex classes in mixed schools in relation to confidence and achievement. International Journal of Science Education, 21 (4): 349-362.

Green S B, Salkind N J. 2005. Using SPSS for Windows and Macintosh: analyzing and understanding data. 4 th ed. Upper Saddle River, NJ: Pearson/Prentice Hall.

Holbrook J, Rannikmae M. 2007. The nature of science education for enhancing scientific literacy. International Journal of Science Education, 29 (11): 1347-1362.

Jenkins E. 1990. Scientific literacy and school science education. School Science Review, 71 (256): 43-50.

Jones M G, Wheatley J. 1990. Gender differences in teacher-student interactions in science classrooms. Journal of Research in Science Teaching, 27 (9): 861-874.

Kelly A. 1981. The missing half: girls and science education. Manchester, England: Manchester University Press.

Kelly A. 1988. The customer is always right: girls' and boys' reactions to science lessons. School Science Review, 69 (249): 662–676.

Kolstø S D. 2001. Scientific literacy for citizenship: tools for dealing with the science dimension of controversial socioscientific issues. Science Education, 85: 291–310.

Kumar D Fritzer P. 1998. A study of science-technology-society education implementation in the state of Florida. Journal of Social Studies Research, 22 (1): 14–18.

Laugksch R C. 2000. Scientific literacy: a conceptual overview. Science Education, 84: 71–94.

Lee M K, Erdogan I. 2007. The effect of science-technology-society teaching on studnets' attitudes toward science and certain aspects of creativity. International Journal of Science Education, 29 (11): 1315–1327.

Marsh H W, Trautwein U, Lüdtke O, Koller O, Baumert, J. 2005. Academic self-concept, interest, grades, and standardized test scores: reciprocal effects models of causal ordering. Child Development, 76: 397–416.

Mattern N, Schau, C. 2002. Gender differences in science attitude-achievement relationships over time among white middle-school students. Journal of Research in Science Teaching, 39 (4): 324–340.

Nashon S, Nielsen W, Petrina S. 2008. Whatever happened to STS?: pre-service physics teachers and the history of quantum mechanics. Science and Education, 17: 387–401.

OECD. 2007. PISA 2006: Science competencies for tomorrow's world: volume 1: Analysis. Paris: OECD.

Parker L H, Rennie L J. 2002. Teachers' implementation of gender-inclusive instructional strategies in single-sex and mixed-sex science classrooms. International Journal of Science Education, 24 (9): 881–897.

Popham W J. 2003. Test better, teach better: The instructional role of assessment. Alexandria, VA: Association for Supervision and Curriculum Development.

Popham W J. 2005. Classroom assessment: What teachers need to know. 4 th ed. Boston: Pearson.

Robinson W P, Gillibrand E. 2004. Single-sex teaching and achievement in science. International Journal of Science Education, 26 (6): 659–675.

Shen B S P. 1975. Science literacy and the public understanding of science//Day S D. Communication of scientific information. Basel: Karger: 44–52.

Solbes J, Vilches A. 1997. STS interactions and the teaching of physics and chemistry. Science Education, 81: 377–386.

Trefil J. 2008. Why science? New York: Teachers College Press: 43.

Trowbridge L W, Bybee R W, Powell J C. 2004. Teaching secondary school science: strategies for developing scientific literacy. 8th ed. Upper Saddle River, NJ: Pearson.

Valentine J C, DuBois D L, Cooper H. 2004. The relation between self-beliefs and academic achievement: a meta-analytic review. Educational Psychologist, 39 (2): 111-133.

Vockell E L, Lobonc S. 1981. Sex-role stereotyping by high school females in science. Journal of Research in Science Teaching, 18 (3): 209-219.

Whyte J. 1984. Observing sex stereotypes and interactions in the school lab and workshop. Educational Review, 36 (1): 75-86.

Yager R E, Akcay H. 2007. What results indicate concerning the successes with STS instruction. Science Educator, 16 (1): 13-21.

Younger M R, Warrington M. 2006. Would Harry and Hermione have done better in single-sex classes?: a review of single-sex teaching in coeducational secondary schools in the United Kingdom. American Educational Research Journal, 43 (4): 579-620.

第10章

香港中文科的阅读[①]教学

汤才伟

澳大利亚麦考瑞大学教育学院

10.1 前言

PISA所评估的阅读素养概念和范畴，与香港中小学中国语文科中所预定的阅读目标并不完全相同。这说明同一能力概念可以存在多种评估范畴（multidimensionality）。通过对香港中小学新、旧中国语文科课程的检视，我们发现所谓的语文能力其实与文学方面的要求有很强的关系。面对21世纪的信息社会，我们有必要重新思考“语文能力”这一概念的含义。而PISA所展示的评估设计过程，可以让我们对能力的概念有更精确的了解，对能力所呈现的情境有更适切的考虑，对能力的具体内容有更清楚的描述。

香港于2002年开始参加PISA，在PISA中香港学生多次取得佳绩，显然为近年来备受争议的教育界带来了一些正面的信息。尤其在语文能力方面，香港学生似乎并不如外界所指责的那样不济，至少在与世界其他国家或地区比较时，香港学生的阅读能力并不逊于其他地方的学生。PISA作为一项全球性的学生能力评估，其严谨和科学的程度自然毋庸置疑，但PISA所评估的阅读素养到底是些什么？香港学生成绩优异，是因为我们对学生的阅

① 香港语文教学中包括读、写、听、说多个方面，本章集中讨论阅读方面的教学，在香港又被称为“读文教学”。

读素养要求过高，还是PISA的要求过低？又抑或是PISA的“阅读素养”与大家所指的并非相同的概念？

为此我们不妨拿香港中小学的中国语文科课程中有关阅读教学的部分，与PISA所评估的阅读素养概念和内容作一比较，以了解香港学生在阅读方面的真正表现，同时也进一步了解香港中小学中国语文科在阅读教学方面的情况。本章将分别从阅读素养（reading literacy）概念的界定、评估范畴（dimensions）的选择和能力指标（skills descriptions）的制定等不同环节，比较上述两者的分别。

10.2　读写能力概念的转变

Literacy一词本意是指人们阅读（to read）和书写（to write）的基本能力，所以一般称为“读写能力”。但近年literacy一词的应用范围已不限于文字的阅读和书写，很多与文字处理无关的能力也都会用literacy一词来代表。例如：视觉方面有所谓的visual literacy，电脑方面有computer literacy。所以现今literacy一词的使用意义，可以理解为人们在某种知识或能力范畴方面的理解能力，而并不一定限于文字的阅读和写作。在PISA中，literacy分别用于阅读素养（reading literacy）、科学素养（science literacy）和数学素养（mathematics literacy）。以下有关PISA在语文能力方面的测量，其实只指阅读素养，而并不包括传统literacy概念中的写作能力。

按本义理解，literacy指的是人们运用书面语（written language）的基本能力，包括阅读和书写两方面。在最极端的情况下，阅读和书写本身已可以代表读写的基本能力；当然那只是在知识极不普及的社会中所出现的读写标准。随着经济的发展，知识的普及程度已比以前大大提高；互联网的出现，更令接触知识不再存在任何困难。问题反而是：如何处理大量的资料，提取或更新个体本身所需要的知识。所以在现今的信息年代（information age），社会对读写能力的要求和标准，不但已远远超出昔日的认读层次，而且越发使阅读素养一词很难有标准的意义（Rafferty，1999）。

在这一背景下，为了配合时代的发展，对读写能力的各种重新诠释也便纷纷涌现。例如：有认为读写能力是利用读写来完成生活或工作上所遇到的复杂事情（Tompkins，2003）；又或者是作为一种理解或参与21世纪的世界与社会的工具和方法（Rafferty，1999）。这种种对读写能力的新诠释，都反映出在现今信息世界之下，阅读、写作不单是从文字符号中提取表面的信息，而更需要利用文字的信息来解决日常生活和工作上的困难，处理与人相处的沟通问题。有学者更加主张，阅读素养中应该包括“批判性思维”、“创意思维”以及“解难能力”等元素（Calfee，1994；Ellsworth，1994）。以上种种对 literacy 一词的诠释，都是因为在信息时代之下，如何从众多信息之间发现问题、解决问题，才是运用语言的最重要能力。

由此可见，新一代的读写能力要求，已远远超过传统所讲的概念。这种转变是为了让我们的下一代青年更好地适应社会所出现的变化。教育是培育下一代的工作，我们的语文教育是否已经顺应这种转变而作出相应的改革呢？以下我们不妨立足于 PISA 和香港中小学中国语文科课程，来分析二者对“阅读素养”一词的理解。

10.3　阅读素养概念的理解

OECD 于 2000 年进行了首次 PISA 研究。当时共有 32 个隶属 OECD 的国家参加。随后于 2002 年，再有另外 11 个国家或地区加入，其中包括香港。所以整个 PISA 2000，先后合计共有 43 个国家或地区参加。

PISA 所评估的对象主要为 15 岁的学生。选择这个年龄是因为在大部分教育制度之下，强迫教育都会在这个年龄结束。这也代表由政府所提供的基础教育基本上完结。对香港来说，15 岁正好是一般中三学生的大概年龄，亦是香港目前所施行的九年免费教育的最后一年。因此，选择 15 岁学生作为能力评估的对象，可以在某种程度上反映出某地在教育方面的成绩。而更重要的是，假如学生在此之后不再接受进一步的教育，他们在这个年龄所达致的学业能力，也将代表社会未来工作人口的普遍教育水平。所以 PISA 选择这个年龄的学生作为评估对象，有其背后的经济考虑。

其实早在 1992 年，OECD 已经指出，如果一个国家或地区的成年人口的阅读素养普遍偏低，将会严重威胁当地的经济表现（economic performance）和社会团结（social cohesion）（OECD，1995）。但要认真分析阅读素养对工业国家或地区的经济影响，就需要有各国及各地的阅读素养数据，以作相互的比较。所以在 1994 年，一项名为国际成人阅读素养调查（International Adult Literacy Survey，IALS）的研究，在北美及欧洲等地区展开，对各国 16—25 岁的成年人进行了一次大型的阅读素养评估。其结果如下。（Kirsch et al.，2002）

(1) 阅读素养在最低两层的成年人，其失业的机会要比阅读能力在最高三层的成年人高出2倍；

(2) 3/4只具有最低阅读素养的成年人，大多从事低收入的工作或没有工作；

(3) 与具有最高两层阅读素养的成年人相比，只有最低层阅读能力的成年人参加持续进修或训练的机会要少1/4。

由此可见，具有较低阅读素养的学生，在进入社会工作之后，在前景发展及待遇上都将比阅读能力较高的学生差。而事实上，随着工业技术的转变，传统蓝领工人（blue-collar workers）的职位不断减少（Ellsworth，1994）。所以OECD认为，从今日社会发展的角度来考虑，成年人口的阅读素养已不能再简单理解为阅读的基本门槛（basic threshold），而应该从一种社会功能（social function）的意义上加以审视。例如：成年人如何在社会中使用书写信息（written information），来进行生活、工作和社交上的种种运作（OECD，1995）。2000年PISA的阅读评估，便沿用了国际成人阅读素养调查的部分评估题目，其原因是PISA对阅读素养的看法，同样是建基于该调查那种社会功能的考虑。这种从社会参与、经济发展角度来理解阅读素养的观点，与过往从语言学、语言心理学或教育学等知识基础，来考虑评估学生阅读表现的观点，是有所不同的。

10.3.1　PISA对阅读素养的界定和意义

如果理解了PISA背后的评估动机，便可以进一步明白它如何由此界定阅读素养。从评估的角度来说，制定任何评估工具，其背后均假设有一隐性的特征（latent trait）可供量度，这种隐性的特征既是个人的本质（intrinsic attribute），也是某一群体所拥有的共性（Hashway，1998）。所以任何的评估或测试，必须先对这一作为评估对象的隐性特征予以说明。这种说明将为整个评估活动的量度概念（construct）赋予特定的含义，也会令整个测试具有特定的针对目的（李英哲，2001）。因为只有就有关概念作出清楚的诠释和界定，才能决定评估题目（item）的范围和性质。

针对阅读素养这一概念，PISA作了如下的解释。

> 阅读素养是理解、运用和反思书写文字的能力，旨在达致个人目的、发展个人知识及潜能，并能参与社会。(Kirsch et al.，2002)

上述 PISA 对阅读素养的解释，最少具有以下几项特点。

(1) 强调语文能力的运用情况

从语言学的分类知识来看，语文的结构是由字到词，由词到句，再由句到段、篇等。所以若从最基层的语言单位开始，阅读素养便是字词的认读，亦即所谓解码（decoding）的阅读程序。PISA 对阅读素养的界定，放弃了字词这一基本单位，而选择以较高的层面作为评估的起点。其中一个原因是 PISA 评估的对象为 15 岁的学生，他们一般均已接受了近十年的教育，所以对字词的解码应该已具有一定的能力，如果仍对字词这一层面进行评估，将没有太大的实际和区别意义。况且如前所述，PISA 评估学生的阅读素养是带有一种社会功能的目的，所以从语文“运用”的角度来进行评估，将更能体现语文的这种功能意义。具体来说，上述定义提出了三种语文“运用”的能力，包括“理解”（understand）、“运用”（use）和“反思”（reflect）。

(2) 强调语文能力对个人未来发展的意义

在信息并不发达的年代，知识不但成为社会阶级的一种表征，亦是确保生活的一种资产。同时，从知识演变的角度来说，知识相对而言比较固定，更新的周期也较慢。老一辈常说“一技傍身”，意思就是指只要学得一技，便可以应付一生。但随着社会经济的发展、民生的提升、互联网的诞生等，接触知识已不再如昔日般困难。由于接触知识容易，知识与知识的交流亦相对地变得频繁，在此影响之下，知识日新月异，变更的周期亦不断缩短。要应付这一瞬息万变的信息年代，新一代不但要拥有知识，更要拥有如何获取知识的能力。影响所及，教学的模式、学校的制度都需要随之作出改变。

Calfee（1994）称昔日的教育为“工厂式学校”（factory school），意思是以传授既定的知识为主；但在信息年代，新的教育所需要的是一种“质疑学校”（inquiring school）。在这一类学校里学习的学生，需要学会提出问题、解决问题、协作、技术转移等多种能力。要应付这种学习上的转变，语文是重要的媒介和工具。所以能够掌握一定程度的阅读理解能力，对日后提升个人的知识和发挥本身的潜能来说就至为重要。Calfee 称这种在信息时代所需要的阅读能力为批判阅读能力（critical literacy）——一种利用语言作为思考（thinking）、解难（problem solving）和沟通（communication）工具的能力。Calfee 的这种阅读能力观念，正是 PISA 阅读素养定义中所指的“达致个人目的、发展个人知识及潜能”。

(3) 强调语文能力在社会中的适应能力

正如上文所述，PISA 选择 15 岁学生作为评估对象，是出于一定的社会经济考虑，所以在界定阅读素养时，PISA 亦强调语文能力应当具有“能在社会中有效参与”的社会意义。所谓“参与”（participation），就是能够与周边的人们在各种事情或工作上进行有效的沟通。近年不少学者在讨论读写能力的概念时，都会把它放在社会功能的框架中（Assink，1994；Baynham，1995；Hasan，Williams，1996）。从现实的角度来看，政府提供免费教育的其中一项主要目的，就是希望能更好地装备下一代，以适应未来社会生活与工作的技术和知识需要。

综合以上讨论，PISA 对阅读素养的界定，是希望能够评估一名 15 岁学生在工作、家庭或是社区中处理文字信息的技巧和能力（OECD，1995）。对个人来说，这种阅读素养的定义带有鲜明的社会生活意义；而对整个社会的发展来说，则具有明显的社会发展利益。OECD 作为全球经济合作及发展的一个机构，其对阅读素养的理解，自有其配合组织工作性质的某种特定取向。香港作为国际大都会、东南亚的金融贸易中心，由昔日受西方殖民统治回归到具有千年文化的祖国怀抱，我们为学生所提供的语文教育，又是如何替阅读素养定位的呢？

10.3.2　中国语文科课程对阅读素养的界定和意义

如前所述，PISA 2000 取样的对象为 15 岁学生。对香港来说，这批学生是就读中国语文科旧课程的中学生。所谓旧课程，是指在 1990 年由香港课程发展议会编订，并由当时香港教育署建议学校采用的《中国语文科课程纲要》(以下简称《纲要》)。《纲要》共有两本，分别为中学《纲要》及小学《纲要》。

中学及小学的《纲要》，主要是由“香港课程发展议会属下的中学中国语文科科目委员会所编拟的”（香港课程发展议会，1990b）[3]，而委员会中的成员，“包括香港教育界的代表，其中有中学校长、政府中学及非政府中学的现任教师、大学及教育学院讲师、香港考试局代表、教育署辅导视学处及其他有关部门的人员等。除上述指定的代表之外，本科目委员会特别邀请八位在职教师，参与拟订课程的工作”（香港课程发展议会，1990b）[3]。从成员的组织来看，委员会既包括了教学的前线教师、教师培训的大学讲师，又有代表政府监察的督学，以至负责评估学习成效的考试局，其代表性可谓相当全面。在当时尚未盛行校本设计的课程环境之下，《纲要》具有相当的指导和规范作用。事实上，在《纲要》的封面上，也明言“香港教育署建议学校采用”。所以很大程度上，香港 20 世纪 90 年代中小学中国语文科的教学，均以有关的《纲要》内容要求为标准，少有作出偏离《纲要》的教学决定的情况。

《纲要》主要介绍各有关教学环节（包括语文教学、写作教学、课外阅读等）的具体内容要求，并就日常教学工作的执行给出建议。至于语文教育的理念，整体教学的目标、取向，或是能力要求等方面，则相对着墨不多。例如就教学的目标而言，小学《纲要》提出以下七项作为科目的总目标（香港课程发展议会，1990a）[13]。

(1) 培养学生阅读语体文的能力。

(2) 培养学生写作的基本能力，使能运用语体文①来表情达意。

(3) 培养学生聆听和说话的能力，并养成良好的说话态度。

(4) 指导学生正确的写字方法，使能书写正确、整齐、端正和迅速。

(5) 培养学生丰富的想象力和有条理的思考能力。

(6) 提高学生学习本科的兴趣及培养他们的自学能力。

(7) 指导学生从语文学习的活动中充实生活经验，培养学生道德观念，并使学生对中国文化有所认识。

中学《纲要》则只明列以下两项目标（香港课程发展议会，1990b）[9]。

(1) 培养学生阅读、写作、聆听、说话和思维等语文能力，提高学生学习本科的兴趣，并使学生有继续进修本科的自学能力。

(2) 借着本科的教学，启发学生的思想，培养学生的品德，增进学生对中国文化的认识，并加强学生对社会的责任感。

针对阅读素养方面，中小学《纲要》亦再进一步作出明确的要求。小学《纲要》认为“语文教学”的目标有三（香港课程发展议会，1990a）[16]。

(1) 指导学生认识语文基本知识，并且把这些知识转化为语文能力，使学生能有条理地表达思想与感情。

---

① “语体文”即白话文。

(2) 培养学生阅读的兴趣，使学生养成经常阅读的习惯，并提高学生的自学能力。

(3) 培养学生的道德观念，并使学生认识中国文化。

中学《纲要》虽然并没有如小学《纲要》般明列有关阅读的目标，但它对“语文教学”的观念与小学的却是一脉相通的。

> 学生透过语文教学课，既能认识有关的语文知识，把这些知识转化为语文能力，又能获得文化熏陶、思想的启发；并可以从学习中培养品德和社会责任感（香港课程发展议会，1990b）[12]。

从上述中小学《纲要》所列的教学目标中可见，中国语文科的教学目标，除了包括一般的读、写、听、说等语文能力之外，还包括其他如“思维”、“自学”的能力，此外，更包括态度、情意方面的教学目标，如“对社会的责任感”、“学习本科的兴趣”、“培养学生的品德”以及“对中国文化的认识”等项目。所以整个课程目标的编订，并非纯粹以能力的训练为主，而是秉持一种“态度情意目标”与“能力目标”并行的观念。但这两类目标之间到底应该如何配合，彼此之间的轻重又应该作出怎样的分配或平衡，对此，《纲要》均未有清楚的指引及说明。其次，即使是“能力”的训练，其背后的意义也并非 PISA 评估中的那种社会功能观念，而是比较注重“品德修养”、“思想与感情表达”的个人目标，以及文化和民族认同的社会意义。因此在“语文功能”这一点上，香港 20 世纪 90 年代的中国语文科，无论是整体还是阅读教学的目标，都不同于 PISA 从社会应用和经济功能角度来考虑阅读素养。

10.4 阅读素养范畴和发展层阶的界定

比较了 PISA 与本港中小学课程对语文功能的不同理解，我们可以发现 PISA 对语文的功能是从社会生活、工作的需要来考虑，所以具有所谓社会功能的意义；而香港特区政府在 20 世纪 90 年代所推出的中小学《纲要》，却重视个人情意的修养和文化的认同，两者显然各有侧重。在本节，我们将进一步根据 PISA 和《纲要》对语文功能的不同理解，分析在各自的理解之下，二者如何决定阅读的范畴以及在各范畴之下对有关能力的描述。

10.4.1 PISA 对阅读素养的表现范畴和发展层阶的界定

PISA 解释阅读素养为“理解、运用和反思书面文本的能力”，当中涉及两项主要观念：（1）书面文本（written text）；（2）理解、运用、反思的能力。

10.4.1.1 书面文本

书面文本是呈现阅读素养的情境。不同的文本情境，会对读者有不同的阅读素养要求。文本的情境可以有多种，从最严肃的到最轻松的，从最长的到最短的，可以说是千种百样。如何选择或放弃某一些文本情境作为评估的情境，取决于整个评估背后的意义和目的。PISA 既然从社会功能的角度来评估阅读的素养，那么评估中所选择的文本情境，必然是那些人们在日常语言运用过程中所需要应付的文本情境。

在 PISA 的评估内容当中，书面文本首先按照其文字之间的连贯方式分为两大类：连续文本（continuous text）和非连续文本（non-continuous text）。这两种书写文字，大概反映了我们在日常生活中所经常遇见的两大类文字资料表达方式。连续文本是我们一般所熟悉的散文（prose）类型，当中的意念以连贯的文字表达形式串联起来，组成所谓“段落”的组织单位。在 PISA 的评估材料中，这类散文式的连贯文字包括大家所熟悉的各类文体，如描写（descriptive）、记叙（narrative）、议论（argumentative）、说明（expository）、指示（injunctive）等。至于非连续文本，是指不以段落形式出现的文字资料，如图表（charts，graphs，diagrams）、表格（forms）、广告（advertisements）等。这是相对于传统散文的另一种阅读材料，并于近年构成另一种为人所重视的“新兴”阅读素养。Tyner（1998）称这些为“文件式”的阅读素养（document literacy），其特点是资料分散，具有鲜明的“阅读为执行”（reading to do）的意义，与传统散文的阅读目的并不完全相同。因此有人认为读者需要运用有别于一般散文的阅读能力，才能从这类阅读材料中提取有关的信息（Kirsch，Jungeblut，Campbell，1992）。

从以上分类的情况可见，PISA 评估中所包括的文本类型颇为广泛，既有传统观念中的文章，也包括了一般生活中可能接触的非连续文本资料形式。这种对阅读材料的选择标准，目的是希望通过社会上不同的文本情境，来评估一名学生的语言能力。利用不同情境来评估学生运用语言的能力，已成为语文测试的原则性共识。

> 很多人都同意，真正的语文水平应该表现为一个人在真实生活环境中，如何显示他在听、说、读、写等方面的表达和理解能力，所以我们要考查他的语文水平，其实就应该看他在各种语文情景中，怎么样发挥他的语文功能来显示他的理解和表达能力。（李英哲，2001）

PISA对文本情境的选择，照顾到青年在离开学校、进入社会之后所需要和将会接触的文字运用情况。换句话说，这些文字情境较贴近现实社会生活的需要，而并不囿于传统语文教学中的“文章”概念。这种对书面文本的涵盖范围，当然也是由PISA对阅读之社会功能的重视所导致。

10.4.1.2　理解、运用、反思的能力

在具体运用语文的能力上，PISA对阅读理解作了不同层面的分析。首先，阅读的素养从“运用主要来自文本的资料”（use information primarily from within text）和“取用外在知识”（draw upon outside knowledge）这两种情况来加以区分（第3章图3.1）。前者主要针对文本内容资料的处理，其中包括文本中个别资料的识记和个别资料之间关系的建立。与之相关的能力表现包括：（1）检索信息（retrieving information）；（2）资料之间关系的解释（interpreting），这包括对全文内容的一种理解，以至针对文本某些部分之间关系的一种诠释。至于“取用外在知识”，则显示读者是否能够把文本的内容，结合到文本以外的知识和经验，达到“应用”的层面。这种“应用”在PISA的阅读素养概念中，指的是一种“反思”（reflecting）的能力，亦即Calfee（1994）所指的批判阅读素养。上述检索信息、解释文本、反思和评价文本三种阅读过程，构成了PISA对阅读素养这一概念的具体解释，亦构成了日后PISA量度语文阅读能力的三个不同范畴。

为了评估的目的，PISA更就阅读素养的三个过程订立了五种不同的程度，以区别学生在有关方面的不同能力表现。能力最低的为第1等级（Level 1），而能力表现最高的则为第5等级（Level 5）。下面以“检索信息”为例（HKPISA Centre，2003）。

> 第一等级：能在具备极少或根本没有竞争性信息的文本中，根据单一标准寻找一项或多项明确列出的独立信息。
>
> 第五等级：找到、排序或整合多项深层隐含的信息，有些信息甚至是在文本主体之外的。能推断文本中的哪些信息是和任务相关的。能处

理似是而非或者大量竞争性的信息。

从以上的描述可见，达到第 1 等级所需要的能力比较简单、直接，相反，第 5 等级不但需要处理更多的信息，同时要求的能力也更加迂回、复杂。PISA 所订定的三项阅读素养过程（检索信息、解释文本、反思和评价文本）的五个等级，都各自有一段这样的能力描述（第 3 章的表 3.3），让大家能清楚了解学生达至每一阶段所真正能够展现的能力。

总的来说，PISA 是要通过对 15 岁青少年的调查，以了解其阅读素养与未来经济发展的关系。基于这一目的，评估从社会应用的功能角度来界定阅读素养这一概念；在这一既定的素养概念之下，PISA 再细分出有关的表现范畴和各范畴下不同程度的行为表现（performance descriptor）。这些环节层层紧扣，一环紧接一环，令整个评估工作的目的、内容、方式等各个不同层面都得到一致的协调。下面将进一步检视香港中小学的《纲要》又是如何在其语文观念下，订定有关的阅读范畴和能力指标。

10.4.2　中国语文科课程对阅读素养表现范畴和发展层阶的界定

就香港语文课程有关阅读素养的目标来说，小学《纲要》的总要求是："能阅读浅易书籍报刊，了解内容，摘取要点，分析主旨"（香港课程发展议会，1990a）[15]，且就小学高、中、低三个阶段，分别提出不同的要求（香港课程发展议会，1990a）[15]。

低年级（中一、中二）

(1) 认识常用的字词；

(2) 了解简单的句子；

(3) 能阅读浅易的语体短文，并了解内容。

中年级（中三、中四）

(1) 认识常用的字词；

(2) 了解复杂的句子；

(3) 能阅读浅易的语体文，说出每段大意及文章主旨；

(4) 认识记叙文、说明文、诗歌、戏剧、书信、日记和周记的体裁和写法；

(5) 初步认识和运用字典。

高年级（中五、中六）

（1）认识常用的字词；
（2）了解复杂的句子；
（3）能阅读一般的语体文，说出内容大意和文章主旨；
（4）认识描写文、议论文、便条等体裁和写法；
（5）能运用字典和词典。

以上小学六年的阅读要求，大体上可以归纳为四方面：（1）字词的认识；（2）由句到篇的理解；（3）各类文体的写法；（4）工具书的运用。最后一类“工具书的运用”，其实属于帮助阅读的一种自学能力，所以严格来说不能当成阅读本身的能力，因此以下将不予讨论。

其余三项当中，第（1）、（2）项与阅读最有关系。小学生初接触书写文字，认读生字新词是主要的阅读能力训练，这也是形成词义概念的阶段。从阅读的角度来看，它们是属于字词解码的能力。之后拼词成句，逐渐开始出现概念的组合、意思的起承、综合及归纳等较高层次的阅读活动。但从上述各点的要求来看，《纲要》对阅读所涉及的素养描述，既没有像 PISA 那样区分出检索信息、解释文本以及反思和评价文本等不同的范畴，也没有就素养的具体表现作出仔细的说明。所以总的来说，《纲要》对有关阅读理解能力的要求并不具体和仔细。

第（3）项表面涉及写作的训练，其实却影响着阅读教材的选择，亦间接反映出 20 世纪 90 年代的课程是如何理解阅读的目的。从“认识各类文体的写法”的阅读要求来看，《纲要》对阅读与写作两者的关系颇为重视：阅读的目的是要从阅读的材料当中，吸收各种文体的写法。阅读既与写作扯上了关系，那么阅读的材料无形中必须为写作的需要而挑选。从上述所举的文体可见，当中包括记叙文、说明文、描写文、议论文、诗歌、戏剧、书信、日记、周记、便条等多种。后四项如书信、日记等一类，较之前几项具有较强的实用意义，但问题是这类“实用”的文体，在今日社会现实生活当中，已没有多大的“实用”机会，其社会功能的意义和价值亦因此而相应大减。利用这一类文体，来训练学生掌握语言的实用能力，其实正好反映出课程对语文社会功能的掌握不全面。前六项文体中，有明显属于文艺范畴的，如“诗歌”、“戏剧”等；至于“记叙”、“说明”、“描写”和“议论”，本可以指不同的表达方式，但小学课文往往将其等同于划分文体的标准。结果小学语文教学中的课文，就全变成了“记叙文”、“说明文”、“描写文”、“议论文”等一类散文式的作品。

至于中学《纲要》方面，则清楚说明："教师宜对学生在语文学习上应达到的水平有清楚的认识"（香港课程发展议会，1990b）[9]。针对中一至中三阶段，《纲要》在阅读方面列出一般中学生"所应达到的水平"，以供教师参考。阅读的文章基本上先分为语体文和文言文两类。由于 PISA 的阅读材料只限于语体文，所以这里亦只讨论《纲要》在语体文方面的四项水平要求。

第一，认识常用字、词和一些语法知识。

所谓字词的认识，包括对文字形、音、义各方面的掌握，目的是要"减少错别字"、"准确运用"以及增强"口头和书面的表达能力"。语法方面，则明确点出教学的项目包括各种的词类、句子的主要成分，以及单句和复句的概念。

第二，认识常见的修辞法和遣词用字的技巧。

在介绍有关的教学项目时，《纲要》清楚地说明："中学阶段的修辞教学，重点在指导学生选词炼句，并介绍各种常见的修辞法，以提高学生阅读、写作和欣赏的能力"（香港课程发展议会，1990b）[61]。

第三，认识常见的文体和写作方法。

《纲要》提出："教授不同的文体和作法，主要目的在培养学生的读写能力。记叙、描写、抒情、说明和议论是写作中几种基本表达方式，学生若能掌握这几种表达方式，当有助于学生表情达意"（香港课程发展议会，1990b）[62]。而《纲要》有关各类表达方式的教学内容和写作方法的规定，则如表 10.1 所示。

表 10.1　《纲要》中所列各类表达方式的教学内容及写作方法

<table>
<tr><th>教学项目</th><th>内　容</th><th>写作方法</th></tr>
<tr><td>记叙</td><td>记事、记游、记人、记物</td><td>顺叙、倒叙、插叙</td></tr>
<tr><td>描写</td><td>● 人物描写（形态、动作、语言/声音、心理）
● 景物描写（自然风景、社会环境、场面）</td><td>直接描写、间接描写</td></tr>
<tr><td>抒情</td><td>怀人、感事、感物、感时</td><td>● 直接抒情
● 间接抒情（记叙抒情、描写抒情）</td></tr>
<tr><td>说明</td><td>● 说明事物
● 说明事理</td><td rowspan="2">例证（事例、语例、史例、设例）、比喻、比较、对比、归纳、演绎</td></tr>
<tr><td>议论</td><td>论事、论人、论理</td></tr>
</table>

第四，能阅读内容、写作方法、结构较简单的语体文，领会文中词句的含义，理解其内容和主旨。

和小学的情况相同，中学《纲要》的各项具体教学内容，同样是为了学生的写作；而写作的要求又明显集中于散文一类的创作。这种需要，从字词的层面，以至于句、篇及文体的层面都是一样。真正与阅读有关的能力和技巧反而绝少提及。第（4）项中所提到的“领会文中词句的含义，理解其内容和主旨”算是最贴近阅读活动，而又是最为具体的能力要求。

从以上的分析可见，1990年的中小学《纲要》，认为阅读基本上是为了配合写作。写作的输出要求因而变成了阅读的输入准则。写作既以散文一类的文艺创作为主，那么阅读教材亦无可避免地局限于散文一类的文学作品，像PISA中图表、广告一类非散文的阅读材料却根本没有提及。这种以散文文学作品作为阅读材料对象的写作方法，虽然与“品德修养”、“社会文化和民族认同”等语文的教学目标吻合，但无疑也规限了阅读的实用意义。这与近年读写能力要适应社会信息发展大趋势的要求并不相符。事实上，香港课程发展委员会早在20世纪70年代，已提出要把语文、文学两个概念区分开来，并终于在1975年正式颁布“中国语文”和“中国文学”两科的课程纲要。“中国语文”科的设置，明显是要摆脱文学方面的干扰，“训练学生对中国语文的阅读、理解、思考、表达和自学的能力”，“文学及国故常识的灌输只可以作为辅助目标”（苏辉祖，1992）。但从以上的分析可见，1990年《纲要》中的文学成分依然很浓，至少在教材的选择上是如此。语文、文学的分合，始终是香港语文教育上的一个老问题。

其实传统中文科教学使用的都是文学范畴内的作品，经史子集、诗词歌赋，无一不是中文的学习材料（冯翰文，1984）。1975年以前，虽然也算是白话、文言并行，但文言文却是主流的教材，所选的作品自然是来自文学范畴之内。1975年开始把语文和文学当成两个独立的科目来处理，是因为：

> 以往无论中文中学会考的“中文科”（Chinese），或是英文中学会考的“中国语文及文学科”（Chinese Language and Literature），都是把“语文”和“文学”二者混而为一的。于是很多中文科教师在教授中文科时，往往偏重课文内容、作者生平、时代背景以及文学和国故常识等的讲解补充，对学生听、讲、读、写、理解、思考、自学等能力的训练，反而完全忽略；有些教师，也注意到训练学生语文运用能力的重要，但由于教学时间有限，既要训练学生充分掌握语文运用能力，同时

> 又要给予他们以丰富的文学及国故常识，对一般普通才智的学生来说，肯定不是一件轻易的事，勉强而行的结果，徒然顾此失彼，落得两面不讨好，于是造成了一般学生对中文理解和表达等各方面的能力都有不足的现象。（苏辉祖，1992）

可见要确立将语文作为一种日常沟通工具，以有别于文学欣赏的语文学习，是 20 世纪 70 年代为中国语文科重新确立目标的一项重要原则。但这项决定在当时却引起了不少争议。支持语文、文学分家的人认为“文学是一种艺术，语文却是学习这种艺术的基础工具”（庞德新，1984）。一般的中文教学，必须突显语文作为一种沟通工具的特性；而这种工具性有赖于语文知识的掌握，所以在课程上应强调词汇、句子结构、修辞等语法知识的教学。反对的则认为语文、文学本是浑然一体，当中思想品德、语文技巧、文学欣赏是三位一体，所以语文和文学，“合之则两美，离之则两伤”（苏文擢，1984）。

其实语文和文学之间的分合争拗，问题在于双方对语文学习目的的一种偏执。语文及文学，一旦被强分为两个独立的概念，便被看成两种不同的语言运用。其实它们只不过代表了语言使用的不同情境。邓仕梁在回顾香港中文科的发展时曾指出：

> 本来学习任何一种语言，到了较高层次，不能不接触文学，因为文学是民族和文化的灵魂，更是语言运用的最高境界。今天的语文教师，应该都了解其任务在于培养学生掌握基本语文能力，但除了作为应付日常生活、工作和事务的工具，语文更是让我们认知这个世界、启发我们想象的媒介，因此，通过文学的体会和创作去开发语言方面的潜能，也属于语文教学的方向。（邓士梁，2003）[73]

从实用的情境来看，语文要“应付日常生活、工作和事务”，讲求的是作为沟通工具所应有的准确和流畅，但却不一定需要文艺的那种渲染手法；但语文一旦作为“民族和文化的灵魂”、“启发我们想象的媒介”，就成为了心灵的一种感动，对语言的要求自是不止于准确和流畅，而是必须要有艺术的修饰，才能产生那种摄人的魅力。从“准确”、“流畅”到“摄人的艺术修饰”，正代表着语言的不同功能、不同的使用场合、不同的表达要求。富有经验的文字使用者，具有驾驭种种语言类型的能力。所以单站在语文或文学任何一种概念上来讲语文教学的目标，都难免以偏赅全，忽略了语文教学的这两种特性。结果，在支持“中文就是语文”的一派，中文教学就像学习外语般地教授语法知识，严重忽略教材的内容意义；在坚持“中文就是文学”的人那里，中文又变成了泛滥的情意德育教学，完全忽视语言作为沟通工具的基本要求。

对香港来说，中文的教学目标确实需要包括语文和文学这两种意义。问题是我们一直没有清楚说明语文和文学的能力到底有何分别，各自有些什么内容。结果虽说是语文和文学分了家，但却依然是利用文学的作品来教授语文的知识和运用。语文教学只利用文学作品作为教材，便将无法向学生展示语文在非文学的情境下的运用情况。事实上，在非文学的场合下，文学作品中的技巧并不一定都管用。叶圣陶对此很早就已经指出：

> 中学生要应付生活，阅读与写作的训练就不能不在文学之外，同时以这种普通文为对象。若偏重了文学，他们看报纸、杂志与各科课本、参考书就觉得是另外一回事，要好的只得自辟途径，去发见那阅读的方法，不要好的就不免马虎过去，因而减少了吸收的分量。（叶圣陶，1940/1984）[4]

结果学生在课堂上所学到的满是文艺创作的技巧，对真正“社会功能”上所需要的，却是一无所知。文学始终是一种特殊的语言运用情境，虽说它是语言运用的最高境界，但它并不是大众所“必须”掌握的一种语言能力。

> 文学当然是好的，不过芸芸众生决不是个个都会有欣赏的兴趣和能力，爱好而才力又足以从事创作的当然更居少数。在这种情形之下，以文学修养为主要目标，岂非强求其所不能？另一方面，目前每一个人都有着一般的语文上的需要，好去对付生活、学习和事业。中文教学又怎能不替每一个人设想，针对他们的需要，好好的去语文教学，而代以文学修养？（冯翰文，1984）

利用文学作品作为语文的学习教材，结果既令文学教材失去了它应有的生命，也令语文知识找不到其合适的应用场合，最终还是“两者皆伤”。所以20世纪90年代的中国语文科课程，虽然开始意识到语文的社会实用意义，但却尚未能摆脱以往观念及做法的影响，以致无论是在阅读还是写作方面，都要求一种文艺性的输入和输出。如果从适应社会发展的要求来看，1990 年的《纲要》并未能跟上时代的要求。那么 21 世纪的最新中国语文教育课程指引，又是否能够回应这方面的需要呢？

10.5　2002 年《课程指引》

香港在“九七”回归前后，提出了一连串教育改革的理念，之后各科均按照既定的理念着手修订现行的课程（香港课程发展议会，2000a）。以中国语文科为例，香港课程发展议会（2000a）于 2000 年 11 月首先推出新课程的咨询文件《学会学习：学习领域—中国语文教育》。其间，新课程经过多轮试行计划，至 2002 年 9 月正式在中学落实推行《中国语文教育学习领域课程指引（小一至中三）》（以下简称《课程指引》）（香港课程发展议会，2002a）。自 1990 年起施行的旧中学中国语文科课程，亦由此宣布结束。

10.5.1　2002 年《课程指引》的阅读目标和理念

新一辑的中国语文教育《课程指引》，全书共达 235 页，相比于以往的《纲要》，内容明显要更为丰富，而且在基本理念的阐释上，也另辟一节加以说明。新课程的基本理念依据主要有以下几点。（香港课程发展议会，2002a）[4-5]

(1) 语文运用是建构知识必须具备的能力。

(2) 中文是香港大多数学生的母语。

(3) 香港是国际都会，为提高香港在国际上的竞争力，我们需要培养善用“两文三语”沟通的新一代。

(4) 语文是重要的交际工具，同时又是思想、文化的载体。

(5) 文学学习是语文学习的重要组成部分。

(6) 思想能力是语文运用的基础。

(7) 中国语文教育应以学生为主体，为他们提供全方位的语文学习环境……让学生获得综合而多元化的学习经历。

新一辑的《课程指引》明显突出语文的社会功能意义，包括“建构知识”、“国际竞争”、“交际工具”等方面。这比起 1990 年的《纲要》来，更能把语文的学习结合到社会现实生活的需要上。这种与社会生活挂钩的观点，在有关阅读能力的训练和兴趣的培养方面更为明显。

> 面对知识型及提倡终身学习的社会，“学会阅读”并不足以装备学生应付所需。学生须要掌握“从阅读中学习”的技巧促进他们整体的学习能力，以达到终身学习和全人发展。（香港课程发展议会，2002b）[3B,1]

“学会学习”是教育改革中提出的四个关键项目之一（香港课程发展议会，2002b）。把阅读和学习两者拉上关系，明显是要强调在信息年代，阅读能够增进个人知识和发展个人潜能，以应付未来终身学习的需要，配合所谓知识型的社会经济。这种观点，与PISA认为阅读素养具有“达致个人目的、发展个人知识及潜能，并能参与社会”的社会功能意义是一致的。针对“从阅读中学习”的要求，《课程指引》特别就阅读提出了“阅读策略”、“阅读过程”、“不同阶段的阅读”和“阅读风气”四项关注。前三项均为阅读过程的认知和发展范畴，也是首次在政府的课程文件中强调有关阅读策略的重要性。相比1990年《纲要》将重点只放在个人情意的表达上，新的语文课程更突出语文在生活、工作方面的应用意义。

虽然2002年的《课程指引》在语文能力的观念上带有更强的社会功能意义，但在教材的处理上却依然逃不出文学作品的范畴。《课程指引》曾明确指出：“为切合不同学生的能力和学习需要，提高他们的学习兴趣和学习成效，教师宜多从生活中收集语文的素材，灵活编选和运用学习材料。”（香港课程发展议会，2002a）[73]但《中学中国语文科学习参考书籍目录及简介》（香港教育署课程发展处中文组，2002）所推介的825篇作品中，文学类的作品占了绝大多数，显然并未能真正使语文的社会功能在语文教材上充分反映出来。

由此可见，新的《课程指引》虽然意识到阅读素养在今日社会中的现实意义，但在强调“文学学习是语文学习的重要组成部分”的同时，却未能真正兼顾非文学的阅读成分，至少在语文教学的范畴上，仍存在着1990年《纲要》在教材方面的问题。但2002年《课程指引》进步的地方是在“阅读素养”之下，对“掌握视听资讯”作了要求（参见本章附录）。其中所举的视听资讯，很多正是PISA中所指的非连续文本，亦即那些实用性、非文学性的文字运用材料。但可惜的是，作为阅读的训练材料，这一类“视听资讯”似乎并未在教学上获得普遍的采用。并且，这类“视听资讯”

与阅读素养的关系也没有能得到清楚的确立。

10.5.2 2002 年《课程指引》对阅读素养的要求

除了对语文的社会功能意义有了较大程度的重视之外，2002 年的新课程对阅读素养方面同样有较详细的要求。《中学中国语文建议学习重点（修订试用本）》（香港课程发展议会，2001）曾将阅读范畴分为“阅读能力”、“阅读策略”和“阅读兴趣、态度、习惯”三方面，来加以说明各有关的重点（参见本章附录）。其中阅读能力和策略，虽然尚未有清楚的架构，但比之前有了更具体的描述。例如对段落的理解，会特别点出“篇章的前后、衔接关系”；而全篇的主旨理解，则要求分析“重点词、主题句”等。

10.6 总 结

从 PISA 及香港中国语文科课程对阅读素养的界定可见，“阅读素养”一词可以具有不同的含义。正如 Baynham（1995）所指出的：阅读素养对不同的人来说并非相同的事物，而是一项复杂的理念立场（ideological positions）；这种种不同的立场，决定所谓阅读素养的意思、教学的模式；课程或政策皆在这一立场的基础上建立和发展。带有不同立场的意见，当然会出现分歧和矛盾的现象。

PISA 对阅读素养的定义是建基于一种经济发展的角度，考虑青年人在接受基础教育之后，其语文能力是否足以应付未来在社会上发展的需要。至于香港中国语文科对阅读素养目标的设定，则受种种传统语文观念的影响，并要兼顾文化、文学等目的来订定语文学习的目标。这一点充分反映 PISA 和香港中国语文科在对“读写能力”一词的观点上并不完全相同。所以 PISA 所评估的阅读素养，并非完全等同于香港课程所强调的那一种。香港学生在 PISA 中所展示的，是一种以社会功能为导向的阅读素养；而香港课程所强调的，却是一种偏向文学题材的阅读。要真正了解香港学生在阅读方面的表现，首先就必须对“阅读素养”的概念作更仔细的分析和区别，然后按需要逐一加以评量。

利用文学作品作为阅读材料，对整个阅读教学来说，是关乎对“阅读素养”一词的一种立场取态。考虑到中文属于本地学生的母语，也考虑到中文教学传统，语文教学加入文学的成分是有一定的理据。但语文是最基本的能力，语文教育也必须同时兼顾社会所出现的转变，让学生在毕业后能够具有足够的语文能力，以应付社会生活、工作、人际沟通以及个人知识探求等各方面的需要。

随着香港社会经济的发展、国际地位的提升，以及信息资讯的变化，香港中国语文教育对文学的重视情况也出现了改变。语文的社会功能取态自 20 世纪 70 年代以来显得越来越重要。由 1975 年语文、文学分家，到 1990 年《纲要》的推行，我们的语文课程设计便一直努力尝试对语文的“功能性”予以肯定和提高。但从当时的课程设计来看，语文的“功能性”只不过停留在个人“表情达意”的意义、“工具论”的层面之上；而且要掌握作为一种“工具”的语文，也只不过是通过学习语法、修辞等知识来达到这一目标。对语文在社会上各种应用的场合、情境，各种情境下所需要的语言特征、技巧等的分析，都付诸阙如。对所谓的“语文能力”的具体含义，也就自然无法说得清楚。2002 年的《课程指引》虽然明显把语文能力与社会生活、工作等紧扣起来，令语文的“社会功能性”较之前更为突出，但在情境的分析、能力的描述上还是留有很多空白的地方。

造成上述空白的原因在于，无论是教语文的还是讲文学的，似乎都离不开借助文学作品作为教学材料，以致文学和语文的界限、范畴也就模糊得无法区别。目前所教授的所谓种种“能力”，离不开修辞、写作方法，但这类修辞和写作方法很大程度上是从文学作品中总结出来的“能力”。因而这类能力是为了文学的写作，而并不一定能适用于其他非文学的语文场合。事实上，语文和文学的阅读能力并不完全相同（Venezky，1994）。

假如通过对语文社会功能的仔细分析，筛选出某些重要的应用情境，并能对有关情境的语言特征加以整理，将之作为训练的“能力项目”，让大家能够清楚认识到语文和文学两者之间的不同，那么不单会令语文、文学分立的决定得以成立，而且也能令语文的教学工作做得更好。一直以来，我们始终沿用将文学作品作为语文教学材料的做法，很大的原因是我们根本没有掌握语文和文学两者之间在能力上到底有何差异。所以即使愿意落实非文学的语文能力训练，但由于对有关的能力缺乏认识，也难逃在实际的教学工作上感到无可奈何的境地。

进入 21 世纪，语文的应用性随着社会经济、信息的发展而出现了更大的转变。“读写能力”一词又再度注入新的意思，以配合社会生活和工作的新需要。香港作为一个现代化的都市，这种“读写能力”的新概念将比其他地区更有其实际的意义。因此平衡“功能性”和“文艺性”的语文能力，将要承受更大的压力。过往偏重文学要求的写作教学、语文教学，也可能需要重新调整。所以要认真面对 21 世纪语文的社会功能性需要，就必须首先确认非文学语文能力的内容。认清非文学的语文能力，便能够确认应用有关能力的语言情境，然后可就有关的情境选择合适的教材。

PISA 给予我们中国语文科的启示，不在于香港学生的阅读素养表现位列世界的第几名，而是它彰显了某种对阅读素养的观念，以及如何在这一观念之下，逐步有系统地把有关观念具体化，直至可作教学的评估。香港的语文教育中，虽然也出现了类似 PISA 那种强调“社会功能”的语文观念，但在教材的选择和能力的界定上，却始终欠缺 PISA 那种“一以贯之”的严谨系统思维，以致在课程、教学、评估等几方面有时候出现并不一致的现象。希望通过对 PISA 的认识，能够令我们对素养的概念有更精确的了解，对素养所呈现的情境有更适切的考虑，最后对素养的具体内容也有更清楚的描述。

参考文献

李英哲．2001．语文测试的针对性//李学铭．语文测试的理论和实践．香港：商务印书馆：117-128.

香港教育署课程发展处中文组．2002．中学中国语文科学习参考书籍目录及简介．香港：政府印务局.

香港课程发展议会（编订）．1990a．中国语文科：小一至小六课程纲要．香港：政府印务局.

香港课程发展议会（编订）．1990b．中国语文科：中一至中五课程纲要．香港：政府印务局.

香港课程发展议会．2000a．学会学习：课程发展路向．香港：政府印务局.

香港课程发展议会．2000b．学会学习：学习领域—中国语文教育．香港：政府印务局：3B，1.

香港课程发展议会．2001．中学中国语文建议学习重点（修订试用本）．香港：政府印务局.

香港课程发展议会．2002a．中国语文教育学习领域课程指引（小一至中三）．香港：政府印务局.

香港课程发展议会（编订）．2002b．基础教育课程指引：各尽所能·发挥所长（小一至中三）．香港：政府印务局.

冯翰文．1984．中文教学目标的争辩//王培光．中学中文教学论集．香港：香港中国语文学会中小学语文教研部.

叶圣陶．1984．国文教学的两个基本观念//王培光．中学中文教学论集．香港：香港中国语文学会中小学语文教研部：3-6（原文发表于 1940 年）.

邓仕梁．2003．语文能力和文学修养：新世纪语文和文学的教与学．香港：三联书店.

庞德新. 1984. 香港中学中国语文教学存在的几个问题//王培光. 中学中文教学论集. 香港：香港中国语文学会中小学语文教研部：31-39.

苏文擢. 1984. 中文教育基本观念之我见//王培光. 中学中文教学论集. 香港：香港中国语文学会中小学语文教研部：20-23.

苏辉祖. 1992. 香港中文科教学的发展（1971—1978）. 中文通讯，43：7-16.

Assink E M H. 1994. Literacy acquisition and social context. New York; London: Harvester Wheatsheaf.

Baynham M. 1995. Literacy practices: investigating literacy in social contexts. London; New York: Longman.

Calfee R. 1994. Critical literacy: reading and writing for a new millennium//Ellsworth N J, Hedley C N, Baratta A N. Literacy: a redefinition. Hillsdale, NJ: Lawrence Erlbaum Associates: 19-38.

Ellsworth N J. 1994. Critical thinking and literacy//Ellsworth N J, Hedley C N, Baratta A N. Literacy: a redefinition. Hillsdale, NJ: Lawrence Erlbaum Associates: 91-108.

Hasan R, Williams G. 1996. Literacy in society. London; New York: Longman.

Hashway R M. 1998. Assessment and evaluation of developmental learning: qualitative individual assessment and evaluation models. Westport, CT: Praeger.

HKPISA Centre. 2003. The first HKPISA report: monitoring the quality of education in Hong Kong from an international perspective. Hong Kong: Author: 51.

Kirsch I, de Jong J, Lafontaine D, McWQueen J, Mendelovits J, Monseur C. 2002. Reading for change: performance and engagement across countries: results from PISA 2000. Paris: Organisation for Economic Co-operation and Development: 25.

Kirsch I S, Jungeblut A, Campbell A. 1992. Beyond the school doors: the literacy needs of job seekers served by the U. S. Department of Labor. Washington, DC: U. S. Department of Labor, Employment and Training Administration. (ERIC Document Reproduction Service No. ED 349460)

Organisation for Economic Co-operation and Development. 1995. Literacy, economy, and society: results of the first international adult literacy survey. Paris: Author; Ottawa: Statistics Canada; Washington, DC: OECD Publications and Information Center.

Rafferty C D. 1999. Literacy in the information age. Educational Leadership, 57 (2): 22-25.

Tompkins G E. 2003. Literacy for the 21st century. 3rd ed. Upper Saddle River, NJ: Merrill/Prentice Hall.

Tyner K R. 1998. Literacy in a digital world: teaching and learning in the age of information. Mahwah, NJ: Lawrence Erlbaum Associates.

Venezky R L. 1994. Literacy and the textbook of the future//Ellsworth N, Hedley C N, Baratta A N. Literacy: a redefinition. Hillsdale, NJ: Lawrence Erlbaum Associates: 39-54.

附录 《课程指引》就阅读能力和阅读策略以及阅读兴趣、态度、习惯的说明

（一）阅读能力

学习重点		说　　明
1a. 认读文字		● 认读一般书籍、报刊中所见的常用字。 ● 认准字形、掌握字音、辨析字义。
1b. 理解	理解词语	● 理解字词含义。 ● 区分同义词、近义词、反义词。 ● 领会不同语用、语境、语域中的修饰词，揣摩词语的感情色彩。
	理解句子	● 准确理解句子的意思，感受句子的感情色彩，以理解句子的含义。 ● 掌握句子表达的准确性、形象性、严密性。
	理解段落	● 找出篇章的前后、衔接关系，理清层次，概括段意（找关键语句、主题句等）。
	理清篇章主旨	● 掌握分析重点词、主题句及概括段意等方法，概括篇章的主题思想。
	理解作者的思想感情	
1c. 分析和综合	分析写作目的	
	综合作者的观点	
	分析写作方法	● 分析篇章结构、写作技巧等。
2a. 感受语文之美		
2b. 鉴赏文学作品		● 鉴赏文学作品的内容美和形式美。
3. 掌握视听资讯		● 善用不同类型的视听资讯，如电影、电视节目、图解、图表、海报、连环画、报纸、杂志、电子资讯等。 ● 感知、理解影视节目的情节结构、人物塑造、画面的象征意义等。

续表

学习重点	说　　明
3. 掌握视听资讯	● 阐释图表所传递的信息。 ● 选取、比较、综合来自不同媒体的资料，评价资料的呈现效果。 ● 筛选从不同媒体取得的资料，识别事实与意见，了解意念如何透过不同媒体传播，以及感受不同媒体的传播效果。

注：省略与文言有关的重点。

（二）阅读策略

学习重点	说　　明
掌握阅读策略	● 提取有关语文知识、经验，以理解阅读材料。 ● 在特定的语境中理解字词、句段，读前文想后文，先推测再证实。 ● 因应不同目的（求知、评鉴、消闲等），运用不同的阅读方法，例如浏览、略读、跳读、速读、朗读、默读、精读、泛读、SQ4R法、找出关键词句、主题阅读法等。

（三）阅读兴趣、态度、习惯

学习重点	说　　明
1. 乐于阅读	● 结合自己的特长与兴趣，主动寻找阅读材料。 ● 体会阅读的乐趣。
2. 勤于阅读	● 经常阅读，持之以恒。
3. 认真阅读	● 认真专注。 ● 尊重作者的观点。
4. 增加阅读量、扩大阅读面	● 阅读不同性质、类型的材料，积累语言素材。 ● 阅读古今中外的文学作品。

第11章

学校自主、教师参与决策与学习成效的关系

何瑞珠
香港中文大学教育学院
教育行政与政策学系

11.1 前言

20世纪90年代初，香港政府制定了学校权力下放的政策，这项政策旨在将权力下放予办学团体代表、校长、教师、家长和社区成员等持分者①。本研究考察学校权力下放的两大范畴——学校的自主性和教师的参与性——对学生学习成效的影响，以及剖析学校气氛在权力下放和学习成效之间是否具有中介作用。本研究的数据来自PISA 2003，这是一个大型的国际性评估，测量全球40多个国家或地区15岁学生的阅读、数学、科学和解难素养表现，本研究选取了其中数学素养评估的相关数据进行分析。通过多层线性模型分析（Hierarchical Linear Modeling），研究发现对香港学生数学成绩而言，教师的参与比学校的自主更为重要。此外，香港中学教师的参与性对学生表现的影响，是通过学校气氛的四大中介因素——归属感、纪律环境、学生的士气和学生的行为而产生的。

① “持分者”在内地多译为“利益相关者”。

11.2　文献回顾

权力下放（decentralization）是指权力由上级政府移交至较低级的组织层面（Brown，1990；McGinn，Street，1986；Welsh，McGinn，1999）。在教育方面，Brown（1994）将权力下放定义为：权力从中央教育部门移交到地方教育机构以及学校。此等授权意味着学校能对人事、服务、课程和资源等范畴作决策。

许多国家往往期望通过权力下放发展更好的工作组织、有效率的经济、更大的民主参与以及赋予地方权力（Beattie，1985；Brown，1990，1994；EC，1998）。支持者相信，权力下放能够令人们更加掌控和投入他们的生活（Brown，1990；Chapman，1973）。

在教育环境中，学校权力下放是为了应对不同的学校问题，例如提高效率和效益、赋予教师和家长权力、加强社区参与，或者将教育的财政负担从中央政府转移到地方层面（如学校）。Murphy 和 Beck（1995）回顾了超过 300 多份理论与实证研究后断言，权力下放的政策（如校本管理）不能改善学校的效能和学生的学习。他们认为改革者将校本管理推销为经济危机、社会问题、后工业的问题和不健全的教育体系等各方面的灵丹妙药，实在是言过其实。

Elmore（1993，1995）、Beck 和 Murphy（1998）进一步提出另外一个见解：没有文化变革，不可能有成功的结构调整。一些研究表明，学校权力可能通过对学校过程的影响，例如改善学校气氛、加强问责制及增加灵活性，从而对学校的效能和学生的学习产生正面的作用（Brown，1990；Hannaway，1993；Murphy，Beck，1995）。通过增强教师的士气和使命感，以及培养学习和关怀的规范，学校权力下放有助于改善学校气氛（Beck，Murphy，1998；Brown，1990，1994）。然而，对于学校权力下放以及学校气氛两个影响学生学习成果的因素，只有少数研究探讨过它们之间的相互关系（Walberg et al.，2000）。

本章旨在探讨香港学校权力下放的性质，及其对学生数学成绩的影响。本章的数据来自 PISA 2003，共有 4 478 名来自 145 所香港中学的学生参与其测验及问卷调查，学校行政人员则参与学校问卷调查。本章分为四个部分：首先探讨香港学校权力下放的背景，其次描述 PISA 数据库和变量的操作，再次描述结果和讨论，最后总结主要的研究结果，并分析其对政策和研究的启示。

本次分析采用了多层次的设计。PISA 2003 量度了两个学校权力下放范畴：学校的自主性和教师的参与性，本章第三部分先探讨学校的自主性和教师的参与性对学生数学成绩的贡献，然后讨论学校权力下放有否通过学校气氛的改善，而影响的学生数学成绩。

11.3 香港学校权力下放

香港权力下放的教育改革，由 20 世纪 90 年代的公共部门改革开始。公共部门改革的首要目标是审查香港政府的内部结构和关系，从而提高效率、善用资源、改善社区服务素质，以及为公务员带来更大的工作满足感（Tsang，1995）。因为当时的教育统筹局（教统局）是负责政府最大的开支（教育）的部门，所以成为研究公共部门、代理机构关系的主要对象。该研究的重点在于厘清教育统筹局和教育署（教署）两个部门之间的关系，当中教署负责学校教育方案。该研究回顾了政策和行政文件，并访问了大量的教育署职员、政府学校的校长及资助部门（即政府资助的香港学校部门）的行政人员。研究问题主要针对香港教育部门的目标、角色、关系、权力以及问题的所在。根据来自政府部门职员以及资助部门教职员的整体反馈，该研究认为当时的学校教育管理框架需要根本的改革。

1991 年 3 月，政府发表了建议书《学校管理新措施：改善香港中小学教育素质的体制》（EMB，ED，1991），教委会、教育委员会、立法会教育事务委员会以及主要教师工会，对有关建议作出正面评价。学校校长和办学团体普遍对这份建议书感兴趣，然而部分人士担心新措施会令其在学校制度中失去权力，但也有人看到可以从中获取更多权力的机会，而大部分学校对新的管理计划采取观望态度。

当学校管理新措施（SMI）计划于 1992 年推行时，并未能得到全体学校的支持。直到计划实施六年后的 1997 年，仍然只有大约 30% 的香港学校参与这个计划（ED，2000）。于是在 1998 年，政府改变一贯鼓励学校自决参与的措施，转为强势推行易名为“校本管理”（SBM）的政策。

教育统筹委员会在《第七号报告书》中建议，以“学校管理新措施”为蓝本的“校本管理”，应该在 2000 年或之前于所有学校全面实施（EC，1998）。报告书建议学校落实校本管理结构，包括制定学校目标、学校概况、预算编制、发展计划的正规程序，以及评估进度和员工考核的方法。在香港的校本管理中，校长仍然是主要决策者，但是教师和家长也有权参与学校的决策。这种独特的校本管理模式对学校过程和结果的影响，实在值得研究。

11.4　研究方法及数据

本研究主要的数据来自 PISA 2003，PISA 2003 的重点评估范畴是数学，因此约 2/3 的测试时间被投放到这一范畴上。评估的重点是在不同情况下应用数学知识解决具体问题的能力（OECD，2004）。表现评分按比例调整，OECD 学生的平均表现定为 500 分，标准差为 100。在剖析学校权力下放及学校气氛与学习成效的关系上，本研究采用多层线性模型分析，充分考虑学生层面及学校层面的有关因素对学习成效的影响。

11.5　学校权力下放及学校气氛的操作定义

11.5.1　学校权力下放

PISA 2003 向校长收集资料，以了解学校员工在学校政策和管理决策上的参与程度。校长需要回应教育当局办学团体、校董事会、部门主任或教师等持分者，对不同决策项目是否具影响力。问卷共有 12 个决策项目，涵盖领域包括：任命教师、解雇教师、建立教师起薪、决定教师工资增长、制定学校预算、调配校内经费、建立学生纪律政策、建立学生评估政策、批准学生入学、选择教材、决定教学内容和课程（表 11.1）。

根据上述 12 个项目所得的回应，编制出“学校的自主性”和“教师的参与性”两个指数，详情如下。

- 学校的自主性。每个项目就各个学校管理决策权的负责人事宜提问，受访校长就学校是否负责该决策作出回应。如果答案属于“基本上非本校负责”，会得 0 分；如果由校内任何持分者作决策，会得 1 分。最后得分为 12 个项目的总计。
- 教师的参与性。如果教师可以在某个领域上作出决策，教师的参与性会得 1 分。最后得分为 12 个项目的总计。

两个指数得分越高，代表学校的自主性和教师的参与性越大。两个指数的信度系数（Alpha）分别为 0.5979 和 0.6285，表示两个项目的内在一致性不算高，但尚在可接受的范围之内。

根据文献记载，量度学校气氛有不同的方法（如 Haller，Kleine，2001；Hoy et al.，1990；Hoy et al.，1991；Tagiuri，1968）。Hoy 等（1990，1991）指出，学校气氛是学校环境中一个相对持久的特质，能被投身其中的人感受到，学校气氛会影响学校成员的行为。在本研究中，学校气氛的测量，主要集中在考察学生及校长对学校社会制度的整体观念，不同范畴的学校气氛则会以 9 个指数来量度。5 个关于学校气氛的指数是从学生受访结果中总结得出，包括归属感、对学校的态度、纪律环境、师生关系和教师支援。其余 4 个指标来自校长或学校行政人员对问卷的回应，包括学生的士气、教师的士气、学生的行为以及教师的行为。

11.5.2 学生眼中的学校气氛

下列每个指数均采用了四分量表，当中总结了多个项目的得分。部分项目的记分会被逆转，以契合越高的总分代表越正面的观念。信度系数（Alpha）列于每项的括号内。

- 对学校的态度（0.6448）。这个指数来自学生问卷的下列 4 个项目：对于将来毕业后开展成年生活，学校给我的装备很少；学校生活浪费时间；学校给予我信心作决定；学校教晓我一些对工作有帮助的东西。
- 师生关系（0.8057）。这个指数来自学生问卷的下列 5 个项目：学生与大部分教师相处融洽；大部分教师都关注学生在校内生活是否自在；教我的教师，大部分认真聆听我的心声；假如我需要额外的协助，我的教师定会援手相助；我的大部分教师待我公正无私。
- 归属感（0.7396）。这个指数来自学生问卷的下列 6 个项目：犹如“门外汉”，事事没份参与；我容易结交朋友；我对学校有归属感；我感到尴尬，很不自在；其他同学似乎喜欢我；我感到孤单。
- 教师支援（0.8353）。这个指数来自学生问卷的下列 5 个项目：教师关注每一个学生的学习表现；学生有需要时，教师会给予额外的协助；教师帮助同学学习；教师尽力教学，直至学生完全明白为止；教师让学生有机会表达意见。

- 纪律气氛（0.8799）。这个指数来自学生问卷的下列 5 个项目：学生不听教师的话；课堂内既嘈吵，又无秩序；教师需要很长时间让学生安静下来；学生的学习表现欠佳；课堂开始后很久，学生仍未投入学习。

11.5.3　校长眼中的学校气氛

下列指数同样采用了四分量表，当中总结了多个项目的得分。部分项目的记分会被逆转，以契合越高的总分代表越正面的观念。信度系数（Alpha）亦列于每项的括号内。

- 教师的士气和使命感（0.7957）。这个指数来自校长问卷的下列 4 个项目：教师的士气很高；教师工作十分积极；教师以学校为荣；教师十分重视学生的学业成绩。
- 学生的士气和投入感（0.8534）。这个指数来自校长问卷的下列 7 个项目：学生享受学校生活；学生热衷学习；学生以贵校为荣；学生重视学业成绩；学生乐于合作、对人恭敬；学生重视他们在贵校所接受的教育；学生全力以赴地学习。
- 教师的行为——健康气氛（0.9208）。这个指数来自校长问卷的下列 7 个项目：教师对学生的期望太低；师生关系恶劣；教师未能照顾学生的个别需要；教师缺席；教职员拒绝任何变革；教师对学生过于严苛；教师未能鼓励学生发挥潜能。
- 学生的行为——健康气氛（0.9258）。这个指数来自校长问卷的下列 6 个项目：学生旷课；学生在课堂捣乱；学生走堂；学生不尊重教师；学生饮酒或使用毒品；部分学生欺负或叱骂其他同学。

11.6　结果与讨论

11.6.1　国际大环境下的香港学校权力下放和学校气氛

表 11.1 显示了相对于 OECD 的平均水平，香港校长回应其校在学校政策和管理事务方面有权责的比例。表中将学校政策事宜细分为 5 个领域。就 OECD 成员国而言（表 11.1 第 3 列），多数学校在建立教师起薪（37%）和决定教师工资增长（38%）等领域上拥有较少发言权。OECD 国家的学校在

任命教师（64%）和解雇教师（58%）方面的权力亦相对有限。然而，OECD 国家的学校在制定学校预算（68%）和调配校内经费（93%）上拥有较大的影响力。

总的来说，OECD 国家的学校在学生事务上扮演重要的角色。超过 80% 的校长回应其校在建立学生纪律政策上有决定权，此外，九成以上的学校可以自行建立学生评估以及招生政策。关于课程和教学决策的 3 个项目当中，94% 的学校表示有自行选择教材的权力，大约 77% 的学校有权决定教学内容，82% 的学校可以决定所提供的课程。

表 11.1 PISA 2003 中校长呈报其校有权参与“学校层面”校政决策的比例（%）

决策领域	行政项目	OECD 平均值	香 港
职员配备	任命教师	64	91
	解雇教师	58	92
教师薪酬	建立教师起薪	37	38
	决定教师工资增长	38	14
财政预算	制订学校预算	68	98
	调配校内经费	93	99
学生事务	建立学生纪律政策	97	100
	建立学生评估政策	93	100
	批准学生入学	84	97
课程与教学	选择教材	94	100
	决定教学内容	77	98
	决定教学课程	82	99

将香港的结果与 OECD 平均值相比较（表 11.1 第 4 列），就会得出一个有趣的发现：根据校长的呈报，在五个决策领域香港学校有权作出决策的比例大都高于 OECD 平均值；只有在“决定教师工资增长”这个项目上，香港学校拥有较少的自主性。也就是说，香港在职员配备、财政预算、学生事务、课程与教学四个学校政策和管理领域上，拥有比 OECD 平均水平相对高的学校自主性。不过，香港学校对教师薪酬厘定的影响力较小。

表 11.2 根据“学校自主”和“教师参与”两个指标，采用集群分析（Cluster analysis）方法，把学校分为四类管理模式：学校自主和教师参与两个指标均为负值者，属“中央集权式”的管理；学校自主高而教师参与低者则为“学校主导式”的管理；学校自主和教师参与均为正值者，属“协作

分权式”的管理；学校自主低而教师参与高者则为“教师主导式”的管理。

表 11.2　学校管理模式的集群分析

管理模式	学校自主性	教师参与性
中央集权	-0.81	-0.72
学校主导	1.05	-0.34
协作分权	0.96	1.40
教师主导	-0.55	0.88

表 11.3 描述了 40 多个参与 PISA 2003 的国家或地区中近 9 000 所学校的管理模式分布，结果显示中央集权式管理的学校最多，占参与 PISA 2003 的学校总数的 35%；其次是学校主导式和教师主导式管理的学校，所占比重分别为 26% 和 27%；协作分权式管理的学校只占 12%。

表 11.3　学校管理模式的分布

管理模式	学校数（所）	比例（%）
中央集权	3 172	35
学校主导	2 310	26
协作分权	1 113	12
教师主导	2 383	27
总计	8 978	100

表 11.4 详细列出了各个国家或地区中不同学校管理模式所占的比例。整体来看，大部分国家或地区均存有四种不同的学校管理模式，但也有个别国家以中央集权式管理为主（如卢森堡和突尼斯）。在芬兰这一优质与均等并存的国家，大部分学校以教师主导式管理为主（52%），其次是协作分权式管理（21%）。中国香港和中国澳门的大部分学校都以学校主导式管理为主（分别为 54% 和 64%），其次是协作分权式管理（分别为 34% 和 33%），日本则以中央集权式管理为主（59%），其次是学校主导式管理（22%）。韩国的学校主要是中央集权式和教师主导式管理（分别占 36% 和 39%）。由此可见，就算是同一国家或地区内，也有不同的管理模式，这可能与资源的来源有关。这一问题有待将来探讨。

表 11.4　PISA 2003 参与国家或地区不同学校管理模式分布（%）

国家/地区	中央集权	学校主导	协作分权	教师主导
澳大利亚	25	27	16	32
奥地利	50	3	1	47
比利时	36	26	17	21
巴西	37	13	10	41
加拿大	41	25	10	24
捷克共和国	14	63	14	9
丹麦	27	23	29	21
芬兰	12	15	21	52
德国	50	3	0	47
希腊	99	0	0	1
中国香港	6	54	34	6
匈牙利	7	44	37	12
冰岛	8	40	37	14
爱尔兰	23	27	8	42
意大利	37	4	2	57
日本	59	22	5	15
韩国	36	18	7	39
拉脱维亚	13	27	33	27
列支敦士登	8	42	33	17
卢森堡	97	3	0	0
中国澳门	3	64	33	0
墨西哥	27	3	6	64
荷兰	3	87	9	1
新西兰	11	75	11	3
挪威	63	3	2	32
波兰	10	18	11	61
葡萄牙	61	4	0	35
俄罗斯联邦	28	37	21	14
斯洛伐克	17	52	13	17
西班牙	45	24	9	22
瑞典	10	54	27	9
瑞士	44	8	11	38
泰国	30	27	27	17
突尼斯	99	0	0	1
土耳其	82	3	3	12
英国	22	54	15	9
美国	16	53	21	10
乌拉圭	68	21	0	10
塞尔维亚和黑山	73	8	6	13
PISA 2003 整体	***35***	***26***	***12***	***27***

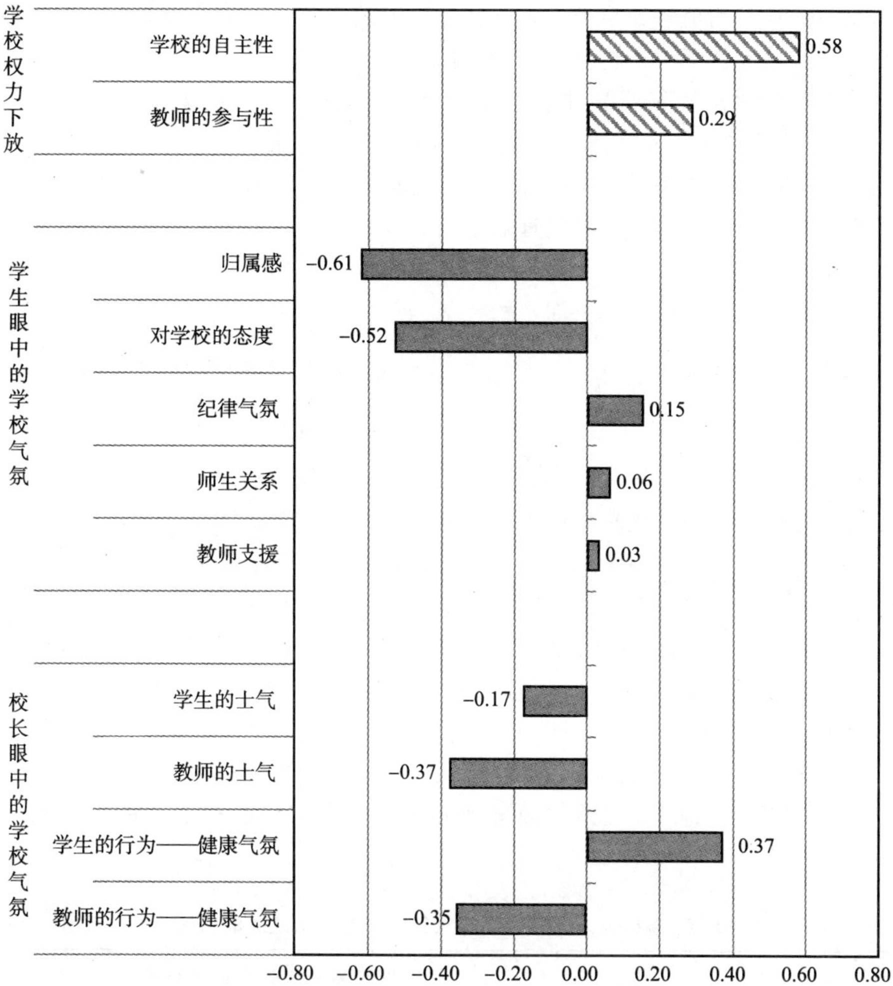

图 11.1　香港学校权力下放和学校气氛指数

注：指标的建构采用了项目反应理论（IRT），OECD 平均值为 0，OECD 标准差为 1。指标若为正数，表明分数较 OECD 的平均水平为高；指标若为负值，表明分数较 OECD 的平均水平为低。例如香港学校的自主性指数为 0.58，显示从香港中学校长的回应来看，学校自主决策程度高于 OECD 的平均水平。

图 11.1 总结了香港中学的校长和学生，就有关学校权力下放和学校气氛等问题的回应。香港学校的自主性及教师的参与性指数分别为 0.58 和 0.29，略高于 OECD 平均值 0。这表明香港的学校在学校层面上享有较高的自主性，而教师能分享到的决策权责相对低于校长，但香港教师的参与程度

高于OECD平均值。如果教师未能获得更大的授权，究竟是否会影响同事关系和学校气氛？下一节将会对此有所探讨。

在9个学校气氛指数中，香港有5个为负数，其余4个为正数。与OECD平均值相比，香港校长认为学生的表现较正面。香港学生认为其学校的教师支援、师生关系、纪律环境亦比OECD的平均水平稍高。然而，香港学生的归属感和对学校的态度远远不及OECD的平均水平，香港校长眼中的教师行为、教师的士气和学生的士气，也不及OECD的平均水平，这些均是香港学校风气有待改善的方面。

11.6.2 学校权力下放、学校气氛和学生数学成绩之间的相关性

表11.5显示，学生的平均数学成绩与教师的参与性有显著的正相关，但与香港学校的自主性并没有显著关联。结果表明，权力下放至学校层面未必有助于改善学校的表现，反而教师的参与性才能够真正对学生的学习发挥作用，教师更多参与决策能直接或间接改善学生的数学成绩。

再从学生的角度来看，根据学生看法衍生出的五个学校气氛指标，皆与学生的数学成绩呈显著正相关。归属感和纪律气氛，对数学成绩的贡献最大。而师生关系对数学成绩的影响力，则是各个指标中最薄弱的。从学校行政人员的角度来看，四个根据校长看法衍生出学校气氛指标中，学生和教师的士气与学生数学成绩有最密切的正面关系。学生的行为与学生数学成绩有薄弱的正面关系，而教师的行为与学生数学成绩的关系则不显著。

表11.5 学校权力下放、学校气氛和学生数学成绩的相关系数

	学生数学成绩的相关系数
学校权力下放	
学校的自主性	-0.064
教师的参与性	0.194*
学生眼中的学校气氛	
归属感	0.490***
对学校的态度	0.385***
纪律气氛	0.544***

续表

	学校平均数学素养表现的相关系数
师生关系	0.184*
教师支持	0.229**
校长眼中的学校气氛	
教师的士气	0.586***
学生的士气	0.359***
教师的行为——健康气氛	0.261**
学生的行为——健康气氛	0.116ns

注："ns" 表示不显著。

* 显著性检验水平小于 0.05。** 显著性检验水平小于 0.01。*** 显著性检验水平小于 0.001。

11.6.3　学校权力下放和学校气氛对学生数学成绩的影响

在剖析学校权力下放及学校气氛与学习成效的关系时，本章采用多层线性模型分析，先将数学成绩的差异划分为校内与校间两个部分，然后再加入学生背景及学校层面的有关因素（参见表 11.6）。

首先，用零模型（Null model）——第一层及第二层都没有预测变量，将数学成绩的差异划分为校内与校间两个部分。结果显示，香港学校之间学生数学成绩的差别非常大。学校之间的差异比例为 46.6%，远远高于 OECD 平均水平 32.7%。这表明香港中学之间数学成绩存在很高的异质性。

模型 1 以零模型为基础，再加入四个学生背景因素作为控制变量。结果显示，女生和新移民学生的表现往往明显不及男生和本地学生。来自单亲家庭学生的得分亦远不如其他家庭结构的学生。

模型 2 以模型 1 为基础，再加入两个学校权力下放指数。在控制了学生的背景因素，亦即在学校收生的性别或社会经济文化背景一致的情况下，分析"学校自主性"与"教师参与性"对学生数学成绩的影响。

模型 3 再加入了九个学校气氛指标。表 11.6 列出了这三个分析步骤的结果。

表 11.6 学校权力下放和学校气氛对学生数学成绩的影响

预测变量	模型 1 学生背景		模型 2 +学校权力下放		模型 3 +学校气氛	
	系数	标准差	系数	标准差	系数	标准差
截距	554.45***	5.68	554.45***	5.56	554.41***	3.71
学生背景						
女生	-19.03***	3.05	-19.16***	3.04	-20.42***	3.01
新移民学生	-21.48***	3.56	-21.44***	3.58	-21.41***	3.57
来自单亲家庭学生	-6.32*	2.97	-6.32*	2.97	-6.15*	2.96
社会经济地位	-0.05	1.68	-0.07	1.68	-0.28	1.67
学校权力下放						
学校的自主性			-3.05	5.52	-0.83	3.69
教师的参与性			13.75*	5.34	6.26	4.37
学生眼中的学校气氛						
归属感					23.04***	5.55
对学校的态度					-0.49	6.00
纪律气氛					25.80***	4.88
师生关系					-11.00*	5.20
教师支援					-8.60	4.63
校长眼中的学校气氛						
学生的士气					20.90***	5.08
教师的士气					0.08	4.91
学生的行为——健康气氛					23.76**	7.85
教师的行为——健康气氛					-14.79	7.92
校间差异	4337.23***		4199.89***		1812.38***	
校内差异	4892.78		4892.72		4892.69	
已解释的校间差异	1.80%		4.91%		58.97%	
已解释的校内差异	2.73%		2.73%		2.73%	
总差异	9230.01		9092.61		6705.07	
已解释的总差异	2.29%		3.75%		29.02%	

*显著性检验水平小于0.05。**显著性检验水平小于0.01。***显著性检验水平小于0.001。

11.6.3.1 学校权力下放对数学成绩的影响

表 11.6 反映了考虑学生背景因素后，学校权力下放对学生数学成绩的影响。结果显示，学校的自主性对学生的数学成绩没有显著影响。然而，教师的参与性则与学生的数学成绩有显著的正相关。教师参与学校决策的程度每增加 1 个标准差，学生的平均得分就会增加 14 分。这两个学校权力下放的因素，只解释了 4.91% 的校间差异和 2.73% 的校内差异，整体上解释了 3.75% 的总差异。换言之，学校权力下放的影响力并不大，这个发现与其他关于权力下放的教育研究是一致的（Malen，Ogawa，1988；Malen et al.，1990）。

11.6.3.2 学校气氛对数学成绩的影响

表 11.6 也反映了学校气氛对学生数学成绩的影响。引入学校气氛指数后，教师参与性的影响会随之而消失。这一结果显示，学校气氛可解释教师参与性对学生成绩的正面影响，因此可视为两者之间的中介变量。在五个根据学生看法衍生出的学校气氛指标中，归属感和纪律气氛皆与数学成绩有显著的正面关系。学生归属感和纪律气氛上每增加 1 个标准差，学生数学平均得分就会分别增加 23 分和 25 分。表面上看，学生归属感较强和纪律有序的学校，其数学成绩更佳。但师生关系却与学生的数学成绩呈负相关。师生关系带来的负面影响虽然与直觉认知相违背，但也有存在的可能性，因为五个根据学生看法衍生出的学校气氛指标之间有密切的互动关系。因此，其他学校气氛因素的强烈影响，可能抑制（statistical suppression）师生关系的回归系数，致使其成为负值。

在四个根据校长看法衍生出的学校气氛指标中，学生的士气和学生的行为与学生的数学成绩有显著的关系。学生的士气和学生的行为上每增加 1 个标准差，其数学平均得分就会分别增加 21 点和 24 点。9 个学校气氛因素加上上述两个学校权力下放因素，解释了 59.97% 的校际差异和 2.73% 的校内差异。这个终极模式解释了香港学生数学成绩总差异中的 26.66%。

11.7 总 结

本章探讨了香港中学学校权力下放和学校气氛的性质，以及两者对学生成绩成效的影响。研究结果表明，香港中学的学校自主性和教师参与性都略高于 OECD 的平均水平，特别是在职员配备、财政预算、课程与教学、学生事务等方面，学校行政人员和教师有更多的参与。与 OECD 国家普遍情况一样，香港学校在订定教师工资上拥有较少发言权。虽然按国际标准，香港似乎享有较高的学校自主性，但是教师的参与性并未相应地如预期般高。换言之，香港的校本管理模式倾向于“学校主导”而非“教师主导”。

以往的研究未就权力下放和学校表现之间的关系，产生一致的结果（Astiz et al.，2002；Cheng，1992；Cheung，Cheng，1996；Malen et al.，1990；Murphy，Beck，1995；Sackney，Dibski，1994；Summers，Johnson，1996；Wong，1993）。本次研究结果表明，根据两个学校权力下放指标，以及在已考虑学生背景因素后，教师参与学校管理对学生的数学成绩有细小但有效的正面影响，然而学校的自主性对数学成绩则没有显著影响。

在影响学生表现的学校气氛当中，有四个因素（归属感、纪律气氛、学生的士气以及学生的行为）对学生的成就贡献最大。有趣的是，无论这四个因素的回应是来自学生还是校长，这四个重要因素均以学生为本。研究结果也表明，在将学校气氛因素包含在模式之中后，教师参与性的影响会随之而消失。因此，教师参与学校管理对学生成绩的贡献，似乎是通过改善学校气氛而达到的。

总体而言，本研究发现通过给予教师更大的权力以及更多的专业训练，从而加强教师的参与性和改善学校环境，似乎是进一步改善香港学校的有效途径。未来的研究可以探讨香港教师参与决策的水平相对较低的原因。香港学生的归属感在 PISA 2003 评估中低至-0.61（Ho，2003），这实在值得注意。香港的决策者如何赋予教师更大的权力？香港的教育者又如何在竞争激烈而疏离的学习环境中，培养学生的归属感？这些都是香港需要面对的重大挑战。学校权力下放和学校气氛因素，对其他非认知结果（如学生积极性、对学习的态度和自我概念）有何等程度的影响，都是值得将来深入研究的重要课题。

参考文献

Astiz M F，Wiseman A W，Baker D P. 2002. Slouching towards decentralization：consequences of globalization for curricular control in national education systems. Comparative Educational Review，46（1）：66-88.

Beattie N. 1985. Professional parents：parent participation in four Western European countries. London：The Falmer Press.

Beck L G, Murphy J. 1998. Site-based management and school success: untangling the variables. School Effectiveness and School Improvement, 9 (4): 358-385.

Brown D J. 1990 Decentralization and school-based management. New York: Falmer Press.

Brown D J. 1994. Decentralization in educational governance and management//Husen T, Postlewaite. The International Encyclopedia of Education. Oxford: Pergamon Press: 1470-1411.

Chapman R. 1973. Decentralization: another perspectives. Comparative Education. 9 (3): 127-134.

Cheng Y C. 1992. A preliminary study of school management initiative: responses to induction and implementation of management reforms. Educational Research Journal, 7: 21-32.

Cheung W M, Cheng Y C. 1996. A multi-level framework for self-management in school. International Journal of Educational Management, 10 (1): 17-29.

Education Commission [EC]. 1998. Education Commission Report No. 7. Hong Kong: The Government Printer.

Education Department [ED]. 2000. Transforming schools into dynamic and accountable professional learning communities: school based management consultation document. Hong Kong: Advisory Committee on School Based Management.

Education Manpower Branch and Education Department [EMB & ED]. 1991. School management initiative: setting the framework for education quality in Hong Kong schools. Hong Kong: The Government Print.

Elmore R F. 1993. School decentralization: who gains? who loses? //Hannaway J, Carnoy M. Decentralization and school improvement: can we fulfill the promise. San Francisco, CA: Jossey-Bass: 33-54.

Elmore R F. 1995. Structural reform and educational practice. Educational Researcher, 24: 23-26.

Haller E J, Kleine, P F. 2001. School climate and the matter of measurement//Using educational research: a school administrator's guide. New York: Longman: 333-367.

Hannaway J. 1993. Decentralization in two school districts: challenging the standard paradigm//Hannaway J, Carnoy M. Decentralization and school improvement: can we fulfill the promise. San Francisco, CA: Jossey-Bass: 135-162.

Ho S C. 2003. Accomplishment and challenges of Hong Kong education system: what we have learned from PISA. Educational Journal 31 (2): 1-30.

Hoy W K, Tarter C J, Bliss J R. 1990. Organizational climate, school health, and effectiveness: a comparative analysis. Educational Administration Quarterly, 26: 260-279.

Hoy W K, Tarter C J, Kottkamp R B. 1991. Open schools/healthy schools: measuring organizational climate. Newbury Park, CA: Sage Publications, Inc.

SMalen B, Ogawa R T. 1988. Professional-patron influence on site-based governance councils:

a confounding case study. Educational Evaluation and Policy Analysis, 10 (4): 251-270.

Malen B, Ogawa R. T, Kranz J. 1990. What do we know about school based management: case study of the literature: a call for research//Clune W, Witte J. Choice and control in American education: Volume 2. New York: Falmer: 289-342.

McGinn N, Street S. 1986. Educational decentralization: weak state or strong state?. Comparative Education Review, 30 (4): 471-489.

Murphy J, Beck L G. 1995. School-based management as school reform: taking stock. Thousand Oaks, CA: Corwin Press.

OECD. 2002. Reading for change: performance and engagement across countries: results form PISA 2000. Paris: Organization for Economic Co-operation and Development.

OECD 2004. Learning for tomorrow's world: first results from PISA 2003. Paris: Organisation for Economic Co-operation and Development.

Sackney L E, Dibski D J. 1994. School-based management: a critical perspective. Educational Management and Administration, 22 (2): 104-112.

Summers A A, Johnson A W. 1996. The effects of school-based management plans// Hanushek E A, Jorgenson D W. Improving America's school: the role of incentives. Washington, DC: National Academy Press: 75-96.

Tagiuri R. 1968. The concept of organizational climate//Tagiuri T, Litwin G W. Organizational climate: explorations of a concept. Boston: Harvard University, Division of Research, Graduate School of Business Administration: 1-32.

Tsang D. 1995. Public sector reform: key issues and future directions. //Lee J C Y, Cheung A B L. Public sector reform in Hong Kong: key concepts, progress-to-date and future directions. Hong Kong: Chinese University Press: 3-14.

Walberg H J, Paik S J, Komukai A, Freeman K. 2000. Decentralization: an international perspective. Educational Horizons, 78 (3): 153-164.

Welsh T, McGinn N. 1999. Decentralization of education: why, when, what and how? (Fundamentals of Educational Planning Series, 64). UNESCO.

Wong K C. 1993. School-based management, school effectiveness and the school management initiative: different? how different? //Tsui A, Johnson I. Teacher education and development (Education Paper 19). Hong Kong: Faculty of Education, The University of Hong Kong.

第 12 章
从国际视域看东亚社会的“影子教育”

何瑞珠
香港中文大学教育学院
教育行政与政策学系

12.1 前 言

20 世纪 60 年代，在亚洲、非洲、拉丁美洲国家，补习早已十分普遍，而到近年更在西欧、北美及澳洲等地开始流行（Bray，1999）。补习又称为“影子教育”，因为补习与正规教育在本质上有近似的地方：补习在提供的课程及服务等方面，都跟随或模仿正规教育的课程及考核范围，以致两者的关系仿若物体及其影子一样。有不少学者认为，补习的普及情况与社会的文化差异有关（Baker，LeTendre，2005；Bray，1999）。东亚地区受儒家思想影响，重视学业，强调努力，补习的风气较容易形成和发展。西方社会则较重视个人性向和才华，若在正规学习时间以外再补习，则较难被一般家长及学生接受。可是，近年世界各地的教育改革都十分重视评估，尤其是学业成就的考核及监控，无论学生或学校，均用尽不同方法务求学业成绩达标，这使得补习风气在世界各地日渐普遍，而补习对社会与民生的影响亦越来越广泛（Baker，LeTendre，2005；Ho，2006；Ho，Kwong，2008）。本章尝试根据 PISA 的实证数据，探讨世界各地的补习现况，尤其是东亚社会的补习参与率、补习类型、补习时间以及补习跟学科成绩的关系。

12.2 研究背景

补习基本上指正规教育以外的教学活动，是学生就正在学校修读的科目在正规课堂以外的补充学习。这类学习在香港普遍称为补习，但在不同社会有不同称谓，其经营形式与规模亦十分多样化。早在 20 世纪 80 年代，已有学者开始进行有关方面的研究（如 Baker，Akiba，LeTendre，Wiseman，2001；Bray，1999；Hussein，1987），学术界把这类服务统称为“影子教育”，以反映其与正规教育的关系（如 Baker et al.，2001；Bray，2003）。Bray（2003）则认为，补习称作“影子教育”的原因主要有三：补习的出现是基于正规教育的存在；补习经营的规模及形式，会跟随正规教育的制度而改变；补习受到的社会关注通常比正规教育要低。

正如 Baker 和 LeTendre（2005）所指出的，影子教育的存在并不是要取代正规教育，而是起到补充、辅助正规教育的作用。学生会在课余时间接受补习，务求更有效地吸收和掌握课堂的知识，家长也期望通过补习提升子女在正规学校及公开考试的成绩。

在东亚地区，家长一般都十分重视子女的学业成绩，期望他们能在考试中取得好成绩，以升读理想学校并取得更高学历。为了提升学业成绩，家长让子女在课余参加补习班或聘请私人补习教师，以期补充正规课堂上学习的不足，继而提升学生的学习成效（Kwok，2001；Russell，1997）。但这类有偿的课后补充教学辅助活动的普遍情况，也受到了大量的批评。批评者认为，有偿的课后补充教学辅助活动产生了很多负面影响，例如过分的考试导向，使学生过分依赖而导致负面的学习态度，剥夺了学生课余活动的空间等。补习风气在世界各地似有日渐普遍的趋势，并引起国际关注，例如联合国教育、科学及文化组织（UNESCO）便曾就补习的现象进行了两项十分全面的国际性研究（Bray，1999，2003）。本章旨在探讨补习活动在世界各地（尤其是东亚国家或地区）的情况及影响。

12.3 “影子教育”的定义、模式与结构

12.3.1 “影子教育”的再界定

“影子教育”基本上指常规教育以外的教学活动，是对学生在学校正在

修读科目的补充学习。Bray（2003）提出“影子教育”并不包括其他非学科性课外活动（例如弹琴、绘画、体育活动等）的学习。但随着常规教育的改革，近年学校越来越多地要求学生有不同类型的学习经验，“影子教育”的经营方式与规模也因而十分多样化：有“校内”或“校外”提供的；有“学术性”或“非学术性”的；功能有“辅导”成绩稍逊者或“增润”成绩优异者的。这些“影子教育”的特质，使“影子教育”的定义超越了一般传统学科的补习，而涵括常规课堂以外的种种“学术性”及“非学术性”的学习活动。

12.3.2　形式

在授课形式方面，“影子教育”除了有整班学生的集体授课外，也有以小组形式进行，甚至是一对一的私人教授。集体授课多在机构或导师提供的教室或正式的场地进行，而一对一的补习大都在学生或导师的居所等非正式的地方进行。补习学校提供多元化的服务或“课程”，除一般的学科温习和补习班外，亦有考试前短时间内进行的“精读班”等（Baker，LeTendre，2005）。例如，一项在香港进行的研究（Lee，1996）指出，香港的补习学校提供的服务包括私人授课、补习班、功课辅导及课余学生托管等。

12.3.3　科目

在补习服务所提供的科目方面，Baker 和 LeTendre（2005）指出，“影子教育”的效用在于辅助常规教育的学习，故此补习学校一般只会提供主流学校课程内所有的科目。最普遍的补习项目主要是最能增加升学与就业机会的科目，例如语文、数学和科学；不同地区的补习学校也会顺应当地文化背景及市场需要，而提供相应的科目（Bray，1999；Tong，2001）。例如在香港，中学的中文、英文和数学科是升读大学必须及格的公开考试科目。又例如，一方面英文是国际语言，同时由于香港的历史背景，它在个体的升学就业方面有其重要性，另一方面对绝大部分华裔学生来说，英文是外语，学习上较困难，所以补习英文较为普遍。事实上，Lee（1996）和 Tong（2001）的两项调查都发现，补习英文的中学生最多，而补习数学或理科的中学生虽然比补习英文的少，但比补习其他科目的多很多。亚洲地区较普遍的补习科目一般有语文（外语）、数学和科学（Lee，1996；Tong，2001）。在英文为官方语文的新加坡，一项语文调查则发现，超过50%的受访小学生及30%的受访中学生补习英文。但在斯里兰卡，补习英文的需求相对较低，科学和数学反而是最多学生补习的科目（de Silva，1994，转引自 Bray，1999）。总体来说，补习科目的普遍性因地域不同而异，主要取决于该科目对升学与就业机会的影响。

12.3.4 上课时数及不同年级学生的参与率

在上课时数及学生分布方面，学生大都在下课后上补习课。补习班的上课日由星期一至星期日不等。虽然学生出席补习班的时间通常比正常上学的时间短，但他们平均每星期用于补习的时间却由 1 小时至数十小时不等。TIMSS（Trends in International Mathematics and Science Study）的研究指出，有超过 70% 受访的日本、南非及菲律宾中一及中二学生，每星期补习的时间少于 1 小时（Baker et al.，2001）。香港的研究访问了 10 岁到 19 岁的学生，却发现 70% 以上的中学生每星期会用 4 小时或更少时间去补习（Lee，1996），但小学生却有约 36% 是用 6 小时或以上的时间去补习。在澳门，高小学生每星期用于补习的时间更高达 20 小时（Ho，Kwong，2008）。

这些补习时间上的差别，可能是源于学生接受补习的功能或科目数量不同。例如，澳门小学生补习的功能主要是托管及做功课，直至双职的父母下班，因此时间特别长。又例如，香港的小学生有补习“全科”的，补习的日数和总共的时数便会较多。上述用 6 小时或以上的时间补习的 36% 香港小学生，便属于这类。在马来西亚，有超过 50% 的学生补习 1—2 个科目，而同时补习 5—6 个科目的学生亦有近 20%（Chew，Leong，1995，转引自 Bray，1999）。此外，用于补习的时间亦会因应学业阶段等环境因素而异，例如中学生一般比小学生要面对更多高风险的公开考试，因此中学生参加补习的情况较普遍，但小学生较多补习多个科目，于是补习的时数较高。然而，基于澳门本地独有的社会和教育环境，尤其双职工家长的工作时间越来越长，澳门高小学生参加补习的人数最多（达 75%），而他们每星期补习的时数也最长，平均达 20 小时；初中及高中生的补习时数则稍低，但也分别达到 14 小时及 10 小时（Ho，Kwong，2008）。

12.3.5 学生参加补习的原因/动机

学生参加补习班的原因可以从社会及个人两个层面来讨论。就社会层面来说，许多国家会于一个学业阶段的终端（例如小学毕业或中学毕业年级），设立区域性的统一评核，来评定学生是否达到学能标准。成绩对学生的升学前途影响很大，例如是否能入读心仪学校，是否能获大学录取，或是否能入读理想的学系等。在这些方面，公开考试的成绩可以产生十分重要的影响。学生为了加强对考试内容的认识及掌握考试的技巧，便会寻求在常规课堂以外的协助，甚至参与各种收费昂贵的补习活动。例如在台湾，调查发现有超过30%的受访中学生报读补习班的原因，是为了要考入理想的大学（Tseng，1998）。

有的国家为了提升学生的整体成绩，甚至把促进补习活动定为国家政策，鼓励学生参加。在多族裔的新加坡，政府就曾资助专为某些族裔学生而设的补习中心，期望这些补充教学辅助活动能提升应试学生的成绩，以期全国学生的成绩全面地高于国际评估研究（如 TIMSS）的平均值（Bray，1999）。然而，在一些经济相对落后的国家，如柬埔寨，补习的兴起却是源于政府投入的教育资源严重不足，这令许多薪金偏低的教师要依靠开办补习班来赚取额外收入。为了确保学生对补习的需求，有些教师会故意不在常规课堂教授一些须考核的教学内容，而是留待在补习班讲解，于是学生便不得不参加由自己学校教师开办的补习班（Bray，1999）。这样一来，补习便成了教育工作者腐败的行为。

就个人层面来说，学生参加补习班的原因多数是为了得到更好的考试成绩。而不论学生的成绩是好是坏，他们都有可能参加补习班。TIMSS 的研究发现（Baker，LeTendre，2005），在 41 个受访国家中，有超过七成国家的学生的补习原因主要是为了将勤补拙，改善欠佳的成绩。不过，亦有少于一成国家的学生主要是想精益求精，令自己本来已经优异的成绩更理想。然而，为什么学生要靠补习去改善自己的成绩？难道主流学校的教师加上个人的温习，还不足以令他们达到理想的成绩？这是否反映了主流学校欠缺对学生自主学习的培育？还是学校欠缺类似补习的课外支持？

学生参加补习还有一个与经济效益有关的原因。由于雇主倾向于聘请学历高、成绩好的人士，所以成绩欠佳的求职者受聘的机会较低。因此面对职业市场激烈的竞争，学生必须在考试中取得好成绩，以至入读名校，将来才较容易找到理想的工作。家长和学生都将补习视为考取好成绩、有利于将来找到理想工作的手段。这种情况在台湾、香港和日本等地特别普遍（Baker，LeTendre，2005；Bray，1999）。

此外，有部分学生参加补习班是受同辈影响而和朋友一同参加的（Baker，LeTendre，2005）。也有一些家长把补习学校视作照顾他们子女的托管中心（Bray，Kwok，2003）。家长虽然不是补习的直接参与者，却可能在当中扮演重要的角色。例如，家长怎样判断子女是否需要补习或其他方式的协助？如何协助子女选择补习的服务提供者？如何评估补习服务的效益？这些都值得进一步研究。

12.3.6 “影子教育”对正规教育的影响

一般来说，正规学校的课程原则上应按学生身心全面发展的需要而设计，故此内容须着重平衡学生人格的培养与知识的传授。但补习教学一般只着重知识的传授，甚至只着眼于如何应付考试（Tong，2001）。不少日本的教师指出，参加“学习塾”（即补习学校）的学生只懂得机械化地学习，对学科内容欠缺理解（Sawada，Kobayashi，1986，转引自 Bray，1999）。这种只重视学生考试成绩而忽略内容理解及分析的补习方法，容易使学生沦为“考试机器”，而学不到应有的知识，忽略了全面的发展。从这方面看，补习或者“影子教育”是否扭曲了正规教育原有的精神？正规教育和它的“影子”又存在着怎样的互动关系？

如前所述，特别是在一些教师薪金偏低的地区，有些教师以操控教学内容为手段，迫使学生另外付费参加自己的补习班。教师这样的腐败行为给了学生一个坏榜样，会对学生的价值观造成不良影响。同样，补习也可能影响主流学校教师的价值观。例如在大部分学生都参加补习的学校里，教师备课及上课的态度可能会比较散漫（Bray，1999），原因可能是他们意识到即使学生有不明白的地方，下课后也会有补习教师给他们解释，所以上课时是否准备充足对学生成绩的影响不大。另外，补习又可能使教师面对更严重的学生成绩参差问题。因为补习可令成绩好或富裕的学生表现再进一步，于是扩大了学生之间的成绩差距，使教师在选材授课时面对一定困难。不过，补习对教师也有一些帮助，例如 Yiu（1996，转引自 Bray，1999）发现有些教师会参考补习学校的笔记，丰富自己上课的内容。

在对学生的个人影响方面，有些人认为，补习可以因应学生在学习上的个别需要，采取相应的教学策略，使教学更有效。笔者相信，这种看法是指在一对一或小组教学的情况下的可能效果。例如 Sawada 和 Kobayashi（1986，转引自 Bray，1999）在日本进行的研究指出，学生上补习班时间的长短和他们的数学成绩有正相关；Lee（1996）的研究亦有类似发现，受访学生普遍认同补习可以改进他们的成绩。然而，鲜有研究报告补习加深了学生对课程内容的理解，也有研究报告显示补习与学生的学业成绩没有明显关系（Fergany，1994，转引自 Bray，1999），甚至补习的时间越长成绩反而越差（Ho，Kwong，2008）。这些不一致的研究结果可能是因为除了补习之外，还有很多其他未能厘清的因素影响学生的成绩，也有可能是成绩稍逊的学生更多地参与补习。这些因素均有待更多实证研究作进一步探讨。

除成绩以外，补习可能对学生的行为和态度有负面的影响。例如学生因有补习导师的协助而轻视正规课堂教师的教学，于是上课时便不投入以及容易出现负面行为。Hussein（1987）的研究更指出，有些学生认为只要补习能让他们考试及格，即使他们不上学也无所谓。由此可见，补习可能影响学生的学习态度和价值观，而后者对学生的终身学习至为重要。

12.4　研究设计

本研究的问题主要有三方面：（1）了解世界各地（特别是东亚地区）补习的参与率；（2）比较世界各地（特别是东亚地区）学生参与补习的时间；（3）探讨世界各地学生参与补习与学习成效的关系。

本研究数据来自PISA 2003及PISA 2006两项调查。PISA 2003收集了全球40多个国家或地区学生在常规课堂以外的学习时间安排，数据包括了两类“校内”及三类“校外”的“影子教育”，既有“学术性”的又有“非学术性”的，其功能既有“辅导性”的又有“增润性”的。PISA 2006收集了全球50多个国家或地区15岁学生学习科学、数学及阅读三个范畴每星期的时间投放，其中时间投放分为三个方面：（1）校内常规课时；（2）校外补习课时；（3）课后用于自习或自行完成功课的时间。本研究将集中分析第（2）项“校外补习课时”与学生科学、数学和阅读成绩的关系。

12.5　研究发现

12.5.1　“影子教育”的参与率

PISA 2003的结果显示（表12.1）：韩国影子教育的参与率最高，达到了90%；最低为丹麦，仅有28%。PISA 2003的平均参与率为59%。大部分欧洲国家如丹麦、挪威、瑞典、比利时及荷兰的参与率都不超过40%；韩国、希腊及土耳其均高于80%。在东亚地区中，韩国的参与率最高，其次为日本（69%）和中国香港（65%）。这三个东亚地区的参与率均高于PISA 2003的平均参与率。

表 12.1 PISA 2003 “影子教育” 的参与率（%）

排　名	国家/地区	参与率
1	韩国	90
2	希腊	87
3	土耳其	81
4	拉脱维亚	79
5	俄罗斯联邦	76
6	西班牙	71
7	匈牙利	71
8	日本	69
9	波兰	69
10	意大利	66
11	奥地利	65
12	中国香港	65
13	卢森堡	65
14	芬兰	64
15	中国澳门	64
16	突尼斯	64
17	泰国	63
18	葡萄牙	62
19	英国	61
20	塞尔维亚和黑山	61
21	爱尔兰	60
22	巴西	59
	OECD平均值	***59***
23	新西兰	56
24	美国	56
25	德国	55
26	冰岛	54
27	捷克共和国	53

续表

排　名	国家/地区	参与率
28	斯洛伐克	53
29	澳大利亚	52
30	法国	52
31	墨西哥	51
32	加拿大	50
33	乌拉圭	50
34	列支敦士登	45
35	瑞士	43
36	荷兰	39
37	比利时	36
38	瑞典	36
39	挪威	32
40	丹麦	28

这一结果与 Baker 等（2001）对 TIMSS 研究的分析相近。TIMSS 在 1994—1995 年进行的研究发现，在 41 个参与研究的国家当中，参加补习的学生比例，少的不过 10%，多的甚至超过 80%。其中，欧洲国家如英国、法国和德国只有少于 20% 的学生参加补习。相反，东南亚、非洲及拉丁美洲（例如菲律宾、南非及哥伦比亚）等地的学生则有超过 70% 参加补习。而在东亚地区如韩国、中国香港和日本，参加补习学生的比例分别是 45%、50% 和 60%。这说明了东亚地区有相当多的中学生参与课后不同类型的补习/补课，或其他增润/辅导课程。

本研究的发现更说明了世界各地“影子教育”的参与率均有上升的趋势，东亚地区中学生参与课后不同类型的补习/补课或其他增润/辅导课程的比率，仍高于 PISA 2003 的平均参与率。

12.5.2　不同类型的“影子教育”

根据 PISA 2003 的量度，“影子教育”可分为五类：其中两类属“校内”模式，包括为成绩优异学生开设的“增润班”及为成绩稍逊学生而设的“辅导班”；另有三类属“校外”模式，包括“私人补习”、“校外进修班”及“校外其他活动”。

表 12.2 显示，就“校内”模式来看，增润班的平均参与率为 18%，辅导班为 20%，两者差距不大。在东亚地区，参与辅导班的学生百分比要多于参与增润班的学生。韩国参与辅导班的学生高达 59%，中国香港及日本为 32%，均高于 PISA 2003 平均值；至于增润班方面，韩国的参与率达 34%，日本为 24%，香港为 19%，三者亦高于 PISA 2003 平均值。由此可见，东亚地区校内的补习参与率比 PISA 其他国家或地区更高，而且多以“补底”为主。

表 12.2 PISA 2003 不同类型的“影子教育”参与率（%）

国家/地区	校内		校外		
	辅导班	增润班	私人补习	校外进修班	校外其他活动
韩国	59	34	20	38	67
俄罗斯联邦	50	33	14	24	35
土耳其	46	39	19	27	59
拉脱维亚	43	33	21	37	36
中国澳门	39	27	12	16	17
泰国	38	35	21	30	18
意大利	35	15	18	16	22
中国香港	32	19	21	23	12
法国	32	12	14	7	11
日本	32	24	5	14	48
希腊	28	24	33	55	43
墨西哥	26	24	9	12	23
匈牙利	24	13	19	22	46
葡萄牙	22	4	27	11	30
冰岛	21	25	15	12	21
OECD 平均值	***20***	***18***	***13***	***15***	***30***
巴西	19	15	11	32	34
美国	19	24	10	10	37
英国	17	18	10	17	38
加拿大	15	14	9	11	31

续表

国家/地区	校　内		校　外		
	辅导班	增润班	私人补习	校外进修班	校外其他活动
卢森堡	14	6	16	14	47
西班牙	13	7	29	37	39
斯洛伐克	13	7	29	37	39
新西兰	13	12	11	10	41
乌拉圭	12	7	22	13	28
塞尔维亚和黑山	12	10	21	8	41
捷克共和国	12	18	11	22	19
瑞士	12	8	8	15	17
列支敦士登	12	7	6	14	21
奥地利	11	19	12	6	45
瑞典	11	4	6	8	22
爱尔兰	10	8	14	12	46
比利时	10	10	7	10	15
芬兰	10	41	3	13	30
挪威	10	7	3	5	19
澳大利亚	9	12	13	10	35
丹麦	7	2	4	9	16
德国	5	17	17	4	34

注：以校内辅导班的参与率由高至低排序。

就“校外”模式“影子教育”的平均参与率来看，私人补习、校外进修班及校外其他活动的平均参与率，分别为 13%、15% 和 30%。由此可见，PISA所考察学生整体上在校外较多参与课外活动，较少参与私人补习及进修班。就东亚三个国家或地区而言，韩国在校外其他活动上的参与率最高，达到 67%，而校外进修班和私人补习的参与率也分别达 38% 和 20%，均高于 PISA 2003 平均值。中国香港方面，参与校外其他活动者只有 12%，远低于 PISA 2003 的平均值，但校外进修班及私人补习的参与率则分别高达 23% 和 21%，均高于 PISA 2003 平均值，可见不少香港中学生课后仍投身补习，忽略了其他课外活动。日本则与韩国及香港很不同，日本的课外活动参与率高达48%，但校外进修班及私人补习的参与率只有14%及5%，均低于PISA 2003平均值，这可能与近年日本教育改革减省课程内容及课时，以及为学生开拓思考及活动空间有关。

若将PISA 2003五类“影子教育”的平均参与率由高至低排列，顺序为：校外其他活动（30%）、辅导班（20%）、增润班（18%）、校外进修班（15%）、私人补习（13%）。若看历届PISA学术成绩最优异的国家芬兰，其“影子教育”的平均参与率由高至低排列，顺序为：增润班（41%）、校外其他活动（30%）、校外进修班（13%）、辅导班（10%）、私人补习（3%）。由此可见，无论是PISA的国际指标还是芬兰的学生，整体的课余学习生活安排均十分重视课外活动；在芬兰，校内补课更以增润班为主，有别于东亚地区以辅导班为主。

12.5.3 “影子教育”的时间分布

表12.3显示，PISA 2003的平均值为4.8小时，亦即整体而言，参与PISA 2003的15岁学生，平均每星期花4.8小时于课余各类型的“影子教育”上。若比较参与PISA的41个国家或地区，参与课余学习时间最长的为墨西哥（平均每星期花16.42小时）；最短的为丹麦（平均每星期只花1.54小时）。大部分欧洲国家如比利时、挪威、瑞典及法国，每星期课余学习的时间均少于2小时。

表12.3 PISA 2003“影子教育”的时间分布（小时/星期）

国家/地区	校内		校外			总计时数
	辅导班	增润班	私人补习	校外进修班	校外其他活动	
墨西哥	4.02	3.00	2.53	3.16	3.71	16.42
土耳其	2.82	2.18	1.74	3.83	5.76	16.33
韩国	4.75	1.88	1.23	3.73	4.12	15.71
希腊	1.72	1.32	2.21	5.18	2.42	12.85
俄罗斯联邦	1.96	1.27	0.60	1.56	3.71	9.10
拉脱维亚	1.31	0.93	0.63	1.95	2.29	7.11
巴西	1.05	0.82	0.61	2.17	2.15	6.80
乌拉圭	0.51	0.35	1.41	0.80	2.13	5.20

续表

国家/地区	校内		校外			总计时数
	辅导班	增润班	私人补习	校外进修班	校外其他活动	
西班牙	0.37	0.24	1.04	1.58	1.77	5.00
美国	1.30	1.50	0.26	0.39	1.50	4.95
中国澳门	1.47	0.83	0.67	0.66	1.20	4.83
OECD 平均值	***0.97***	***0.78***	***0.51***	***0.89***	***1.65***	***4.80***
塞尔维亚和黑山	0.30	0.30	0.84	0.32	2.91	4.67
日本	1.13	0.85	0.11	0.56	1.96	4.61
卢森堡	0.34	0.37	0.48	0.84	2.49	4.52
爱尔兰	0.57	0.33	0.34	0.48	2.76	4.48
匈牙利	0.53	0.38	0.57	0.59	2.24	4.31
中国香港	1.21	0.62	0.71	0.78	0.87	4.19
加拿大	1.10	0.88	0.24	0.41	1.26	3.89
泰国	0.89	0.83	0.59	1.21	0.31	3.83
新西兰	1.16	0.48	0.28	0.32	1.57	3.81
葡萄牙	0.43	0.31	0.89	0.40	1.58	3.61
意大利	1.00	0.42	0.49	0.63	1.06	3.60
芬兰	0.19	1.98	0.07	0.35	0.80	3.39
奥地利	0.25	0.49	0.31	0.20	2.11	3.36
澳大利亚	0.67	0.58	0.29	0.33	1.37	3.24
英国	0.45	0.51	0.20	0.45	1.60	3.21
捷克共和国	0.24	0.44	0.27	0.83	1.00	2.78
德国	0.14	0.61	0.49	0.13	1.35	2.72
斯洛伐克	0.54	0.45	0.60	0.36	0.71	2.66
冰岛	0.54	0.66	0.37	0.32	0.63	2.52
瑞士	0.26	0.25	0.19	0.58	0.72	2.00
法国	0.57	0.23	0.34	0.18	0.50	1.82
瑞典	0.35	0.10	0.20	0.22	0.82	1.69

续表

国家/地区	校内		校外			总计时数
	辅导班	增润班	私人补习	校外进修班	校外其他活动	
挪威	0.33	0.21	0.12	0.22	0.77	1.65
列支敦士登	0.21	0.16	0.10	0.35	0.82	1.64
比利时	0.20	0.34	0.16	0.32	0.56	1.58
丹麦	0.23	0.12	0.12	0.32	0.75	1.54

就东亚地区而言，韩国名列第 3，每星期高达 15.71 小时；日本名列第 14，每星期 4.61 小时；香港名列第 18，与日本相约，每星期 4.19 小时。其中，韩国的每星期 15.71 小时中主要用于辅导班（4.75 小时），其余依次为校外其他活动（4.12 小时）、校外进修班（3.73 小时）、增润班（1.88 小时）及私人补习（1.23 小时）。日本的 4.61 小时中，最多用于校外其他活动（1.96 小时），其余依次为辅导班（1.13 小时）、增润班（0.85 小时）、校外进修班（0.56 小时）及私人补习（0.11 小时）。中国香港的 4.19 小时中，最多用于辅导班（1.21 小时），其余依次为校外其他活动（0.87 小时）、校外进修班（0.78 小时）、私人补习（0.71 小时）及增润班（0.62 小时）。这一结果显示，港、日两地学生放学后的补习时间远低于韩国，这可能与一般印象不符，但也可能是港、日两地学生放学后的时间多用于自习或自行做功课。

12.5.4 “影子教育”的效能

根据 PISA 2006 的数据分析，表 12.4 至表 12.6 显示了投放于校外补习的时间与学术成绩的关系。

阅读成绩方面，在参与的 57 个国家或地区中，有 44 个是校外补课/补习超过 4 小时者的成绩要显著低于少于 2 小时者；有 10 个则无显著差别。由此可见，对绝大多数国家或地区（54 个）而言，校外补课/补习对阅读成绩并不一定具有效益。例如卢森堡，多补习者（超过 4 小时）比少补习者（少于 2 小时）低 127.0 分，英、澳及欧洲多个国家中两者的关系亦然，而只有 2 个国家（希腊和韩国）是校外补课/补习超过 4 小时者的成绩显著高于少于 2 小时者。就东亚国家或地区而言，日本补习少于 2 小时者的平均分为 502.1 分，多于 4 小时者的 441.5 分，相差达 60.6 分。中国香港补习少于 2 小时者的平均分为 540. 9 分，亦比补习多于 4 小时者高出 36. 4 分。中国台湾的结果与香港相似。只有韩国的结果刚好相反，补习多于 4 小时者平均得 580. 0 分，比补习少于 2 小时者的 544. 5 分高出 35. 6 分。

表 12. 4　PISA 2006“影子教育”与阅读效能

国家/地区	少于 2 小时者		多于 4 小时者		平均分相差
	百分比	平均分（a）	百分比	平均分（b）	（a–b）
卢森堡	90. 0	491. 1	3. 1	364. 1	127. 0
列支敦士登	95. 6	516. 5	0. 6	415. 1	101. 4
比利时	92. 2	514. 3	2. 0	413. 2	101. 1
冰岛	92. 9	492. 2	1. 9	393. 8	98. 4
瑞士	92. 3	506. 6	2. 1	408. 9	97. 7
奥地利	96. 0	497. 6	1. 2	402. 5	95. 1
阿根廷	92. 6	389. 4	1. 5	294. 7	94. 7
德国	88. 7	517. 2	3. 2	423. 2	94. 0
新西兰	88. 7	531. 1	3. 3	441. 0	90. 1
爱尔兰	88. 7	526. 9	4. 0	441. 7	85. 2
克罗地亚	92. 5	484. 3	1. 4	408. 6	75. 6
荷兰	90. 2	519. 5	1. 7	445. 0	74. 5
英国	90. 3	502. 5	2. 2	434. 7	67. 8
澳大利亚	88. 0	520. 4	3. 2	454. 5	65. 9
西班牙	88. 7	469. 4	3. 6	404. 6	64. 8
意大利	84. 1	479. 8	6. 1	415. 1	64. 8
瑞典	89. 9	514. 4	2. 7	450. 1	64. 4
泰国	89. 9	422. 0	2. 3	358. 6	63. 4
以色列	73. 2	458. 3	8. 8	396. 0	62. 3
葡萄牙	90. 9	478. 9	1. 8	416. 8	62. 1
日本	93. 2	502. 1	1. 3	441. 5	60. 6
波兰	90. 0	512. 8	2. 6	455. 5	57. 3

续表

国家/地区	少于 2 小时者		多于 4 小时者		平均分相差 (a–b)
	百分比	平均分（a）	百分比	平均分（b）	
OECD 平均值	***84.9***	***499.2***	***4.1***	***443.4***	***55.8***
立陶宛	89.7	476.7	2.6	423.5	53.1
法国	87.1	495.0	2.2	442.5	52.5
芬兰	95.3	549.5	0.8	500.0	49.5
斯洛文尼亚	87.7	502.7	2.0	457.4	45.4
拉脱维亚	85.0	485.3	3.3	440.2	45.1
爱沙尼亚	84.1	507.6	3.4	462.5	45.1
墨西哥	78.6	420.0	6.1	375.2	44.9
智利	81.9	450.4	4.6	411.3	39.1
挪威	80.1	495.3	4.3	456.9	38.4
卡塔尔	68.1	325.9	10.8	288.6	37.3
中国香港	86.2	540.9	4.1	504.5	36.4
中国澳门	81.8	498.7	7.6	462.4	36.3
加拿大	84.4	535.1	5.4	499.2	35.9
印度尼西亚	77.2	397.6	5.1	370.5	27.2
俄罗斯联邦	88.6	444.0	2.3	417.4	26.6
塞尔维亚共和国	82.6	407.3	4.8	382.3	25.0
黑山共和国	86.3	398.5	4.6	373.6	24.9
保加利亚	78.9	413.5	6.5	389.3	24.3
巴西	77.5	401.7	5.9	378.0	23.7
捷克共和国	90.4	492.1	1.6	468.8	23.3
乌拉圭	88.9	421.5	2.8	398.6	23.0
突尼斯	64.5	391.6	12.5	370.3	21.4
匈牙利	74.8	488.4	7.0	469.3	19.1
约旦	62.1	408.0	13.5	389.7	18.3

续表

国家/地区	少于2小时者		多于4小时者		平均分相差 (a-b)
	百分比	平均分（a）	百分比	平均分（b）	
哥伦比亚	77.9	391.6	5.9	375.2	16.4
斯洛伐克	85.8	468.9	2.8	453.8	15.1
中国台湾	85.9	497.1	3.2	484.7	12.4
丹麦	63.4	502.1	9.8	491.7	10.3
土耳其	62.3	451.3	13.6	447.7	3.6
阿塞拜疆	64.0	359.0	15.8	357.1	1.9
吉尔吉斯共和国	67.4	294.1	11.6	292.3	1.9
罗马尼亚	69.2	396.4	8.7	405.8	-9.4
希腊	64.8	456.5	10.4	467.5	-11.0
韩国	66.6	544.5	6.9	580.0	-35.6
美国	78.6	m	6.1	m	m

注：灰底部分表示该国家或地区与香港有显著分别。“m”表示欠缺资料。“平均分相差（a-b）”的误差由四舍五入所致。

科学成绩方面，与阅读成绩的结果相近，也有29个国家或地区是少补习者的科学成绩显著优于多补习者。其中奥地利的差异最大，其15岁学生校外补习少于2小时者平均分为516.7分，但补习多于4小时者则平均只得400.0分，相差达116.8分。有18个国家或地区补习多少对成绩的影响并无显著差别。由此可见，对大多数国家或地区（47个）而言，校外补课/补习对科学成绩并不一定具有效益。但有10个国家或地区是校外补课/补习超过4小时者的科学成绩显著高于少于2小时者。就东亚国家或地区而言，日本多补习的学生，其科学成绩亦逊于少补习者，差距达85.3分；可是中国香港、中国台湾及韩国的差距则刚好相反，这三地校外补习多于4小时者的平均得分均显著高于补习少于2小时者，差距分别为中国香港36.0分、中国台湾53.5分和韩国41.4分。为何在这三地，校外补课/补习时间的多少与科学成绩的高低有正关系，这有待进一步探讨。

表 12.5 PISA 2006"影子教育"与科学效能

国家/地区	少于 2 小时者		多于 4 小时者		平均分相差 (a–b)
	百分比	平均分（a）	百分比	平均分（b）	
奥地利	96.3	516.7	0.9	400.0	116.8
瑞典	93.6	509.2	0.8	410.9	98.3
冰岛	95.5	495.2	0.6	409.3	85.9
日本	96.2	535.0	0.4	449.7	85.3
列支敦士登	91.1	529.1	1.5	448.5	80.6
比利时	95.0	518.8	1.1	445.9	72.9
卢森堡	91.6	492.3	1.7	422.7	69.6
德国	91.4	529.4	1.6	463.3	66.1
立陶宛	91.4	492.7	1.7	438.0	54.7
新西兰	94.0	535.5	1.3	482.2	53.4
英国	93.5	519.4	1.0	466.4	53.0
芬兰	96.0	565.7	0.5	513.5	52.2
法国	92.3	500.1	1.1	451.6	48.5
挪威	86.3	495.7	2.2	449.9	45.8
瑞士	93.9	514.9	1.1	469.5	45.4
爱沙尼亚	87.1	537.6	2.3	493.1	44.5
美国	86.9	495.1	3.4	451.4	43.7
爱尔兰	95.5	511.8	0.8	470.1	41.8
墨西哥	81.4	417.4	5.3	375.7	41.7
阿根廷	91.5	402.0	1.8	363.4	38.5
OECD 平均值	***89.1***	***503.5***	***2.6***	***468.9***	***34.6***
克罗地亚	92.5	496.9	1.5	463.6	33.3
意大利	89.5	480.6	2.8	447.3	33.3
荷兰	91.8	532.9	1.5	500.9	32.0
西班牙	86.1	493.7	4.1	464.1	29.5
澳大利亚	94.7	529.9	1.0	500.5	29.4
加拿大	91.3	539.7	1.8	510.3	29.4
以色列	81.9	465.2	5.0	440.2	24.9
黑山共和国	80.4	418.4	5.8	395.7	22.7

续表

国家/地区	少于2小时者		多于4小时者		平均分相差(a-b)
	百分比	平均分（a）	百分比	平均分（b）	
捷克共和国	91.5	520.1	1.7	498.3	21.8
保加利亚	81.4	442.5	4.4	423.0	19.5
吉尔吉斯共和国	74.7	332.7	7.0	313.9	18.9
乌拉圭	89.5	434.5	2.6	415.7	18.8
波兰	91.0	500.9	1.5	483.4	17.5
塞尔维亚共和国	86.0	438.6	3.0	421.4	17.2
斯洛文尼亚	89.0	524.6	1.9	508.3	16.3
罗马尼亚	82.1	420.6	4.5	405.1	15.5
葡萄牙	88.4	476.7	3.0	465.4	11.3
哥伦比亚	83.4	389.8	4.9	380.0	9.9
智利	86.5	440.0	2.6	432.1	7.9
约旦	68.0	424.8	9.7	421.0	3.9
拉脱维亚	89.6	492.2	2.0	489.7	2.5
匈牙利	81.7	507.2	3.8	505.2	1.9
中国澳门	82.9	512.8	6.3	512.8	0.0
丹麦	90.1	497.9	1.8	499.8	-1.9
俄罗斯联邦	80.2	480.8	5.3	486.0	-5.2
巴西	86.6	392.8	2.5	399.0	-6.2
阿塞拜疆	73.5	385.7	8.0	392.5	-6.8
卡塔尔	70.2	354.4	8.2	363.9	-9.5
印度尼西亚	81.5	391.4	4.2	411.0	-19.7
突尼斯	60.2	380.6	13.0	406.9	-26.3
斯洛伐克	90.3	487.2	2.5	520.4	-33.2
中国香港	82.2	538.0	5.4	574.1	-36.0
希腊	55.8	459.6	14.8	501.0	-41.4
韩国	77.9	514.2	3.3	555.6	-41.4
中国台湾	82.7	525.2	3.3	578.7	-53.5
泰国	81.2	415.8	5.2	469.5	-53.7
土耳其	73.4	412.6	11.3	482.8	-70.2

注：灰底部分表示该国家或地区与香港有显著差别。“平均分相差（a-b）”的误差由四舍五入所致。

数学成绩方面，亦与阅读及科学成绩的结果相近，有 36 个国家或地区是少补习者的成绩高于多补习者，有 15 个国家或地区补习多少对成绩并无显著影响。由此可见，对大多数国家或地区（51 个）而言，校外补课/补习对数学成绩并不一定具有效益。但有 6 个国家或地区是校外补习超过 4 小时者的成绩显著高于少于 2 小时者。在少补习者成绩高于多补习者的国家或地区中，瑞士的差距最大，学生补习少于 2 小时者的平均分比多于 4 小时者的高出 98.9 分。就东亚国家或地区而言，中国香港及日本的情况与瑞士相似，少补习者成绩高于多补习者，差距分别为 13.4 分（香港）及 6.0 分（日本），在这两地，校外补课/补习对科学成绩并无效益。但中国台湾及韩国则刚好相反：中国台湾学生中多补习者的平均分数为 590.6 分，少补习者为 522.7 分，相差 67.9 分；韩国学生多补习者平均分为 586.1 分，少补习者为 517.6 分，相差 68.4 分。为何在中国台湾和韩国，校外补课/补习越多对科学成绩似乎越有效益，这也有待进一步探讨。

表 12.6　PISA 2006 “影子教育”与数学效能

国家/地区	少于 2 小时者		多于 4 小时者		平均分相差
	百分比	平均分（a）	百分比	平均分（b）	（a−b）
瑞士	88.4	537.2	2.6	438.3	98.9
卢森堡	84.8	500.2	3.7	404.0	96.2
奥地利	91.1	513.4	2.5	434.2	79.3
瑞典	91.5	508.3	1.6	429.8	78.5
冰岛	87.1	513.6	2.7	436.7	76.8
德国	84.6	521.2	4.1	447.6	73.7
比利时	90.6	533.3	2.3	463.5	69.8
列支敦士登	90.8	529.6	1.5	468.5	61.2
爱尔兰	87.5	508.4	2.9	447.5	60.9
新西兰	88.4	529.0	3.1	473.6	55.3
爱沙尼亚	82.3	522.0	4.5	466.9	55.1
斯洛文尼亚	81.5	514.6	4.5	459.9	54.7
意大利	82.7	469.6	4.5	417.0	52.6
荷兰	89.4	540.1	2.0	487.9	52.2
立陶宛	89.3	491.7	2.4	440.3	51.4

续表

国家/地区	少于 2 小时者		多于 4 小时者		平均分相差 (a-b)
	百分比	平均分（a）	百分比	平均分（b）	
法国	83.7	503.5	2.6	452.8	50.7
芬兰	95.3	551.1	0.9	501.2	49.9
挪威	83.2	499.4	2.9	451.7	47.7
英国	90.4	500.3	1.8	453.1	47.2
美国	78.2	483.3	6.3	438.2	45.1
OECD 平均值	***82.0***	***502.2***	***5.0***	***462.4***	***39.7***
克罗地亚	85.4	473.5	3.3	434.0	39.5
丹麦	72.3	521.9	5.0	483.4	38.5
加拿大	82.7	535.0	4.7	497.0	38.0
澳大利亚	86.4	525.1	3.2	487.7	37.4
捷克共和国	87.3	520.3	2.9	483.7	36.6
匈牙利	76.2	496.9	6.1	462.4	34.6
西班牙	79.1	487.0	6.2	455.9	31.0
墨西哥	77.6	412.9	7.4	382.1	30.8
波兰	89.6	499.5	2.6	472.9	26.6
卡塔尔	61.6	325.1	13.9	302.7	22.4
黑山共和国	82.8	405.4	6.1	384.3	21.1
以色列	54.7	455.8	17.8	436.9	18.9
斯洛伐克	86.4	494.8	2.8	477.0	17.8
拉脱维亚	77.4	490.6	4.8	474.0	16.6
葡萄牙	86.0	469.1	2.8	453.0	16.2
塞尔维亚共和国	82.5	438.8	5.4	423.1	15.7
中国澳门	78.5	528.5	9.0	513.2	15.3
阿根廷	86.3	392.4	4.1	377.5	15.0
中国香港	72.5	548.9	8.7	535.5	13.4
智利	82.6	413.6	4.2	402.0	11.6
吉尔吉斯共和国	71.2	320.8	10.7	311.8	9.0
乌拉圭	84.5	433.0	4.2	426.0	7.0

续表

国家/地区	少于 2 小时者		多于 4 小时者		平均分相差 (a-b)
	百分比	平均分（a）	百分比	平均分（b）	
保加利亚	78.3	418.3	6.4	412.2	6.1
日本	86.7	524.0	2.8	517.9	6.0
罗马尼亚	70.3	413.6	9.4	413.7	0.0
阿塞拜疆	66.4	476.0	14.9	477.2	-1.1
约旦	60.8	385.6	14.1	388.4	-2.8
哥伦比亚	76.2	371.9	7.0	375.5	-3.6
巴西	76.9	372.9	6.2	376.9	-4.0
印度尼西亚	73.7	389.3	6.7	395.0	-5.7
俄罗斯联邦	81.8	476.3	3.9	484.3	-8.0
突尼斯	49.7	355.3	22.3	378.5	-23.1
泰国	81.1	412.2	4.4	449.0	-36.8
希腊	49.7	442.1	19.4	479.0	-36.9
土耳其	56.0	406.8	18.8	457.8	-51.0
中国台湾	62.2	522.7	8.7	590.6	-67.9
韩国	48.5	517.6	19.9	586.1	-68.4

注：灰底部分表示该国家或地区与香港有显著差别。“平均分相差（a-b）”的误差因四舍五入所致。

由以上结果可见，校外补习不一定能改善学科成绩。尤其在阅读方面，在 44 个国家或地区，补习太多可能对学生的成绩有负面影响，在 10 个国家或地区，补习多并无显著效益。在数学和科学方面，各国补习成效的差异很大，分别在 51 及 47 个国家或地区并无显著效益。对中国香港及日本而言，补习多似乎效果欠佳，但这也可能是由于成绩稍逊者更多参与补习。但在韩国及中国台湾，成绩优异者也多参与补习。

12.6 总　结

补习活动被称作“影子教育”，反映了它（影子）附从于正规教育的性质，即补习活动在一定程度上是由正规教育衍生出来的。教育系统内的竞争元素（如影响升学的高风险考试），往往被视为引致补习或过分操练的原因，但现代社会的集体或普及教育系统、配套的结构化课程安排以及升学制度，不可能不存在这些竞争元素，故高风险考试往往被视为“必要之恶”。

在世界各地，“影子教育”因应不同的社会文化有不同的存在形态，而普及情况亦有差异。但随着正规教育的改革，近年来学校越来越多地要求学生有不同类型的学习经验，以致“影子教育”的经营方式与规模也十分多样化：有“校内”或“校外”的，有“学术性”及“非学术性”的，等等。本研究的发现，说明了世界各地“影子教育”的参与率均有上升趋势，PISA 2003 的平均参与率达 59%。东亚地区中韩国的参与率最高（90%），其次为日本（69%）和中国香港（65%）。这三个东亚国家或地区的参与率均高于 PISA 2003 的平均参与率。

就不同类型的“影子教育”活动而言，不同东亚国家或地区的补习参与率差异相当大。就增润班和辅导班这两类校内“影子教育”来看，PISA 2003 的平均参与率约为两成，东亚国家或地区校内的补习参与率比 PISA 其他国家更高，而且多以“补底”为主。就三类校外“影子教育”来看，从 PISA 2003 的平均参与率可见以参与课外活动居多，达三成，而参与私人补习及校外进修班的只达约一成半。东亚三个国家或地区中，韩国中学生的三类参与率均远远高于 PISA 2003 的平均值。香港中学生参与课外活动者的比例低于 PISA 2003 的平均值，但参与校外进修班及私人补习者的比例则均高于 PISA 2003 的平均值。日本与香港相反，课余多参与课外活动，很少参与校外进修班及私人补习，这可能与近年日本教育改革减省课程内容及课时，为学生开拓思考及活动空间有关。

就“影子教育”的时间分布而言，参与 PISA 2003 的 15 岁学生，平均每星期花 4.8 小时于课余各类型的补习或活动上。东亚地区方面，韩国学生每星期所花的时间高达 15.71 小时，名列第 3；日本则为 4.61 小时，名列 14；中国香港与日本相似，有 4.19 小时，名列 18。这一结果显示，港、日两地 15 岁学生放学后的补习时间远低于韩国，这似乎与一般印象不符，但亦可能是港、日两地学生放学后的时间多用于自习或自行做功课。

就“影子教育”的效能来看，PISA 2006 的数据分析显示，校外补习不一定能改善学科成绩。尤其在阅读方面，补习太多对学生的成绩更有负面影响。至于数理方面，各国补习成效的差异很大。对中国香港及日本而言，补习较少似乎更有效能，这也有可能是因为成绩稍逊者才参与补习。但在韩国及中国台湾，多补习似乎变成争取佳绩的必要手段。

现时各地政府对该地的补习活动有不同的政策。从国际研究可以总结出三种政策取态：不干预、规管、积极干预（Baker et al.，2001；Bray，2003；Stevenson，Baker，1992；Tong，2001）。教育当局可从中参详对补习活动应采取的政策方向。第一种政策取态是“不干预”，指的是主要由市场调节这类活动的形式及规模。例如：在一些第三世界国家（如非洲），政府根本没有能力规管；而在某些发达国家（如加拿大），补习并不普遍，政府便无意规管。这些国家的政府会采取监察但不干预的做法，例如只收集补习社数量或导师收入的数据，作为税收及调整教师薪酬的参考。

第二种政策取态是“规管”，例如韩国在 20 世纪最后 20 年间，对补习活动的政策“从禁制到规管，再而积极干预”的调整过程，是很值得参考的经验。鉴于补习的负面影响，韩国在 1980 年曾尝试全面禁止私立补习中心，之后因公众需求及禁止难以执行，政策便逐步放宽。在 1981 年，韩国曾禁止学科性质的补习活动；至 1984 年，只容许成绩落后（最差的 20%）的学生接受校内教师的补课；至 1989 年，又容许大学生在中小学校内任补习导师，并容许学生在学校假期到私立补习中心接受学科补习；自 20 世纪 90 年代开始，基本上不再规管，容许私营补习中心为中小学生补习；自此补习情况更趋普遍，政府再尝试禁止但流于失败，到 90 年代后期，转而采取积极干预的策略，务求减少补习风气的负面影响。政府为避免弱势社群的学生受到不均等的待遇，一方面，主动为所有学生在校内提供补习服务，又利用广播发放免费的教学节目等，另一方面，又尝试改变大学只以学术成绩为收生准则的情况。

第三种政策取态是“积极干预”。例如新加坡政府考虑到照顾个别差异的学习需求，以及避免因家庭资源不足而对弱势社群造成教育不均等的情况，于是资助学校聘请补习导师或购买校外的补习服务，并为缩小族裔间的社会经济地位差距，而协助有关社团组织提供补习服务。近年美国的 NCLB（No Child Left Behind）政策，目的正是为了提高中小学的整体素质，并减少不同家庭背景学生的成绩差异。为此，美国政府为成绩落后的学生提供补充教育服务（supplementary educational services）。

总体来说，各地政府对补习活动有不同的取态，这主要视乎补习活动对社会的影响是大是小、是正面还是负面而定。现时香港的有关法律（指香港法例第 279 章《教育条例》，特别是第 279F 章《教育（豁免）（提供非正规课程的私立学校）令》），基本上把不涉及正规教育的补习中心只视作一般的商业经营来监管，没有就教学人员资历作出规定和监管。但当补习活动变得普及化以至明星化及被神化时，对社会便有一定的负面影响，因此政府大多不能采取不干预政策。若视“影子教育”或补习为一种补充教学辅助措施，也可以减低学习的个别差异问题，并增润学生的课余生活。

引起教育界和大众关注的，不是把补习视作一种补充教学辅助措施本身，而是补习风气的盛行是否代表全人教育没有得到实现？学生的身心没有得到平衡发展？补习会否引致社会的教育资源分布不均等？这些问题都值得深思和进一步研究。

参考文献

Baker D P，Akiba M，LeTendre G K，Wiseman A W. 2001. Worldwide shadow education：outside-school learning，institutional quality of schooling，and cross-national mathematics achievement. Educational Evaluation and Policy Analysis，23（1）：1-17.

Baker D P，LeTendre G K. 2005. Demand for achievement：the worldwide growth of shadow education systems//Baker D P，LeTendre G K. National differences，global similarities：world culture and the future of schooling. Stanford，CA：Stanford University Press：54-70.

Bray M. 1999. The shadow education system：private tutoring and its implications for planners. Paris：International Institute for Educational Planning，UNESCO.

Bray M. 2003. Adverse effects of private supplementary tutoring：dimensions，implications and government responses. Paris：International Institute for Educational Planning，UNESCO.

Bray M，Kwok P. 2003. Demand for private supplementary tutoring：conceptual considerations，and socio-economic patterns in Hong Kong. Economics of Education Review，22（6）：611-620.

Ho E S C. 2006. High-stakes testing and its impact on student and schools in Hong Kong：what we have learned from the PISA studies. KEDI Journal of Educational Policy，3（1）：69-87.

Ho E S C，Kwong W L. 2008. Shadow education and related services in Macao：the phenomenon and its impact（Funded by the Government of the Macao SAR，China）. Hong Kong：Hong Kong Centre for International Student Assessment.

Hussein M G A. 1987. Private tutoring：a hidden educational problem. Educational Studies in Mathematics，18（1）：91-96.

Kwok P L Y. 2001. A multi-level social analysis of demand for private supplementary tutoring at secondary level in Hong Kong. Unpublished doctoral dissertation，Faculty of Education，The University of Hong Kong，Hong Kong.

Lee C. 1996. Children and private tuition（Youth Poll Series No. 34）. Hong Kong：The Hong Kong Federation of Youth Groups.

Russell N U. 1997. Lessons from Japanese cram schools//Cumming W K, Altbach P G. The challenge of Eastern Asian education: Implications for America. Albany, NY: State University of New York Press: 153–170.

Stevenson D L, Baker D P. 1992. Shadow education and allocation in formal schooling: Transition to university in Japan. American Journal of Sociology, 97 (6): 1639–1657.

Tong T S L. 2001. Education as a commodity: private tutoring in Hong Kong and Taipei (Unpublished master's thesis). Hong Kong: Faculty of Education, The University of Hong Kong.

Tseng J L C. 1998. Private supplementary tutoring at the senior secondary level in Taiwan and Hong Kong (Unpublished master's thesis). Hong Kong: Faculty of Education, The University of Hong Kong.

责任编辑　何　艺
版式设计　贾艳凤
责任校对　曲凤玲
责任印制　叶小峰

图书在版编目(CIP)数据

从国际视域论析教育素质与平等:PISA 的启示/何瑞珠,卢乃桂编著. —北京:教育科学出版社, 2011.3(2015.4 重印)
(教育政策与学校领导系列丛书)
ISBN 978-7-5041-5391-3

Ⅰ.①从…　Ⅱ.①何…　②卢…　Ⅲ.①学生—教育评估—研究　Ⅳ.①G40-058.1

中国版本图书馆 CIP 数据核字(2010)第 231008 号

出版发行	教育科学出版社		
社　　址	北京·朝阳区安慧北里安园甲 9 号	市场部电话	010-64989009
邮　　编	100101	编辑部电话	010-64981167
传　　真	010-64891796	网　　址	http://www.esph.com.cn
经　　销	各地新华书店		
制　　作	北京鑫华印前科技有限公司		
印　　刷	保定市中画美凯印刷有限公司	版　　次	2011 年 3 月第 1 版
开　　本	169 毫米×239 毫米　16 开	印　　次	2015 年 4 月第 2 次印刷
印　　张	19.25	印　　数	3 001—4 000 册
字　　数	322 千	定　　价	40.00 元